KB263387

한국의 민속과 性

책 이 름 / **한국의 민속과 性**

지 은 이 / **비교민속학회**
펴 낸 이 / **김　　경　　희**
펴 낸 곳 / **(주)지식산업사**
등록번호 / 1-363
등록날짜 / 1969. 5. 8
초판 제 1 쇄 인쇄 / 1997. 10.　7
초판 제 1 쇄 발행 / 1997. 10. 10
주　　　소 / 서울시 종로구 통의동 35 -18
전　　　화 / (734)1978·1958 (735)1216　팩스 (720)7900
책　　　값 / **10,000원**

ⓒ 비교민속학회, 1997

ISBN 89 -423 -4807 -6　93380

* 이 책을 읽고 필자에게 문의하고자 하는 이는
  지식산업사 편집부로 연락바랍니다.

∥ 머리말

　비교민속학회는 두 차례에 걸쳐 '민속과 성'을 주제로 연구 발표회를 가졌다. 1차는 1993년 12월 15일이었으며, 2차는 1994년 6월 17일에 있었다. 이 책은 그 결과로 나온 것이다.

　베이징에서 개최된 세계여성회의에서는 성 구분을 나타내는 용어로 섹스(Sex) 대신에 젠더(Gender)를 쓰기로 했다는 소식이다. 한국은 전통문화가 부계사회로 이루어졌으며 철저한 남존여비사상이 일반화되었다. 뿐만 아니라 동성불혼원칙에 따라 친척간에 혼인을 금했다. 이런 사정으로 인해 자연 '성'을 논하는 것은 터부시되었다. 그래서 욕을 할 때도 성과 관계있는 욕이 가장 심한 욕으로 인식되어 왔다.

　이런 사정 때문에 우리 사회에서 '성'에 대한 연구는 자연 부진할 수밖에 없었다. '성' 문제를 제기하면 '외설'이나 '음담'으로만 간주될 뿐 누구도 '성'을 심각하게 다루려 하지 않았다.

　그러나 성은 풍요의 상징이며 생산의 의미를 가지고 있을 뿐만 아니라, 특히 농경민족에게는 성이 기층문화를 이루므로 이를 배제하고는 민속학의 이론이 성립되기 어렵다. 이런 의미에서 비교민속학회에서는 '성'을 다루지 않을 수 없었다.

주제에 따라 '성' 문제를 집필해 주신 분들께 감사를 드린다. 앞으로 이 문제에 대해 더욱 깊이 있게 연구를 계속함으로써 '성'에 대한 더 올바른 이해로 나아갈 수 있기를 기대한다.

끝으로 우리의 뜻을 충분히 이해하시고 흔쾌히 이 책을 내어 주신 지식산업사 김경희 사장님께 감사하며, 교정과 편집에 힘써 주신 편집실에 고마운 뜻을 전한다.

1997년 가을

최 인 학

차 례

문헌설화에서 성 수용 양상과 그 의미

최 운 식

1. 머리말

고대인은 성(性)을 생산과 풍요를 가져다주는 성(聖)스러운 것으로 여겼다. 그래서 성행위나 성기(性器)를 신성시하는 관념이 형성되어 지금까지 전해온다.

이러한 관념은 후대로 내려오면서 점점 약화되어, 성은 생물학적 의학적 인식의 대상이 되었고, 윤리·도덕과도 충돌하게 되었다. 이러한 성을 문헌설화에서는 어떻게 받아들여 표현하였으며, 그 의미하는 바는 무엇일까? 그러나 이러한 문제를 본격적으로 다룬 논문은 거의 없는 형편이다.

따라서 이 글에서는 문헌설화에서 성을 표현하는 양식(樣式)과 성을 어떻게 수용하였는가 하는 시각을 살펴보고, 성을 수용하는 의미를 알아보려고 한다. 연구자료로는 《삼국유사(三國遺事)》, 《삼국사기(三國史記)》를 비롯한 조선시대의 문헌에 정착된 설화들이다.

2. 성적 결합의 표현양식

설화에서는 남녀의 성기나 성적 결합을 상징적으로 표현하기
도 하고, 직접적으로 표현하기도 하였다. 여기서는 성의 표현양
식을 상징적 표현과 직접적 표현으로 나누어 몇 가지 실례를 들
어 살피고, 이렇게 표현한 까닭이 무엇인가를 알아보려고 한다.

1) 상징적 표현

먼저 성을 상징적으로 표현한 예를 몇 가지 적어보면 다음과
같다.

> 금와가 이상히 여겨 그 여인[柳花]을 방 속에 가두어 두었더니,
> 햇빛이 방 속을 비췄다. 여인이 몸을 피하자 햇빛이 따라와 또 비췄
> 다. 그로부터 태기가 있어 알 하나를 낳았는데, 크기가 닷되들이 만
> 했다.[1]

이것은 고구려 건국시조인 주몽의 회임(懷姙)과정을 적은 것인
데, 유화의 몸에 햇빛이 비치어 임신한 것으로 되어 있다.

태양과 접촉하여 회임하였다는 이야기는, 샘에 물을 기르러 간
어느 촌가(村家)의 과년한 처녀가 바가지에 물을 뜨니 해가 그
바가지에 붙었는데, 그 처녀가 그걸 먹고 임신하여 범일국사(泛
日國師)를 낳았다는 범일국사 탄생담[2]에도 나타난다.

---

1) 《三國遺事》 卷1, 高句麗. "金蛙異之 幽閉於室中 爲日光所照 引身避之 日
影又逐而照之 因而有孕 生一卵 大五升許."
2) 《한국구비문학대계》 2-1(성남 : 한국정신문화연구원, 1980), 272~273쪽 ;
《한국민속종합보고서》 강원 편(서울 : 문화재관리국, 1977), 683쪽.

한 사신이 시흥군에서 큰 별이 어떤 집으로 들어가는 것을 보고, 사람을 시켜 그 집에 가보았더니, 그 집 부인이 아들을 낳았다. 이에 사신은 그 아이를 데려다 길렀는데, 이 이가 곧 후일의 강감찬이다.[3]

이것은 별이 떨어지는 것을 계기로 강감찬이 출생하였다는 것으로, 비범인의 탄생담에 많이 나오는 이야기이다.

위에서 든 예는 태양이나 별을 생생력(生生力)을 지닌 존재로 보아 신성시하던 사고에서 나온 것인데, 햇빛과 접촉함, 해를 먹음, 별의 떨어짐 등은 성적 접촉을 상징적으로 표현한 것이다.

〈필원잡기(筆苑雜記)〉에는 도선(道詵)의 출생담이 다음과 같이 기록되어 있다.

도선은 백제 사람이다. 일찍이 도선의 어머니가 처녀로서 천택(川澤) 위에서 놀다가 예쁘고 큰 오이[瓜]를 얻어서 먹었는데, 문득 아이 밴 것을 알았다.[4]

이것은 처녀가 오이를 먹고 회임하여 아들을 낳았다는 것인데, 이러한 이야기는 진각국사(眞覺國師)나 나옹화상(懶翁和尙)의 출생담에도 나온다. 오이는 눈에 띄게 잘 자라고, 그 모양이 남근(男根)과 유사하므로 생생력을 지닌 것으로 보아 신성시하였다. 이러한 오이를 먹었다는 것은 성적 결합을 상징적으로 표현한 것이다.

---

3) 《高麗史》 列傳 姜邯贊. "世傳有使臣 夜入始興郡 見大星隕于人家 遣使往視之 適其家婦生男 使臣心異之 取歸以養是爲邯贊."
4) 徐居正, 〈筆苑雜記〉 卷 1, 《國譯大東野乘 I》(서울 : 민족문화추진회, 1971), 266쪽. "道詵百濟人 初詵母爲處子 出遊川澤上 得一美大瓜啖之 忽覺有娠."

10

바위를 생생력을 지닌 존재로 보는 예도 있다. 《완산읍지》에는

> 진사 이극성(李克誠)의 집은 간동(澗洞)에 있는데, 앞산 기슭을 추천(楸川)이 감돌아 흐르고 있었고, 그 위에는 큰 바위 셋이 나란히 있었다. 극성의 처 최씨가 꿈에 그 바위 하나를 이고 와서 큰아들 전패(典涖)를 낳았다. 그래서 그의 소자(小字)를 대암(戴岩)이라 하였다. 또 꿈에 그 바위 하나를 업고 와서 기패(起涖)를 낳았으므로, 그의 소자를 부암(負岩)이라 하였다. 또 꿈에 그 바위 하나를 안고 와서 생패(生涖)를 낳았으므로, 그의 소자를 포암(抱岩)이라 하였다.[5]

는 이야기가 있다. 이것은 이극성(李克誠)의 아들 삼형제의 출생과 관련된 태몽을 적은 것인데, 위 이야기에서 바위를 이고, 업고, 안은 것은 성적 결합의 상징적 표현이다.

이와 같이 성적 결합을 상징적으로 표현한 예는 주몽·강감찬·도선·범일국사 등과 같이 비범한 인물의 출생담에 주로 나타난다. 설화에서 생생력을 지닌 신이한 존재가 여체에 감응하여 비범한 인물을 잉태하게 하였다는 구성은 어떠한 사고를 바탕으로 하여 형성된 것일까?

한국인은 예로부터 생생력을 지니고 있다고 믿는 존재를 신성시하였고, 생생력을 지닌 존재와 교접하여 잉태한 인물은 비범한 인물이 될 수 있다는 사고를 지니고 있었다. 이것은 설화나 고대소설에 등장하는 비범한 인물의 출생담에 수없이 나타난다. 태양이나 별과 접촉함으로써 이루어진 회임은 하늘숭배사상에 기초한 천생관적(天生觀的) 인간기원론과 관련이 있고, 오이를 먹음으

---

5) 《完山邑誌》奎章閣本 古蹟條. "進士李克誠家在澗洞 其前麓楸川 上有巨岩 三 克誠妻崔氏嘗夢戴其一岩 而廻生典涖 故小字戴岩 又夢負一岩 而廻生起涖 故小字負岩 又夢抱其一岩 而廻生生涖 故小字抱岩."

로써 회임한 것은 지모신신앙(地母神信仰)을 바탕으로 한 지생관적(地生觀的) 인간기원론과 관련이 있다고 하겠다.[6]

설화에 나타난 생명의 기원에 관한 의식을 보면, 박혁거세나 수로왕, 금와왕과 제주도 삼성혈의 세 신인(神人)처럼 하늘이나 땅이 직접 아이를 낳는 경우가 있다. 그런가 하면, 하늘이나 땅과 관련된 신이한 존재가 여체에 감응하여 아이를 출산하게 하는 경우가 있는데, 이것은 남녀 양성의 결합에 의해서 인간이 탄생한다는 지식을 융화시킨 데서 생겨난 것이라 하겠다.[7]

말리노프스키(B. K. Malinowski)는 뉴기니의 트로부리안드(Tro-briand) 섬 원주민의 생활상을 조사하여 모계사회의 구조에 대해 보고한 바 있다. 그에 따르면, 원주민들은 생리학적으로 '아버지는 아이들의 출생과 전혀 관계가 없다'고 생각하며, 아이들은 육체적인 부성(父性)을 모르고 있다고 한다.[8] 최근까지 이러한 모계사회가 존재하고 있다는 이 보고는 인간의 생명 탄생에 여성만이 관여할 뿐 남성은 관여하지 않는다는 위의 설화가 모계 위주의 관념에서 형성된 것이 아닐까 하는 추측을 가능하게 해준다.

2) 직접적 표현

조선시대의 설화집인 《고금소총(古今笑叢)》에는 성을 상징적으로 표현하지 않고 직접적으로 다룬 예가 많이 있는데, 내용이 아주 다양하다. 그 내용을 몇 가지로 구분하여 살펴보겠다.

---

6) 최운식, 〈설화를 통해서 본 한국인의 삶과 죽음에 대한 의식〉, 《한국설화연구》(서울 : 집문당, 1994), 264~272쪽 참조.
7) 김열규, 《한국민속과 문학연구》(서울 : 일조각, 1970), 72~73쪽 참조.
8) 말리노프스키 저, 한완상 역, 《미개사회의 성과 억압》(서울 : 삼성출판사, 1976), 23~24쪽.

첫째, 양반 지식인들이 성에 관한 이야기를 나누며 즐거워한 경우이다.

정송강(鄭松江), 유서애(柳西崖), 이백사(李白沙), 심일송(沈一松), 이월사(李月沙)가 술이 얼근해지자 서로 소리에 대한 품격을 논하였다. 정송강·심일송·이월사가 차례로 아름다운 소리에 관해 말한 뒤에 백사가 웃으면서,
"여러분의 소리 칭찬하는 말씀이 다 그럴 듯하기는 하나, 사람이 듣기 좋기로는 동방화촉(洞房華燭) 좋은 밤에 가인(佳人)이 치마끈 푸는 소리가 어떠할꼬?"
하니, 모두 크게 웃었다.[9]

쌍천(雙川) 성여학(成汝學)이 공산(公山)에서 놀 때, 갑과 을 두 사람이 함께 음양(陰陽)의 일을 의논하였다.
"남자가 그것이 크면 여인이 반드시 혹(惑)하리라."
하고 갑이 말하니, 을은
"그렇지 않다. 여인을 혹하게 하는 것은 오직 여체를 잘 어거하는 데 있고, 그것이 크고 작은 것은 문제가 아니다."
하고 자기 의견을 고집하였다.
두 사람이 쌍천에게 와서 싸움의 전말을 이야기하고, 판결을 해달라고 하였다. 쌍천이 옛사람들의 말로 증거를 삼으라고 이야기를 할 때, 마침 늙은 기생이 지나갔다. 그래서 그 기생에게 두 사람의 싸움의 내막을 이야기하고 판결을 구하니, 늙은 기생이 을을 돌아보며 말했다.
"그것이 장쾌하고 큰 놈이 여음(女陰)에 꽉 차면 여정(女情)이 이미 빛나기 시작하니, 그대는 규향(閨香)의 육보(六寶)를 알지 못하오? 육보는 '일앙(一昻), 이온(二溫), 삼두대(三頭大), 사경장(四莖長), 오건작(五健作), 육지필(六遲畢)'이라. 진실로 능히 두대(頭大)한 것으로 깊

---

9) 〈蕘葉志諧〉. 趙靈巖 역, 《古今笑叢》(서울 : 명문당, 1977), 104~105쪽.

이 꽂아 오래 희롱하면, 이는 세속에서 이른바 구천동이 반값이 되는 것이라.”[10]

앞의 것은 그 이름이 널리 알려진 양반 지식인들이 술자리에서 아름다운 소리에 대한 칭송을 하였다는 이야기인데, 여러 가지 소리 가운데에서 “동방화촉(洞房華燭) 좋은 밤에 가인(佳人)이 치마끈 푸는 소리가 제일 아름답다”는 데에 모두 동의하였다는 내용이다. 뒤의 것은 남성들의 성에 관한 논쟁을 남성 경험이 많은 늙은 기생이 판결하였다는 것으로, 앞의 이야기에 비해 아주 직설적이다. 두 이야기는 남성들이 성에 관해 거리낌없이 이야기하였음을 보여주는 것이다.

둘째, 성행위에 대한 직접적인 표현이 나타난다.

한 마을에 두 처녀가 살았는데, 두 처녀는 먼저 시집간 사람이 그 재미를 마땅히 뒤에 시집가는 사람에게 이야기하기로 약속하였다.

그 후 한 처녀가 먼저 출가하였다. 시집가지 않은 처녀가 먼저 결혼한 처녀에게 물으니, 그녀는 이렇게 대답하였다.

“신랑이 북방망이 만한 생육(生肉)을 나의 그 구멍에 꽂더라. 그리고는 그것이 나왔다 들어갔다 하는데, 나중엔 그것이 번개치듯 자주 들락날락 들락날락하더니, 몸과 마음이 함께 혼미하고, 뼈마디가 녹아 흐르는 듯한바 그 맛을 어찌 말로 다 할 수 있겠니?”

“그럼 그 맛이 저 건너 최서방 댁의 제사 때 쓰는 밀과와 어떻게 비교할 수 있겠니?”

“밀과의 맛이란 매우 달지만, 눈을 뜨고 먹는 것이다. 그러나 그 맛이란 하도 기가 막혀서 두 눈을 스스로 감고, 다시 눈을 뜨고 맛보려고 하여도 통 눈이 뜨이지 않는단다. 그러니 어찌 밀과 따위와

---

10) 〈續禦眠楯〉. 趙靈巖 역, 위의 책, 84~85쪽.

비길 수 있겠느냐?"[11]

이것은 성행위를 갓 결혼한 여인의 입을 통해 직접적으로 표현한 것인데, 아주 사실적이다. 성행위에 관한 직접적 표현은 여러 자료에 나타나지만, 지면상 줄인다.

셋째, 자위행위에 관한 것도 수록되어 있다. 그 가운데 한 예를 적어 보면 다음과 같다.

어떤 나그네가 산길을 가다가 길가 숲속에서 한 중이 은신하여 손장난을 치고 있는 것을 보았다. 그러나 중은 한창 흥이 무르익어 나그네가 지나가는 것을 알지 못하였다. 나그네가 마음속으로 웃고는, 말을 세우고 말했다.

"네가 무슨 일을 하느냐?"

중이 크게 부끄러워서 손을 합장하고 땅에 엎드리자, 나그네가 말했다.

"네가 백주 길가에서 이와 같은 못된 음사(淫事)를 행하니, 죄를 가히 용서할 수 없도다."

중이 대답할 말을 찾지 못하고 다만 죄를 빌거늘, 나그네가 다시 말했다.

"너의 행한 바를 제목으로 하여 시 한 수를 지으면 마땅히 죄를 용서하리라."

"소승은 단문(短文)하니, 글자나 모아놓는 정도로 해서 바치겠습니다."

나그네가 좋다고 하자, 중이 다음과 같이 읊었다.

아무도 보는 이 없는 곳에서	四顧無人處
옷 벗고 다리 가에 닿았네.	脫袴到脚邊

---

11) 위의 책, 69~70쪽.

아름다운 님을 마음속에 그리면서	玉妓心中憶
붉은 기둥이 주먹 속을 뚫는구나.	朱柱拳中穿
아롱아롱 붙은 정은 땅으로 떨어지고	圈圈情墮地
눈에 삼삼 그리움은 하늘로 오른다.	童童日上天
그대 무슨 죄를 얻었기로	郎得何許罪
헛되이 수천 주먹 수고롭게 하는가.	空受數千拳

나그네가 웃으며 말했다.
"그만하면 자못 잘 형용하였으니, 죄를 용서할 만하니라."[12]

이것은 성적으로 제약을 받는 중을 등장시켜 수음(手淫)을 하게 하고, 중으로 하여금 그것을 시적으로 표현하게 한 예이다. 또 다른 이야기에서는 과부가 된 주인마님과 여종이 송이버섯을 이용하여 자위행위를 하는 이야기가 흥미롭게 펼쳐진다.[13] 이로써 조선중기 이후에는 남녀의 자위행위가 설화의 소재로 수용되어 직접적으로 표현되었음을 알 수 있다.

넷째, 동물과의 교접이 이야깃거리로 등장한다. 이러한 예로는 절에서 중이 암말과 상관하였다는 이야기,[14] 길을 가던 백성이 음욕을 참지 못하여 풀을 뜯고 있는 암말과 상관하였다는 이야기[15]가 있다. 그런데 앞 이야기에서 중은 이를 못마땅하게 여기는 상좌의 속임수에 걸려들어 골탕을 먹고, 뒤 이야기에서 백성은 관장에게 벌을 받는 것으로 되어 있다. 이것은 동물과 상관하는 것을 이야기의 소재로 삼으면서도 이를 용납할 수 없다는 의

---

12) 〈奇聞〉. 趙靈巖 역, 위의 책, 249~250쪽.
13) 위의 책, 267~268쪽.
14) 위의 책, 42~43쪽.
15) 위의 책, 30~31쪽.

식을 드러낸 것이라 하겠다.

동물과의 교구(交媾)는 환웅과 웅녀, 지렁이의 변신체와 처녀, 금돼지와 최치원의 모친, 뱀과 여인 등의 관계에서도 나타난다. 이들 이야기는 동물을 신성시하는 관념을 바탕으로 하여 단군·견훤·최치원·선비와 같은 비범한 인물의 출생을 이야기하고 있다. 그러나 위에서 말한 중이나 백성은 순전히 음욕을 채우기 위해 암말과 상관한다. 이것은 성을 신성시하던 관념이 사라지고, 단순히 쾌락의 대상으로 보는 의식이 만연되었음을 말해주는 것이라 하겠다.

위에서 살펴본 바와 같이 문헌설화에서는 남녀의 성기나 성적 결합을 상징적으로 표현하기도 하고, 직접적으로 표현하기도 하였다.

상징적 표현은 해·별·오이 등이 여체에 감응하여 주몽·강감찬·도선·범일국사와 같은 비범한 인물을 낳았다는 비범인의 출생담에 주로 나타난다. 이것은 생생력을 지니고 있다고 믿어지는 존재를 신성시하고, 생생력을 지닌 존재와 교접해서 잉태된 인물은 비범한 인물이 될 수 있다는 사고를 바탕으로 한 것이다. 해·별은 신성시하는 하늘의 존재이므로, 오이는 눈에 띄게 잘 자라고 그 모양이 남근과 유사하므로 생생력을 지닌 것으로 보아 신성시하였다.

직접적 표현은 조선시대 문헌에 많이 나타나는데, 성기에 관한 것, 성행위에 관한 것, 자위행위에 관한 것, 동물과의 관계에 관한 것 등 다양하다. 이것은 성은 인간의 본성이므로 더 이상 이를 신성시하거나 금기시하지 말고, 자유스럽게 이야기하고 표현하는 것이 좋다는 설화 향유층의 인식 변화에 따른 것이라 하겠다.

3. 성을 보는 시각

사람은 양성(兩性)을 함께 갖춘 존재가 아니므로, 남녀가 따로 따로 있을 때에는 성적 결핍을 느끼게 된다. 그래서 어느 정도 성장한 뒤에는 성적 결합을 시도하게 되는데, 양성이 결합될 때에는 결핍이나 갈등이 해소되어 화해가 성립되고, 성장과 발전이 있게 된다. 그러나 사회가 발전하고 복잡해짐에 따라 성적 결합을 무제한으로 허용할 수 없기 때문에 사회적 관습이나 도덕으로 규제하지 않을 수 없게 되었다. 그에 따라 많은 문제가 발생하기도 하였다. 이러한 상황에서 성을 보는 시각은 어떠했는가를 살펴보려고 한다.

1) 성적 결합을 통한 화해와 성장·발전

《단군신화》에서 웅녀는 매일 신단수(神檀樹) 밑에 가서 아들 낳기를 빈다. 이를 본 환웅은 잠시 사람으로 변하여 웅녀와 결합함으로써 단군을 출생하게 한다.

선화공주는 널리 퍼진 〈서동요(薯童謠)〉 때문에 부정(不貞)한 여인이라는 오해를 받아 대궐에서 쫓겨나고, 길을 가다가 만난 서동과 정을 통하고 인연을 맺어 행복하게 산다.[16] 평강공주 역시 대궐을 빠져나와 부모의 의사와 관계없이 온달과 결혼하여 행복하게 산다.[17] 〈쫓겨난 여인 발복설화〉에서 "누구의 덕으로 먹고 사느냐?"고 묻는 아버지의 물음에 "자기 복으로 먹고 산

---

16) 《三國遺事》卷 2, 武王.
17) 《三國史記》卷 45, 列傳 5, 溫達.

다"고 대답한 딸이 쫓겨나 고생을 하다가 숯 굽는 총각을 만나 행복하게 산다.[18] 이것은 성장하여 성이 무엇인가를 알게 된 딸이 스스로 배우자를 찾아나서서 성적으로 결합함으로써 행복을 얻은 예이다.

한 과부가 강릉 기생 매월의 이웃에 살았다. 하루는 그 과부가 매월의 집에 갔다가 매월이 젊은 남자와 음탕하게 노는 장면을 목격하고, 스스로 흥분을 이기지 못하다가 병이 되어 말을 하지 못하게 되었다.

이웃집 노파가 과부에게 병이 난 사정을 국문으로 쓰게 하여 그 연유를 안 뒤에 가난한 노총각에게 과부의 병을 고쳐주라고 하였다.

노총각이 과부의 집에 가서 노파한테 들은 대로 해주었다. 그러자 과부는 크게 만족해 하면서 뛰어 일어나, "그대야말로 진짜 의원이로다" 하고 말했다.

두 사람은 부부가 되어 연이어 아들과 딸을 낳고 해로하였다고 한다.[19]

이것은 성의 결핍으로 실어증(失語症)에 걸리기까지 한 과부가 이웃집 노파의 주선으로 역시 성적으로 결핍 상태에 있는 가난한 노총각과 만나 결합함으로써 병도 낫고, 자녀도 생산하여 잘 살았다는 이야기이다.

이 외에도 병의 치료를 구실로 성적 결합을 함으로써 주인집 딸과 결혼한 머슴 이야기, 부자 과부집에서 머슴살이하던 노총각이 계교로 주인 과부를 유혹하여 결혼함으로써 잘살았다는 이야기 등이 있다. 이것은 가난한 머슴이 주인집 딸, 또는 과부와 성

---

18) 최운식,《한국설화연구》(서울 : 집문당, 1991), 352~372쪽 참조.
19) 〈奇聞〉. 趙靈巖 역, 앞의 책, 224~225쪽.

적 결합을 함으로써 성장 발전한 예이다.

이처럼 설화에서는 남녀의 성적 결합이 서로 이질적이거나 대립적인 존재가 서로 화합하고, 성장 발전하는 계기가 되는 것으로 표현하였다. 이것은 성적 결핍상태에서는 아무것도 이룰 수 없으나, 양성이 결합될 때에는 서로 화합하고, 성장 발전할 수 있음을 나타내는 것으로, 그 바탕에는 양성의 결합이 생산과 풍요를 가져오는 원동력이 된다는 관념이 깔려 있다.

2) 윤리·도덕과 충돌 또는 융화

결혼제도가 정착되기 이전에는 성 문제가 사회 윤리나 도덕과 충돌하지 않았을 것이다. 그러나 결혼제도가 정착됨에 따라 결혼을 통한 부부 이외의 사람과 성적 접촉을 하는 것이 윤리·도덕과 충돌하게 되었다. 이러한 사정이 설화에 그대로 투영되어 있다.

문헌설화에는 이웃집 남자와 여자, 손님과 주막집 여주인, 길을 가던 남자와 빨래하는 여인, 머슴과 여주인의 간통 등 여러 가지 부정한 성적 결합의 예가 이야기된다. 그런데 이러한 일이 당사자의 남편이나 아내, 혹은 다른 가족이 눈치채지 못하게 이루어졌을 때에는 큰 문제를 일으키지 않지만 이것이 발각되었을 때에는 큰 문제가 일어난다.

옛날에 한 선비가 길을 가다가 어느 촌가에 들러 하룻밤 자고 가기를 청하였다. 그 집 안주인의 미모에 반한 선비는 남편이 출타 중임을 알고, 밤중에 안방에 뛰어들어 정을 통하려 하였다. 안주인은 학식을 갖춘 선비로서 무슨 못된 행동이냐고 엄하게 꾸짖은 뒤에, 종아리를 세 번 때려 징계하였다.

이튿날 아침에 남편이 돌아오자, 안주인은 지난밤에 있었던 일을 이야기하였다. 아내의 말을 들은 남편은 손님이 비록 순간적인 실수를 하였다 하더라도, 손님의 종아리를 때린 것은 무례를 범한 것이니 용서할 수 없다면서 아내의 종아리를 열 번을 때린 뒤에 선비에게 용서를 빌었다.

선비는 황망히 그곳을 떠나 길을 가다가 날이 저물어 또 다른 촌가에 들러 하룻밤 자고 가기를 청했다. 그 집 주인은 선비의 유숙을 허락한 뒤에, 멀리 떨어진 마을에 가서 자고 오겠다고 하면서 집을 나섰다.

밤이 되자, 그 집 안주인이 주안상을 가지고 와서 선비에게 권하며 정을 통할 것을 요구하였다. 선비는 전날 밤의 일을 떠올리며, 안주인의 음란한 행동을 매섭게 꾸짖었다. 선비에게 무안을 당한 안주인은 이웃집 남자를 불러들여 함께 잤다.

새벽녘에 그 집 바깥주인이 와서 잠든 선비를 깨운 뒤에, 지난밤의 일을 이야기하였다. 그는 자기 아내가 부정함을 알고, 현장을 잡으려는 생각에서 먼 곳에 가서 자고 오겠다고 거짓말을 한 뒤에 숨어서 아내의 행동을 감시하였음을 말하고, 선비의 곧은 행동을 치하하였다. 그리고는 불륜을 저지른 아내와 이웃집 남자를 징벌할 터이니, 어서 떠나라고 하였다.

선비가 급히 그 집을 떠나자 그 사람은 자기 집에 불을 질렀다.[20]

이 이야기에는 아내의 부정을 용서할 수 없다는 의식이 잘 드러나 있다. 부정한 여인은 남편으로부터 용서받지 못함은 물론, 가족이나 친지한테서도 용서받지 못했다.

다른 지방에 가서 근무하던 교생 곽태허(郭太虛)가 집에 돌아와 보니, 아내가 중과 정을 통하고 있었다. 곽태허가 아내와 중을 꾸짖자, 중은 곽태허를 칼로 찌르려 하므로 싸움이 벌어졌다. 두 사람이

---

20) 위의 책, 258~261쪽.

엎치락뒤치락하다가 곽이 가까스로 중의 손을 쳐서 칼을 땅에 떨어뜨렸다. 잠시 후에 중이 곽을 타고 앉아 여자에게 칼을 집어오라고 하니, 여자가 칼을 집으려 하였다. 그때, 곁에 있던 개가 칼을 물어다 버리고, 중을 물어 죽였다.

곽이 아내를 버리고 집을 떠나자, 소식을 들은 여자의 아버지와 오빠 등 친정 식구들이 몰려와 그 여인을 벌하였다.[21]

이 이야기에서 유부녀와 간통한 중은 개에 물려 죽고, 간통한 여인은 친정 식구들로부터 벌을 받는다. 부정한 행위로 친정의 명예를 훼손하였으니, 살려둘 수 없다는 것이다. 이 이야기에서는 개를 등장시켜, 여인의 행동이 개만도 못하였음을 강조하고 있다.

서울에 사는 한 무사의 별장이 상주에 사는 한 친구의 집을 찾으니, 그 친구는 3년 전에 죽었다고 하였다. 날이 저물었으므로, 별장은 그 친구집 객실에서 유숙하게 되었다.

그는 밤에 친구의 부인이 중과 사통하는 현장을 목격하고, 끓어오르는 분을 참지 못하여 창문 구멍으로 화살을 쏘아 중을 죽였다. 그가 객실로 돌아와 자는 척하고 있으니, 안에서 부인의 비명 소리가 들리고, 하인들의 발걸음이 빨라졌다. 무사가 놀라 일어나 하인에게 무슨 일이냐고 묻자, 하인이 말했다.

"주인집은 선비 집안으로 안주인이 과부가 되어 혼자 살았는데, 밤에 미친 중이 방으로 뛰어들기에, 안주인께서 칼을 빼어 중을 찔러 죽였습니다. 그리고 자신은 스스로 손가락을 자르고 자살하려고 하였습니다. 집안 사람들이 급히 이를 막아 구하였습니다."

이 말을 들은 무사는 쓴웃음을 금치 못하고, 크게 탄식하며 길을 떠났다.

---

21) 柳夢寅,《於于野談》卷 2(高興 : 萬宗齋, 1964).

그 다음 해에 그가 다시 그 집을 지나게 되었는데, 그때에는 정절부인에게 내리는 정문(旌門)이 그집 앞에 세워져 있었다.[22]

이 이야기에서 무사는 친구의 아내가 수절하지 못하고 남몰래 정부(情夫)와 놀아나는 것을 용서할 수 없어서 정부를 죽인다. 이것은 여인의 부정을 용납지 않는 의식의 표현이다. 그런데 이 이야기에는 수절하는 과부들의 비행(非行)과 이를 은폐하려는 계략, 그 계략에 속아 절부정문(節婦旌門)을 세워주는 세태에 대한 날카로운 풍자가 담겨 있다.

이처럼 문헌설화에는 남녀의 성적 결합이 윤리·도덕과 충돌하는 사례가 많이 있는데, 이것은 주로 여성의 부정이 탄로났을 때의 문제이고, 남성의 부정은 그리 문제가 되지 않는다. 문헌설화에는 남성들, 특히 양반계층의 남성들이 기녀·하녀·평민의 아내 등과 혼외정사를 갖는 경우가 많이 이야기되는데, 이때에는 가정적으로나 사회적으로 큰 문제가 일어나지 않는다. 이것은 여성들에게는 정절을 요구하면서도 남성들에게는 이를 요구하지 않던 사회의식의 표현이라 하겠다.

설화에서는 특별한 경우를 제외하고 근친상간을 용납지 않는다. 〈달래나보지 고개〉, 〈달래강 전설〉,[23] 〈소바위 전설〉[24]에서는 남매나 부녀 사이의 성적 결합을 인정하지 않음으로써 비극적인 결말을 맺도록 한다.

〈대홍수와 남매〉[25]에서는 대홍수로 사람들이 다 죽고 남매만

---

22) 위의 책, 卷1.
23) 최상수, 《한국민간전설집》(서울 : 통문관, 1958), 425~426쪽.
24) 위의 책, 333~334쪽.
25) 손진태, 《조선민족설화의 연구》(서울 : 을유문화사, 1947), 8쪽.

살아남아, 남매가 결혼하지 않으면 인류가 멸절하고 만다는 특별한 상황을 설정하여 남매혼을 인정한다. 그러나 거기서도 양쪽 산봉우리에서 연기를 피우거나 맷돌을 굴려 하느님의 뜻을 묻고 허락을 받은 뒤에 결혼하는 것으로 되어 있다.

이처럼 설화에서는 부부가 아닌 사람과 성적 결합을 한다거나 근친상간은 용납되지 않았다. 그러나 '인류의 멸절'이라든지 정상적인 결혼이 이루어질 수 없는 '특수한 상황'에서는 근친혼을 인정하였다.

3) 성의 본질 긍정

설화에서는 성을 긍정하고, 아주 재미있게 표현하기도 하고, 교훈의 자료로 삼기도 하였다.

《어수록(禦睡錄)》에는 밤중에 닭서리를 갔다가 그집 부부가 잠자리에서 희롱하는 말을 듣고, 이들의 말에 참견을 하여 판결을 해주는 이야기가 아주 익살스럽게 표현되어 있다.[26] 《어면순(禦眠楯)》의 〈오자조부(五子嘲父)〉, 〈조명아한(鳥鳴兒寒)〉에서는 부모의 성행위를 눈치챈 어린 아들과 부모의 대화가 아주 익살스럽게 표현되어 있다.[27]

《명엽지해(蓂葉志諧)》에는 호남의 어느 절에서 스님들이 여인의 음모(陰毛)를 서로 가지려고 다투다가 어느 객승의 의견에 따라 음모를 가마솥에 넣고 물을 가득 부어 끓인 다음 그 물을 나누어 마시기로 하였다는 이야기가 실려 있다.[28]

《속어면순(續禦眠楯)》에는 중 선탄(禪坦)이 기생을 유혹하여 운

---

26) 趙靈巖 역, 앞의 책, 116~118쪽.
27) 위의 책, 21~23쪽 및 25~26쪽.
28) 위의 책, 101~103쪽.

우지정(雲雨之情)을 나누고 있었는데, 어떤 사람이 이를 엿보고 문을 열며 무슨 일을 하느냐고 물으니, 선탄이 "지금 나라를 위하여 현량(賢良)을 만들고 있는 중"이라고 대답하였다는 이야기[29]가 실려 있다. 또 중이 길 가는 여인을 유혹하여 간통한 이야기[30]도 실려 있다. 이것은 금욕생활을 하는 스님들의 성에 대한 의식이 어떠했는가를 말해주는데, 승려의 성을 어느 정도 긍정적으로 보고 있다.

《어수록》에는 늙은 할미가 추운 겨울에 거리에서 떨고 있는 거지 아이를 불쌍히 여겨 방안에 들어오게 하였더니, 몸을 녹인 거지가 할미와 정을 통했다는 이야기가 재미있게 표현되어 있다.[31] 이 이야기에는 추위에 떨던 걸인이 몸을 녹인 뒤에 제일 먼저 발동한 것이 성욕이라는 점과 나이 많은 노파가 거지의 행동을 물리치지 않고 받아들였다는 점이 강조되어 있다. 이것은 성적 본능이 어떠한가를 잘 말해준다. 늙은 할미의 성을 긍정적으로 표현한 이야기로는 《어수록》의 〈능지납화(能知納靴)〉,[32] 《진담록(陳談錄)》의 〈파율피(破栗皮)〉[33] 등 많이 있다.

《명엽지해》의 〈일반의사(一般意思)〉에는 네 군관(軍官)이 길을 가다가 어느 촌가의 바깥채에서 유숙하게 되었는데, 한 군관이 안주인의 미모에 반하여 밤에 안방에 들어가 정을 통하려다가 인기척에 놀라 방안의 항아리 뒤에 숨었는데, 알고보니 일행 네 사람이 똑같은 행동을 하였다는 이야기가 나온다.[34] 이것은 예쁜

---

29) 위의 책, 65~67쪽.
30) 위의 책, 75~76쪽.
31) 위의 책, 137쪽.
32) 위의 책, 138~139쪽.
33) 위의 책, 334쪽.
34) 위의 책, 105~106쪽.

여인을 보고 성욕을 품는 것은 인지상정이라는 생각을 바탕으로
하여 꾸며진 것이다.

《기문(奇聞)》에는 다음과 같은 이야기가 실려 있다.

　　옛날에 성천 부사가 여색을 멀리하는 친구를 성천으로 오게 하여
주연을 베풀었는데, 그 선비는 기생들을 거들떠보지도 않았다. 부사
가 기생들에게 그 선비를 유혹하는 자에게 큰 상을 내리겠다고 하
자, 한 기생이 자원하였다.
　　그 기생이 과부로 행세하며 선비를 유혹하자, 선비는 그녀의 미
모에 반하여 절대로 버리지 않겠다는 약속을 하고 좋은 인연을 맺
었다. 그 후로 두 사람은 정이 깊어져 떨어질 수 없게 되었다.
　　그 선비가 본가에서 온 서신을 받고 집으로 가다가 다시 돌아와
보니, 그 여인이 죽었다고 하였다. 선비가 슬픔에 겨워 자리에 누워
있는데, 그 여인이 나타나서 자기는 죽은 영혼이라고 하였다. 그 선
비는 여인의 계략에 빠져 벌거벗고 부사의 잔치에 참여하였다가 망
신을 당하였다.[35]

이것은 고소설 〈오유란전〉과 같은 내용의 이야기인데, 여색을
멀리한다고 장담하는 정남(貞男)의 실상이 어떠한가를 잘 보여주
고 있다.

문헌설화에는 재혼을 금지하는 풍습에 묶여 슬픔과 고통의 나
날을 보내던 청상과부가 특별한 방법으로 새 삶을 찾는 이야기
가 전한다. 이러한 예를 몇 가지 적어보면 다음과 같다.

　　한 재상이, 출가하였다가 일 년도 안 되어 남편을 잃고 돌아온
딸이 홀로 흐느끼는 것을 보고, 측은한 마음을 억제할 수 없었다.

---

35) 위의 책, 261~265쪽.

　재상은 그때 마침 자기를 찾아온 곤궁한 무변(武弁)에게 자기 사위가 되어 달라고 말한 뒤에, 은덩이를 주면서 딸을 데리고 함경도 지역으로 가서 살라고 하였다.

　몇 년 뒤에 재상의 아들이 암행어사가 되어 함경도 지역에 갔다가 누이를 만나보니, 아들 둘을 낳고 잘 살고 있었다. 아들이 돌아와 아버지께 누이의 이야기를 꺼내려 하자, 아버지는 이를 제지하였다.[36]

　서울의 권세 있는 양반이 청춘에 홀로 된 누이동생의 처지를 딱하게 여겨 재혼시키려고 하니, 문중에서 반대하였다. 그 양반은 누이동생을 데리고 정처없이 다니다가 경상도 지방에 와서 권생(權生)을 만나 술을 마시다가, 권생이 취한 다음에 누이동생과 한방에 있게 하고는 가 버렸다.

　권생은 그 여인과 인연을 맺은 뒤에 엄격한 아버지와 투기가 심한 아내 때문에 걱정을 하였으나, 친구들의 지혜로 아버지의 마음을 돌리게 하고, 아버지의 수완으로 아내가 투기를 부리지 못하게 한 다음, 그 여인을 소실로 맞아 잘 살았다.[37]

　가난하기 짝이 없는 한 선비가 성균관에 갔다가 저녁 늦게 오는데, 한 여인이 따라와 소실이 되기를 간청하여 함께 살았다. 그는 소실의 도움으로 좋은 집으로 이사하여 유족하게 살았다. 그 여인은 또 한 여인을 소실로 삼으라고 하여 본부인의 허락을 받고 받아들였다. 그는 벼슬길이 열려 여러 고을의 원을 하였다.

　그가 나이 들어 소실에게 지난 일을 물으니, 자기는 재산이 많은 이동지의 딸인데, 아버지가 청춘에 홀로 된 자기의 처지를 딱하게 여겨, '밤에 밖에 나가 처음 만나는 남자를 따라가 살라'고 하여 그를 따라온 것이라 하였다. 그리고 뒤에 소실로 온 여인은 아버지와 친하게 지내는 재상의 딸인데, 이동지의 말을 들은 재상이 합궁(合

36) 〈靑邱野談〉 卷 6, 이우성·임형택 편역, 《이조한문단편집(상)》(서울 : 일조각, 1973), 226～228쪽.
37) 〈溪西野談〉 卷 4, 위의 책, 234～241쪽.

宮) 전에 과부가 된 딸을 그에게 보낸 것이라 하였다. 그리고 그가 벼슬을 하게 된 것은 그 재상의 도움이 있었기 때문이라 하였다.[38]

위 이야기에서 청상과부가 된 여인의 아버지나 오빠는 재혼을 금지하는 풍습이 얼마나 비인간적이고 잔혹한 일인가를 인식하였기 때문에, 특별한 수단과 방법을 동원하여 딸이나 여동생이 새 삶을 찾게 한다.

《해동야서(海東野書)》에는 시전상인인 시아버지가 음양의 이치도 모른 채 과부가 된 며느리에게 "미물(微物)도 음양의 이치를 아는데, 하물며 사람이 음양의 이치를 모르고 살아서야 되겠느냐?"고 하면서 개가를 권하여 며느리로 하여금 음양의 이치를 알게 한 이야기[39]가 실려 있다.

《기문습유(記聞拾遺)》에는 내시가 오랫동안 데리고 있던 여인에게 새로운 인생을 찾게 해주려고 과거를 보러 가던 선비를 불러들여 인연을 맺게 하고, 과거에 급제하도록 도와준 다음, 그 여인을 그와 함께 보내는 이야기[40]가 흥미롭게 펼쳐진다. 이 이야기는 성적으로 결핍된 상태에서 사는 여인에게 새로운 삶을 주는 사람이 부모나 형제가 아니고, 남편 구실을 제대로 못하는 내시로 되어 있는 점이 특이하다.

《촌담해이(村談解頤)》에는 주막집 주인이 손님의 돈을 빼앗으려고 밤중에 자기 아내를 그 손님의 방에 들어가게 하고는 간통죄로 고소하였는데, 손님은 원님 앞에 가서 양물(陽物)에 때가 있는가를 검사해달라고 하여 무죄를 증명하였다는 이야기가 실려

---

38) 〈破睡篇〉 卷 2, 위의 책, 229~233쪽.
39) 위의 책, 208~211쪽.
40) 위의 책, 199~207쪽.

있다.[41] 이것은 성이 재판의 판단자료로 이용되었음을 말해주고 있다.

위에서 살펴본 바와 같이 문헌설화에는 성을 긍정적으로 표현한 이야기가 많이 있다. 여기에는 성은 인간의 본성이므로 억압하거나 금기시하고 부정적으로 볼 것이 아니라, 긍정적으로 보아야 한다는 의식이 잘 드러나 있다.

4) 성적 결핍으로 인한 원과 한

연암(燕巖)이 쓴 〈열녀함양박씨전(烈女咸陽朴氏傳)〉의 서문에는 젊은 나이에 과부가 되어 수절하면서 아들 형제를 키워 명관(名官)이 되게 한 노부인이 수절하면서 외로움과 정욕이 끓어오를 때마다 굴려 다 닳은 동전을 아들들에게 보여주면서 그동안 겪은 눈물겨운 사연들을 말하는 대목이 있다.[42] 이것은 성적 욕구를 자제하는 것이 얼마나 고통스러운 일이었는가를 잘 말해주고 있다.

설화에는 성적 결합을 이루지 못해 방황하거나 원과 한을 품고 죽는 이야기도 있다.

조정암(趙靜菴)의 이웃집 처녀가 그의 아름다운 모습에 반하여 깊이 사모하게 되었으나, 그 애정을 고백할 수 없어 병이 들었다. 병이 중해지자, 그녀는 아버지에게 자기의 심정을 이야기하였다.

그녀의 아버지가 정암의 아버지를 찾아가 사정을 이야기하자, 정암의 아버지는 아들에게 그녀를 첩으로 삼아 소원을 풀어주라 하였다. 그러나 정암은 처녀의 잘못을 들어 아버지의 말을 따르지 않

---

41) 위의 책, 94~96쪽.
42) 朴趾源, 〈烈女咸陽朴氏傳〉, 위의 책, 289~290쪽.

왔다.

　그녀의 병이 위급해지자, 그녀의 아버지가 다시 정암의 아버지를 찾아와 울면서 간청하였다. 정암의 아버지는 눈물을 흘리며 아들에게 다시 명했으나, 정암이 끝내 받아들이지 않았으므로, 그녀는 숨을 거두고 말았다.

　장례를 치르는데, 상여가 정암의 대문 앞에서 움직이지 않으므로, 그 아버지가 정암에게 글자를 몇 자 써달라고 울며 호소하였다. 이에 정암이 눈물을 흘리며 내의에 글을 써서 널에 올려놓으니, 그제야 상여가 움직였다.[43]

이와 비슷한 이야기가 이자의(李諮議)와 관련해 전하기도 한다.

　이자의가 먼길을 가다가 객점에 들어 촛불을 밝히고 독서를 하였는데, 객점 이웃에 사는 처녀가 정념(情念)을 이기지 못해 그의 처소로 들어왔다. 그는 처녀가 들어온 까닭을 묻고는 남녀가 유별함을 들어 돌아가라고 하였다. 처녀가 끝내 말을 듣지 않자, 그는 객점 주인을 불러 그녀의 아버지를 불러오게 하였다. 여인의 아버지가 와서 크게 꾸짖자, 그녀는 혀를 깨물고 머리를 부딪쳐 쓰러져 죽으면서 부르짖었다.

　"손님은 실로 정인군자(正人君子)요. 허나 기필고 앙화를 받으리다. 내가 죽어 여귀(厲鬼)가 될 테요."

　그 뒤로 그가 매양 꿈을 꾸면, 혀를 깨물고 머리를 깬 형상을 한 그녀가 나타나는데, 그때마다 집안에 재앙이 있어 끝내 곤궁하게 살다가 일생을 마쳤다.[44]

이것은 성적으로 결합을 이루지 못하여 병이 나거나 한을 품고 자결하여 죽은 처녀의 영혼이 한을 풀지 못해 저승으로 가지 못

---

43) 〈雪橋別集〉卷 1, 漫錄 1, 위의 책, 215~216쪽.
44) 위의 책, 218~220쪽.

하고 떠돌며, 자기의 죽음과 관련된 사람을 못살게 한다는 의식을 반영한 이야기이다. 이같은 의식은 《교수잡사(攪睡襍史)》, 《성수패설(醒睡稗說)》, 《명엽지해(蓂葉志諧)》에 실려 있는 〈아랑형 설화〉[45]에도 나타난다.

이와 같은 의식은 불교 승려와 관련된 이야기에도 그대로 나타난다.

남호(南湖)의 영기화상(英奇和尙)은 광주(廣州) 봉은사(奉恩寺)에서 시주를 받아 화엄경판을 간행하고 있었다. 이때 한 부잣집 과부가 찾아와 많은 곡식과 옷감을 시주하였다. 이러한 일이 몇 차례 있은 뒤에 과부는 스님을 잠자리에서 모시겠다고 하였다. 스님은 일이 다 끝난 뒤에 보자고 하자, 여인은 기뻐하며 일이 끝나기를 기다렸다.
일을 마친 스님이 몰래 다른 절로 도망하자, 부인은 죽어서 귀신이 되어 스님의 수도를 방해하였다. 얼마 후에 스님은 몸이 쇠약해져서 죽었는데, 사람들은 이를 그 여인과의 악연(惡緣) 때문이라고 하였다.[46]

이 이야기에서 스님에게 버림받은 여인은 귀신이 되어 스님의 수도를 방해하여 결국은 죽음에 이르게 한다. 이 이야기 역시 성적 결합을 이루지 못하고 죽은 여인의 원과 한이 얼마나 큰가를 보여주고 있다.

요즈음에도 민간에서 행하여지고 있는 사혼(死婚)은 성적 결합을 이루지 못하고 죽은 처녀 총각 혼령들의 원한을 풀어주어 방황하지 않도록 하려는 뜻에서 행해지는 민속이라 하겠다.

위에서 살펴본 바와 같이 문헌설화에서는 성의 본질을 긍정하

---

45) 趙靈巖 역, 앞의 책, 179~181, 218~220, 294~296, 498~500쪽.
46) 李能和, 《朝鮮佛教史(下)》, 영인본, 1968, 863쪽 참조.

고, 남녀의 성적 결합은 서로 이질적이거나 대립적인 존재가 서로 화합하고, 성장 발전하는 계기가 되는 것으로 보았다. 그러나 성이 윤리·도덕을 무시해서는 안 된다는 입장을 보이고 있다. 그리고 성적 결합에 대한 지나친 제약이나 좌절은 원(怨)과 한(恨)이 되어 부작용을 낳는다는 것도 밝히고 있다.

4. 성 수용의 의미

위에서 문헌설화가 성을 수용한 양상을 살펴보았는데, 이것은 어떤 의미를 지니는가 살펴보려고 한다.

1) 흥미로운 이야깃거리화

문헌설화에는 성적 결합을 위한 남녀의 만남이 아주 흥미롭게 표현되어 있다. 그 가운데에는 처녀 총각, 부부, 유부남과 유부녀, 주인과 하녀, 과부와 머슴, 상인과 집주인, 나그네와 주막집 주인 등 각계각층 사람들의 만남과 성적 결합 장면에 대한 이야기가 펼쳐진다.

그런가 하면 남녀의 자위행위나 동물과의 관계 등이 수록되어 있어 매우 흥미롭다. 이것은 문헌설화 기록자들이 한문에 소양을 갖춘 지식인으로, 유교문화의 영향을 깊이 받은 사람들임을 감안할 때 특별한 의미를 갖는다.

고대에는 성을 생산과 풍요의 원천으로 보아 신성시하였고, 유교문화가 사회에 큰 영향을 끼친 뒤에는 성을 드러내놓고 이야기하는 것을 꺼리거나 금기시하게 되었다. 그래서 성을 소재로 한 이야기는 항간에 떠돌거나 일부 지식인들 사이에서 심심풀이로 이야기되는 정도에 그쳤을 것이다.

그런데 문헌설화의 기록자들은 이러한 이야기들을 수용하여 문헌에 기록하였다. 이것은 성의 본질을 인정하고, 성을 소재로 한 이야기가 남녀노소를 불문하고 모든 사람의 흥미를 끄는 이야기이니, 구태여 감추거나 금기시할 필요가 없다는 생각을 반영한 것이라 하겠다.

2) 성의 본질과 자유 긍정

앞에서 살펴본 바와 같이 문헌설화에는 남녀 음양의 이치를 모르는 처녀나 총각의 성에 대한 호기심과 그에 접근하는 과정, 성적 제약을 받는 과부나 홀아비의 성에 대한 갈망과 이를 해결하는 과정이 재미있게 묘사되어 있다. 또 재혼을 금지하는 것이 당사자에게는 매우 고통스럽고 비인간적인 일임을 인식한 사람들이 이를 깨뜨리고 성적으로 결합하여 새 삶을 찾도록 해주는 과정이 잘 표현되어 있다.

결혼은 성적 결합을 전제로 한 것인데, 성숙한 여인을 어린 신랑과 결혼시켰을 때에는 원만한 결합이 이루어지지 않는다. 나이 들어 성적으로 성숙한 신부가 나이 어려 음양의 이치를 모르는 신랑이 잠잘 때 성적 접촉을 시도하자 어린 신랑은 그게 싫어서 신부를 피했다는 이야기[47]가 있다. 이 이야기는 나이 든 신부를 어린 신랑과 결혼시키는 것에 문제가 있음을 지적하고 있다. 그러면서 성숙한 여인이 성적 욕구를 갖는 것은 당연한데, 결혼을 하고서도 성적으로 만족을 얻을 수 없는 것은 안타까운 일이라는 생각을 표현하고 있다.

---

47) 趙靈巖 역, 앞의 책, 115, 147쪽.

젊은 과부와 이웃집 머슴 사이에 있었던 일을 소재로 한 이야기 한 가지를 들어보자.

어느 부잣집 젊은 과부가 늘 함께 자던 젖어미가 출타하고 이웃집 총각 머슴이 와서 집을 봐주게 되자, 머슴을 잘 대접하고 잠잘 때 성적 접촉을 시도하여 스스로 만족을 느낀다. 그런데 우둔하고 지각이 없으며 음양의 이치를 모르는 머슴은 자기집 주인 아주머니께 '그 댁엔 요강이 없는지 아가씨가 손수 제 바지를 벗기고 제 신두(腎頭) 위에 오줌을 누었다'고 한다.[48]

이 이야기에서는 성숙한 여인이 가지고 있는 성적 욕구를 긍정적으로 보면서, 더 이상 성적 만족을 얻을 수 없게 된 과부의 처지를 동정하고 있다.

이러한 것은 나이 든 노인의 경우도 마찬가지이다. 한 늙은 할미가 병들어 죽게 되었을 때 시집간 세 딸을 불러 소원을 말하라고 하자, 첫째딸과 둘째딸은 성기와 관련된 소원을 말하고, 셋째딸은 성행위와 관련된 소원을 말했는데, 할미는 셋째딸의 소원이 자기의 소원과 같은 것이라고 하면서 성행위를 하는 동작을 하였다는 이야기가 있다.[49]

한 선비가 주점에서 젊은 여인이 용모가 아름다운 것을 보고 마음이 끌려 밤에 만나기로 하였는데, 일이 잘못되어 늙은 시어머니 방에 들어가 어렵게 관계하니, 늙은 할미가 젊은 선비의 등을 두드리며 칭찬하였다는 이야기도 있다.[50] 또 다른 이야기에서는 20세의 총각이 안사장(査丈)을 업고 냇물을 건널 때 손가락을

---

48) 위의 책, 113~114쪽.
49) 위의 책, 158~159쪽.
50) 위의 책, 138~139쪽.

안사장의 음호에 넣고 장난을 하였다. 이를 분하게 여긴 부인이 사돈, 즉 그 총각의 아비에게 총각의 무례를 고하자 엉뚱한 반응을 보인다. 부인이 다시 노사돈, 즉 총각의 할아버지께 그 일을 알리자, 그 노인은 이렇게 좋은 말을 듣고도 성욕이 일지 않는 것을 보니 자기가 늙은 탓이라고 한다.[51]

이러한 이야기는 성적 욕구는 누구에게나 있는 것으로 자연스러운 것이니, 억압하거나 금기시해서는 안 된다는 의식을 담고 있다.

문헌설화에는 기생에게 빠진 선비가 아내를 멀리하고 기생에게 빠진 이유를 "아내는 공경하고 서로 별다른 뜻이 있으므로 욕정을 풀 수 없지만, 기생은 마음대로 할 수 있을 뿐만 아니라 음탕한 재주가 있기 때문"이라고 하자, 아내가 "내가 언제 높여 달라고 했느냐?", "내가 언제 별 뜻이 있게 공경해 달랬느냐?"고 대들었다는 이야기가 있다.[52] 본처와 첩이 싸울 때 남편이 들어와 첩을 야단치고는 "본처에게 대드는 년은 죽여 버려야 한다"면서, 다른 방으로 끌고 가서 성행위를 하는 것을 본 본처가 "그렇게 죽일 테면 나부터 죽이라"고 했다는 이야기도 있다.[53] 또, 정부(情婦)의 집에 간 남편을 끌고 온다는 것이 엉뚱한 남자를 끌고 와서 잠자리를 같이한 시골 아낙네 이야기,[54] 남편보다 더 즐겁게 해줄 수 있다는 행상의 말에 남편을 따돌리고 잠자리를 같이한 뒤에 그에 미쳐서 솥단지를 빼 들고 그 남자를 따라나섰다는 주막집 여주인 이야기[55]도 있다.

---

51) 위의 책, 183~184쪽.
52) 위의 책, 57~58쪽.
53) 위의 책, 312~313쪽.
54) 위의 책, 307~310쪽.

위에서 말한 것들은 이런 이야기의 항유층과 문헌설화의 기록자들이 성의 본질을 인식하고, 성의 자유를 긍정적으로 보는 의식을 표현한 것이라 하겠다.

3) 건강한 삶과 문화창조의 힘

총각이나 처녀는 결혼을 통하여 새로운 가정을 꾸미고 자녀를 낳으며 건강한 삶을 살아간다. 과부와 홀아비를 비롯하여 성적으로 결핍되어 있던 사람들 역시 성적 결합을 통하여 새로운 삶을 살아간다. 여기서는 특별한 경우 몇 가지를 들어 이를 살펴보려고 한다.

온달은 평강공주를 만나기 전까지는 바보 소리를 듣는 사람이었다. 그러나 평강공주와 결합한 뒤에 국중 사냥대회에서 우승을 하고, 외적이 쳐들어왔을 때에는 공을 세워 왕으로부터 "네가 과연 내 사위로구나!" 하고 인정을 받는다. 그리고 장군이 된 뒤에는 조국 수호에 큰 공을 세운다. 마를 캐며 하루하루를 지내던 백제의 총각 서동은 선화공주를 만나 마 구덩이에서 사금을 발견하여 부자가 되고, 인심을 얻어 왕위에 오른다. 이들은 성적 결합을 통하여 새로운 새로운 삶을 산 것이다.

신라의 승려 원효(元曉)를 살펴보자.

원효는 일찍이 상례(常禮)에 벗어난 행동을 하며, 길거리에서 다음과 같은 노래를 불렀다.
"어느 누가 자루 없는 도끼를 내게 주겠는가(誰許沒柯斧).
나는 하늘 떠받칠 기둥을 찍으리라(我斫支天柱)."
아무도 이 노래의 뜻을 알지 못했으나, 태종은 이 노래를 듣고

---

55) 위의 책, 34~36쪽.

말했다.

"이 스님이 필경 귀부인을 얻어서 귀한 아들을 낳고자 하는구나. 나라에 큰 현인(賢人)이 있으면 이보다 더 좋은 일은 없을 것이다."

이때 요석궁(瑤石宮)에는 과부가 된 공주가 살고 있었는데, 왕은 원효를 찾아 요석궁으로 데려다 주라고 하였다. 관리는 다리 위에서 원효를 만났는데, 원효는 일부러 물에 빠져 옷을 적셨다. 관리는 원효를 요석궁으로 데리고 가서 옷을 말리고, 쉬게 하였다.

공주는 과연 태기가 있더니, 설총(薛聰)을 낳았다.[56]

원효는 출가한 승려였으나, 요석공주(瑤石公主)와 결합하여 신라 십현(十賢)으로 꼽히는 설총을 낳았다. 이것은 두 사람의 성적 결합이 새로운 인물을 탄생하게 하여 문화를 발전시킨 예이다.

신라의 승려 부설(浮雪)의 경우에는 묘화(妙花)와 결혼한 뒤에 크게 도를 깨닫는다.

신라 진덕여왕 때 승려 부설(浮雪)은 동지 영조(靈照)·영희(靈熙)와 함께 도가 높은 스승을 찾아가 가르침을 받고, 수도에 전념하여 학(學)과 행(行)이 원만(圓滿)의 지경에 이르렀다.

세 사람이 다시 문수도량(文殊道場)인 오대산으로 가던 가운데 두릉(杜陵) 백련지(白蓮池) 곁에 있는 구무원(仇無寃)의 집에 며칠 묵게 되었다. 그런데 구무원의 딸 묘화(妙花)가 부설을 따르며 떨어지지 않으려 하였다. 그리고 만일 부설이 돌보지 않으면 스스로 목숨을 끊겠다고 하였다.

부설은 출가한 몸으로 애욕(愛慾)에 얽매일 수 없지만, 부처님의 자비를 생각할 때 죽음을 각오한 여인의 간청에 자기의 생각만을 고집할 수 없어 묘화와 결혼하였다. 동행했던 영조와 영희는 부설을 남겨둔 채 길을 떠났다.

---

56) 《三國遺事》 卷 4, 元曉不羈.

부설은 묘화와의 사이에서 두 자녀를 두어 기르면서 수행에 더욱
정진하여 크게 도를 깨우쳤다.
   여러 해 뒤에 영조와 영희가 찾아왔다. 세 사람은 그간 공부한
정도를 알아보기 위한 시험을 하였는데, 부설이 가장 높은 경지에
다다라 있었다.[57]

   부설은 비록 재가수도(在家修道)하였으나, 출가수도(出家修道)한
그들보다 깨달음이 깊었다고 한다.
   이것은 부설의 결혼이 수도를 방해한 것이 아니라, 오히려 도
움을 주었음을 말해주는 것이다. 부설이 출가하였음을 들어 끝까
지 결혼을 거부하여 묘화가 자결하였을 경우, 부설은 묘화를 죽
음에 이르게 한 자책감에 시달려야 하였을 것이다. 그러나 부설
은 묘화와 결혼함으로써 이러한 자책에 빠지지 않아도 되었고,
육체적인 욕망을 억제하기 위한 노력을 수도하는 데에 쏟을 수
있었던 것이다. 그래서 부설은 자기 자신이 더욱 깊은 도의 경지
에 이를 수 있었음은 물론, 아내와 아들·딸을 신앙심과 도가 깊
은 사람으로 만들 수 있었던 것이다. 이것은 여인과의 결합을 회
피하려고 불자(佛子)로서 할 수 없는 망어계(妄語戒)를 범하고, 더
큰 악연(惡緣)을 지었던 영기화상(永奇和尙)의 경우와 좋은 대조
를 보인다.
   위에서 말한 이야기의 주인공들은 성적 결합을 통하여 새로운
삶을 얻거나, 자기의 능력을 계발하여 큰일을 성취하고, 훌륭한
인물을 출생한다. 이것은 문헌설화의 기록자들이 성이 건강한 삶
과 문화창조의 힘이 됨을 인식하였음을 말해준다.

---

57) 月明庵 所藏,〈浮雪傳〉; 황패강,《신라불교설화연구》(서울 : 일지사, 1975),
   369~372쪽 참조.

4) 윤리·도덕 강화와 교훈의 자료

앞에서 살펴본 〈영변 교생 곽태허 이야기〉에서 곽태허의 아내와 간통한 뒤 곽태허를 죽이려 한 중은 개에 물려 죽고, 아내는 부정(不貞)을 저지르고 정부(情夫)를 도와 남편을 죽이려 한 벌로 친정 식구들에게 벌을 받아 죽는다. 그리고 〈반달여정(反撻女貞)〉에서 안주인의 유혹을 받은 선비는 전날 밤에 숙박하던 집 안주인을 범하려다 회초리를 맞은 것을 생각하여 거절하였는데, 이를 지켜본 바깥주인이 선비를 치하하며 피신시키고는 자기 집에 불을 질러 아내와 정부를 죽게 한다. 한 무사의 별장은 죽은 친구의 아내가 중과 놀아나는 것을 보고 분을 참지 못하여 중을 죽인다. 이것은 성을 소재로 한 이야기를 통하여 정절을 강조하는 예이다.

성을 소재로 한 이야기가 교훈의 자료로 쓰이는 경우도 많이 있다. 행실이 바르지 못한 처녀가 잠자리 기교를 미리 배워 가지고 시집가야 한다는 이웃집 남자의 꾐에 넘어가 날마다 실습을 하여 익히고, 결혼한 첫날밤에 요본(搖本)과 감창(甘唱)을 하여 쫓겨났다는 이야기[58]는 행실이 단정하지 않으면 신세 망친다는 것을 가르쳐주고 있다. 손님이 잠든 뒤에 떡을 먹고 잠자리를 같이 하기로 아내와 약속한 남편이 손님이 잠들기 전에 잠드는 바람에 그 손님에게 떡과 아내를 도둑맞은 이야기[59]는 어리석은 행동을 하다가는 소중한 것을 잃는다는 것을 일깨워주고 있다.

성을 소재로 한 이야기가 축수(祝壽)의 자료로 쓰이는 경우도 있다.

---

58) 〈續禦眠楯〉. 趙靈巖 역, 앞의 책, 59~61쪽.
59) 〈攪睡襍史〉. 趙靈巖 역, 앞의 책, 209~211쪽.

어떤 이가 회갑을 맞아 자손들의 헌수(獻壽)를 받으면서 며느리들에게 헌수할 때 축원의 말을 해보라고 하였다. 큰며느리가 잔을 올리며 축수하였다.

"아버님 천황씨(天皇氏)가 되소서."

시아버지가 큰며느리에게 그 이유를 묻자, 천황씨는 일만팔천 세를 누렸으니, 이처럼 오래 사시라는 뜻이라고 하였다. 둘째며느리는 지황씨(地皇氏)가 되라고 축수하였는데, 이것 역시 같은 뜻이라고 하였다.

셋째며느리는 잔을 올리고 꿇어 엎드려 이렇게 말했다.

"원컨대 아버님께서는 양물(陽物)이 되소서."

"그 이유가 무엇이냐?"

"양물은 비록 죽을지라도 능히 환생하여 가위(可謂) 장년불사(長年不死)이니, 이와 같이 빕니다."

"네 말이 역시 좋구나."[60]

천황씨(天皇氏)와 지황씨(地皇氏)처럼 일만팔천 세를 누리라는 큰며느리와 둘째며느리의 축수는 유식하고 점잖은 말이지만, 실감이 나지 않는다. 그러나 셋째며느리의 축수는 야한 표현이기는 하지만, 가장 가까운 실례를 들어 장년불사(長年不死)를 축원한 것으로 아주 실감이 난다.

《성수패설(醒睡稗說)》에는 늙은 재상의 아들이 자기 아버지가 손자며느리의 교전비인 어린 계집종을 좋아하는 것을 알고, 계집종을 아버지께 바쳐서 잠자리를 함께 하게 하는 이야기[61]가 실려있다. 이것은 성을 제공하는 것이 효도의 방편이 됨을 보여주는 것이다.

---

60) 위의 책, 172~173쪽.
61) 위의 책, 297~299쪽.

《용재총화(慵齋叢話)》에는 색을 탐하던 중이 상좌의 말대로 양기(陽氣)를 높이려고 생콩가루를 찬물에 타먹고 과부를 찾아갔다가 설사로 똥을 싸고, 도망오다가 실수를 연발하여 옷을 적시고, 실컷 매를 맞았다는 〈도수승(渡水僧) 이야기〉[62]가 실려 있다. 이것은 출가한 승려가 수도에 전념하지 않고 색을 탐하는 것을 경계하는 이야기라 하겠다.

문헌설화에서는 성의 본질과 자유를 긍정하는 입장을 보이기는 하지만, 사람이 동물과 성적 접촉을 하는 것은 용납할 수 없다는 태도를 취한다. 앞에서 말한 바와 같이 절에서 말과 관계한 중은 이를 못마땅하게 여기는 상좌의 속임수에 걸려 골탕을 먹는다. 길을 가다가 음욕을 이기지 못하여 암말과 관계한 백성은 이를 본 사람의 입을 막으려고 하다가 재물을 날리고, 마침내는 재판을 받아 벌을 받는다. 이것은 성을 긍정하기는 하되, 음욕을 참지 못하여 동물과 관계하는 일은 용납할 수 없다는 의식의 표현이라 하겠다.

이처럼 성은 윤리·도덕을 강화하고, 생활의 교훈을 주는 자료로 이용되기도 한다. 이것은 모든 사람이 흥미를 갖는 이야기 속에 윤리·도덕이나 생활의 교훈을 담아 이를 강화하는 효과를 얻기 위한 것이라 하겠다. 문헌설화의 기록자들은 흥미있는 이야기 속에 담긴 의미는 잊혀지지 않고 두고두고 마음에 되새길 수 있음을 알았기에 이런 설화를 수용하여 기록한 것이라 하겠다.

위에서 살펴본 바와 같이 문헌설화가 성을 수용한 의미는 성을 신성시하거나 금기시하던 관념에서 벗어나 흥미로운 이야깃거리가 되었음을 알려주는 것이라 할 수 있다. 문헌설화의 향유

---

62) 成俔 저, 南晩成 역, 《慵齋叢話》(서울 : 대양서적, 1973), 181~182쪽.

층은 모든 사람이 흥미와 관심을 갖는 성 이야기를 통하여 성의 본질과 자유를 긍정하고, 성은 건강한 삶과 문화창조의 힘이 된다고 보았음을 알 수 있다. 그리고 흥미로운 이야기 속에 윤리·도덕이나 생활의 교훈을 담아 이를 강화하려 하였음을 알았다.

5. 맺음말

문헌설화에서는 남녀의 성기나 성적 결합을 상징적으로 표현하기도 하고, 직접적으로 표현하기도 하였다. 상징적인 표현은 해·별·오이 등이 여체에 감응하여 주몽·강감찬·도선·범일국사와 같은 비범한 인물을 낳았다는 비범인의 출생담에 주로 나타난다. 이것은 생생력을 지니고 있다고 믿는 존재를 신성시하고, 생생력을 지닌 존재와 교접함으로써 잉태된 인물은 비범한 인물이 될 수 있다는 사고를 바탕으로 한 것이다. 해·별은 신성시하는 하늘의 존재이므로, 오이는 눈에 보이게 잘 자라고 그 모양이 남근(男根)과 유사하므로 생생력을 지닌 것으로 보아 신성시하였다.

직접적 표현은 조선시대 문헌에 많이 나타나는데, 성기에 관한 것, 성행위에 관한 것, 자위행위에 관한 것, 동물과의 관계에 관한 것 등 다양하다. 이것은 성은 인간의 본성이므로 더 이상 이를 신성시하거나 금기시하지 말고, 자유스럽게 이야기하고 표현하는 것이 좋다는 설화 향유층의 성에 관한 인식의 변화에 따른 것이라 할 수 있다.

문헌설화에서 성을 보는 시각을 보면, 성의 본질을 긍정하고, 남녀의 성적 결합은 서로 이질적이거나 대립적인 존재가 서로 화합하고, 성장 발전하는 계기가 된다고 보았다. 그러나 성이 윤리·도덕을 무시해서는 안 된다는 입장을 보이고 있다. 그리고 성적 결합에 대한 지나친 제약이나 좌절은 원과 한이 되어 부작용을 낳는다는 것도 밝히고 있다.

문헌설화에서는 위에서 살펴본 바와 같이 성을 수용하여 표현하였다. 이것은 성을 신성시하거나 금기시하던 관념에서 벗어나 이를 흥미로운 이야깃거리로 하였음을 알 수 있다. 그리고 문헌설화의 향유층은 성의 본질과 자유를 긍정하고, 성은 건강한 삶과 문화창조의 힘이 된다고 보았음을 알았다. 또 흥미로운 이야기 속에 윤리·도덕이나 생활의 교훈을 담아 이를 강화하려 하였음을 알 수 있다.

문헌설화에서 성을 수용한 양상과 그 의미가 구전설화에는 어떻게 나타나는가를 살피는 것은 매우 뜻있는 일이라 생각하는데, 이에 관한 고찰은 다음으로 미룬다.

탈춤에 형상화된
성의 민중적 인식과 변혁적 성격

임 재 해

1. 민속극의 특성과 적나라한 성의 형상화

우리 민속극의 대표적 특성 가운데 하나는 남녀 등장인물 사이의 적나라한 성적 표현과 성행위에 관한 내용이 썩 두드러져 있다는 사실이다. 성을 노골적으로 다룬 대목들이 작품의 여러 거리(춤이나 굿의 한 장면)에 저마다 나타나는가 하면, 모든 민속극의 작품마다 두루 나타난다는 점에서 주목된다. 한 작품 속에서 거리마다 거의 빠짐없이 나타날 뿐 아니라, 탈놀이든 꼭두각시놀음이든 해서지역 탈춤이든 영남지역 별신굿놀이든, 그리고 원초적인 양식의 탈굿이든 후대적인 양식의 극적 탈춤이든 적나라한 성행위 관련 표현들이 전승의 시간과 공간 및 민속극의 양식을 뛰어넘어서 일관되게 나타난다.

따라서 '성' 문제는 민속극의 성격을 규정짓고 이해하는 상당히 중요한 준거 가운데 하나라고 할 수 있다. 그러므로 이 문제를 주목함으로써 민속극에 갈무리되어 있는 민중의식의 새로운 면모와 성에 대한 민족적 인식을 포착할 수 있다. 그럼에도 불구하고 그동안의 민속극 연구는 이 문제에 대한 진지한 관심이 없었다.

그동안의 연구는 민속극의 자료적 작업과 내용 해설 및 역사적 기원을 추론하는 연구에서 시착되어, 민속극 작품의 갈등구조를 분석하여 민속극의 역사적 전개과정을 민중의식의 성장과 관련하여 밝히고 민속극의 연극미학적 원리의 독자성을 여러 모로 해명하는 쪽으로 나아갔다.[1] 다음 단계의 연구는 구체적인 민속극 작품을 중심으로 심층적인 접근을 통해 민속극의 실상과 전모를 다각적으로 조명하는 연구로 발전하였다.[2] 따라서 민속극의 연구는 하나의 고비를 이룰 만한 상황에 이르렀으되, 더 이상 연구사를 진전시킬 만한 연구가 새로운 시각에서 제기되지 않고 있다. 최근에 탈춤의 미학 연구를 위해서는 서구이론의 적용이 필요하다는 주장을 하면서 기존 연구자들을 국수주의자 또는 민중주의자로 몰아세우고, 우리 탈춤이 서구의 카니발에서 기원했다는 엉뚱한 결론을 이끌어내는 연구서가 나오긴 했으나 기대하는 성과에 이르지 못하고 서구이론 적용의 한계만 드러냈다.[3] 그

---

1) 조동일, 《한국가면극의 미학》(서울 : 한국일보사, 1975)와 《탈춤의 역사와 원리》(서울 : 홍성사, 1979).

2) 보기로 삼을 만한 연구로는 임재해, 《꼭두각시놀음의 이해》(서울 : 홍성사, 1981) ; 정상박, 《오광대와 들놀음 연구》(서울 : 집문당, 1986) ; 張正龍, 《강릉관노가면극연구》(서울 : 집문당, 1989) ; 박진태, 《탈놀이 기원과 구조》(서울 : 새문사, 1990) ; 徐淵昊, 《한국의 탈놀이》 1-5(서울 : 열화당, 1987~1991) 등을 들 수 있다.

3) 김욱동, 《탈춤의 미학》(서울 : 현암사, 1994)은 가장 최근의 연구서로 주목을 끄는 동시에 학계에서 논란의 대상이 되었다. 그동안 한국학계의 탈춤연구를 조롱하듯 천박한 비유를 동원하여 비판하면서 우리 탈춤의 미학은 서구의 이론을 적용해야 가장 잘 해명될 수 있다는 주장과 함께 우리 탈춤의 기원을 서구의 카니발에서 비롯되었다는 엉뚱한 주장을 펴서 학계에 파문을

러므로 이제는 한층 구체적인 문제를 논지로 삼아 민속극의 의미를 조명하는 쪽으로 접근하지 않으면 민속극 이해의 새로운 길을 더 이상 개척하기 어려운 상황이다.

그동안 많은 연구에도 불구하고 민속극 연구에서 그리 비중 높게 다루지 않았던 문제 가운데 하나가 성행위와 관련된 논의이다. 단편적으로 이 문제가 성행위굿의 하나로 주목되는 가운데 풍농굿에서 풍요다산의 주술적 요소가 극적으로 계승되어 사회적 풍자극을 형성하는 장치나 구경꾼의 대상심리를 충족시켜주는 예술적 장치로 논의된 바 있다.[4] 이제 우리는 탈춤의 사회변혁적 기능과, 삶과 죽음의 문제 등 민중의식의 기본적인 문제들을 새롭게 조명하는 통로로서 탈춤에 나타난 성적 표현들을 본격적으로 주목해야 할 뿐 아니라, 우리 문화의 주요 가닥 가운데 하나인 성 풍속사 및 성문화 전통에 관한 이해의 길도 마련해야 할 것이다.

최근에 푹스의 성 풍속사를 다룬 저서가 국내에 번역 소개됨에[5] 따라 성풍속이 일정한 붐을 형성하면서 세계 각국의 성 풍속사가 다양하게 소개되고 있다.[6] 그 결과 다른 나라에서는 성풍

일으켰다. 이 연구서에 대한 비판적인 서평으로는 김헌선, 〈탈춤 연구의 학문적 야유에 대해서〉, 《현대문학》 1994년 9월호(현대문학사), 361~382쪽 ; 임재해, 〈미학 없는 탈춤의 미학과 식민담론의 정체〉, 계간 《민족예술》 1994년 겨울호(한국민족예술인총연합), 130~143쪽 참조.

4) 조동일의 《탈춤의 역사와 원리》에서 이 문제가 줄곧 다루어졌다. 구체적인 보기를 든다면, 〈미얄과장의 웃음과 눈물〉, 같은 책, 211~217쪽 ; 서연호, 〈하회탈춤의 연극적 구조〉, 金興圭 편, 《전통사회의 민중예술》(서울 : 민음사, 1980), 81~85쪽 ; 임재해, 《한국민속과 전통의 세계》(서울 : 지식산업사, 1991), 260~261쪽 등이 있다.

5) 에두아르트 푹스 지음, 이기웅·박종만 옮김, 《풍속의 역사》 I~III(서울 : 까치, 1986).

6) 이를테면 《중국의 성》, 《인도의 성》 등의 번역서들을 들 수 있다.

속 또는 성의 역사에 대한 다양한 연구가 '또 하나의 역사'라는 관점에서, 그리고 '또 하나의 문화'라는 시각에서 폭넓게 이루어져 있음을 알 수 있게 되었다. 그런데 정작 우리나라의 경우 성문화나 성풍속에 대한 체계적인 연구서 하나 없을 정도로 이 방면의 연구가 거의 전무한 상태이다.[7] 그러므로 성의 문제가 가장 두드러지게 부각된 민속극의 갈래부터 이러한 작업을 서둘러 시도할 필요가 있다.

특히 민속극은 민중의 사회비판극으로서 변혁의지를 여러 모로 담고 있는데, 성적 표현과 성행위 양식이 변혁의지를 형상화하는 극적 장치와 어떤 관계가 있는가 하는 것은 주목할 만한 과제이다. 최근에 연구자는 장례 관련 놀이를 조사하고 보고하는 과정에서 장례식 현장에서 성적 표현과 성행위 양식의 놀이와 노래, 의식들이 다양하게 전승되고 있는 사실을 확인하였으며, 이것이 한갓 놀이에 머무는 것이 아니라 죽음을 극복하고 삶을 적극적으로 긍정하는 방식임을 해명하였다.[8] 다시 말하면 장례식 현장에서 성적 욕망을 적나라하게 드러내는 것은, 죽음을 부정하고 생명을 긍정하는 것이자, 죽음으로 초래된 인명 손실을 왕성한 성적 욕망을 통해 자녀들을 생산함으로써 충분하게 보완하고자 하는 뜻이 갈무리되어 있다.[9] 민속극도 이와 마찬가지로 성적 표현이 인간의 자유롭고 풍요로운 삶을 긍정하는 것과 밀접한 연관성을 지니고 있다.

---

7) 최근에 비교민속학회(국립민속박물관, 1994. 6. 16~17)에서 '민속과 성'이라는 주제로 전국 규모의 학회를 개최하면서, 한국의 성문화 또는 성풍속에 대한 일정한 학문적 관심을 보이기 시작하였다.

8) 임재해, 〈장례 관련 놀이의 반의례적 성격과 성의 생명 상징〉, 《비교민속학》 12(비교민속학회, 1995), 265~317쪽.

9) 위의 글, 309~314쪽.

우선 도덕적 굴레로 억압되어 있는 성적 욕구를 자유스럽게 구가함으로써, 중세적 지배체제의 질곡에서 벗어나고자 하는 동시에, 인간적인 삶의 동질성을 확인하는 구실을 한다. 따라서 '성'이라는 것이 인간의 자유와 평등과 사랑을 획득하는 중요한 문화양식이자 변혁의지의 표현이며 예술적 형상성의 매개일 수 있다는 사실을, 민속극을 통해 적극적으로 해명하고자 한다. 그러기 위해서는 몇 가지 검토가 필요하다.

먼저 성적 표현이 민속극의 어떤 상황에서 나타나는가 하는 것을 여러 모로 설정하여 검토해야 할 것이다. 그러면 성이 풍농을 기원하는 주술적 흔적의 한 양식으로부터 극적 예술성으로 전환되어 나타났는가, 아니면 성을 규제하는 전통사회 지배층의 도덕적 규범에 저항하기 위하여 이에 어긋나는 상황을 적극적으로 조성하기 위한 비판의 장치로 설정했는가, 또는 다른 이유에서 성이 문제되었는가를 자세히 따져볼 수 있을 것이다.

그리고 다음으로 성행위 양식이 양반의 신분적 특권의 허위를 비판하고 중의 관념적 숭고성을 풍자하는 데 제각기 어떤 구실을 하는가 하는 점을 주목한다. 그럼으로써 풍자와 비판양식으로서 성과 성행위의 기능적 구실을 밝힐 수 있다. 또한 성이 한갓 민중과 대척적 관계에 있는 세력들을 풍자하는 데 긴요한 장치 구실을 하는 데 머무는 것인가, 아니면 민중 또는 여성의 고난을 여러 모로 형상화해주는 별도의 구실까지 감당하는가 하는 것도 주목의 대상이다.

마지막으로 성행위 양식이나 성에 대한 노골적 표현은 삶과 죽음의 문제와 깊이 연관되어 있다는 사실에 주목하고자 한다. 부모의 죽음을 앞에 두고서 자녀들이 성을 드러내놓고 이야기하거나 자신의 성적 욕망을 숨김없이 털어놓는 까닭은 무엇인가.

이 문제를 장례 관련 민속놀이와 함께 검토함으로써, 성행위는 생명을 잉태하는 가장 적극적인 생산활동으로서 죽음의 그늘을 걷어버리는 삶의 놀이일 수 있다는 사실을 밝히려고 한다.

그러므로 성이란 것이 한낱 인간의 본능적 욕망을 충족시키는 부도덕한 것에 머무르지 않고, 인간의 본성을 지나치게 억압하는 봉건체제에서는 인간 해방을 겨냥한 사회 비판적 장치가 될 수 있으며, 상실감과 절망감에 빠져 있는 죽음의 상황에서는 삶의 의지를 되살리고 살아남은 자들의 생명력을 건강하고 명랑하게 활성화시키는 생산적 기능까지 한다는 것을 규명하고자 한다. 자연히 이 연구는 성이라는 하나의 문제를 중심으로 민속극의 성격을 새롭게 규명하는 데 이를 뿐 아니라, 종래에 지배층 중심의 성에 대한 인식과 다른 처지에 놓여 있는 민중들의 성에 대한 인식을 체계적으로 포착하는 기회가 될 것이다.

굿놀이와 탈춤, 꼭두각시놀음 등 민속극의 세 가지 양식 가운데 자료가 가장 풍부하고 성을 다각적으로 형상화한 탈춤을 중심으로 이 문제를 다루고자 한다.

2. 탈춤의 문맥에 입각한 성적 표현의 유형

탈춤에 표현된 성의 양상을 다각도로 이해하기 위해서는 탈춤을 보는 관점을 새롭게 가다듬어야 한다. 이를테면 기존의 도덕률에 입각해서 탈춤을 보거나 엘리트적 시각에서 이를 해석하게 되면 탈춤에서 빈번하게 보이는 적나라한 성적 표현들과 성행위의 모습은 민중들의 천박한 짓거리로밖에 보이지 않을 수 있다. 따라서 삶과 죽음의 문제, 또는 도덕적 규범과 본성적 삶의 문제, 지배

이념과 이에 대한 저항의 문제 등을 실감나게 형상화하는 장치로서 성적 표현을 해명하려면, 연구자의 눈이 탈춤의 전승 주체인 민중의 처지와 탈춤의 극적 문맥 속에 서 있지 않으면 안 된다.

이러한 해석태도는 자연히 근대적 이성주의 인식론에서 벗어날 것을 요구한다. 성은 숨겨야 할 치부이며 억압해야 할 인간의 본성이라고 가르치는 대로 알고 있는 한 성의 올바른 이해에 이를 수 없다. 따라서 가르쳐진 지식이나 또는 기존의 도덕률에 입각한 연구태도로 대상을 바라보고 해석하게 되면 탈춤에서 문제되는 성적 표현들은 어김없이 부도덕하고 천박한 외설적 표현에 지나지 않는다. 탈춤이 한창 성행했던 시대의 중세적 도덕률을 근거로 탈춤을 보게 되면 우선 그러한 적나라한 표현조차 허용되지 않을 법하다. 탈춤 연구자들이 성의 문제를 정면으로 다루는 연구를 하지 않았다는 사실에서도 그렇지만, 적나라한 성적 표현을 비켜가려는 탈춤자료보고서를 보면[10] 이러한 태도가 한층 노골적임을 알 수 있다. 따라서 이성주의에 입각한 성에 관한 선입견이나 선험적 지식을 버리고 탈춤에 나타난 성적 표현과 성행위 양식들을 그 자체로 인식하고 탈춤의 문맥 속에서 이해하는 가운데 연구자와 자료 사이에 새로운 앎의 지평을 함께 넓혀

---

10) 崔常壽, 《산대 성황신제가면극의 연구》(서울 : 성문각, 1985), 183쪽에 〈봉산탈춤〉의 '양반과장'을 보면, 말뚝이가 양반들을 골려주는 대목에서 "작년 8월에 샌님댁에서 등산갔다 남아온 ×대강이 하나 줍디다"로 표기하거나, "아 이 제미붙을 양반인지 ×반인지, 허리 꺾어 절반인지……" 하는 표기를 보면 남녀 성기를 직접 표현하지 않고 ×로 표기하고 있다. 이러한 표기방식은 노장과장의 소무놀음에서도 두루 보이는데, 성에 관한 적나라한 표기는 부도덕하다고 여기는 연구자의 태도가 잘 드러나 있다고 할 수 있다. 만일 나체를 그리면서 성기 부분을 X 또는 Y로 나타낼 때에는 결코 예술적인 작품이 될 수 없다. 그것은 한갓 성을 과도하게 노출시킨 만화일 따름이다. 탈춤자료보고서도 이를 어떻게 기록하느냐에 따라 학술자료가 될 수도 있고 한낱 흥미거리 기사에 불과할 수도 있다.

가야 할 것이다.

철학적 해석학자 가다머(Hans-Georg Gadamer)는 인식과 대상을 주관과 객관의 양극적 도식으로 파악하는 조작적이고 기술론적인 이성주의의 산물을 배격하고 연구대상의 지평과 연구자 자신의 지평이 만남을 이룸으로써, 포괄적으로 대상을 이해하고 승화하는 지평융합의 상태에 이르러야 한다고 했다.[11] 그러려면 연구자는 성에 대한 자신의 선험적 인식에서 해방되고 자유로워져야 한다. 결국 지평융합은 연구자의 처지에서 보면 인식의 개방이며 대상의 처지에서 보면 연구자를 변형시키는 일이다. 다시 말하면 연구자가 성에 대한 고정관념에서 해방될 때 대상 또한 연구자에게 새로운 해석의 가능성을 열어보이는 것이다. 이때 연구자는 비로소 대상에 대한 창조적 눈뜸과 함께 자신의 세계관 자체를 변화시키는 해석학적 경험에 이르게 된다.[12] 그것은 곧 성에 대한 새로운 인식이자 삶에 대한 창조적 해석의 길이 될 수 있다. 그러한 길에 들어서기 위해 우선 탈춤의 문맥 속에서 성적 표현들이 어떻게 자리잡고 있는가를 주목해보기로 한다.

탈춤에 나타난 성적 표현양식은 아주 다양하게 나타난다. 이를 체계적으로 다루기 위해 우선 성적 표현이 어느 대목에서 어떤 방식으로 왜 나타나는가 하는 것을 민중적 처지에서 주목하고 이에 따라 몇 가지 양식으로 유형화하는 작업이 필요하다. 성적 표현의 유형화는 성과 관련된 대상과 주체, 그리고 형상화의 목적에 따라 크게 다섯 가지로 나눌 수 있다.

첫째, 노장과 같은 고승이 추구하는 불교적 관념의 허위를 풍

---

11) 성시정, 〈민족사 자료를 통해 본 피지 원주민의 영혼관〉, 《한국문화인류학》 25(한국문화인류학회, 1994), 322쪽 참조.
12) 위의 글, 322~323쪽 참조.

자하기 위하여 성이 문제되는 유형이다. 이 유형에서는 중이 소무나 부네와 같은 젊은 기녀에게 혹하여 갈등하다가 중이 되기를 포기하고 기녀를 적극적으로 유혹하여 서로 사랑에 빠지고 마침내 성적 교섭을 하는 유형이다. 이때는 두 가지 방식으로 상황을 형상화해주는데, 하나는 노장과 소무의 성적 교섭을 보여주기 위하여 원숭이를 등장시키는 것이고, 다른 하나는 여성이 눈 오줌냄새를 맡으며 다른 사람의 이목을 피해 여성을 업고 도망가는 것이다. 〈봉산탈춤〉을 비롯한 탈춤의 노장과장들 대부분과 〈하회별신굿탈놀이〉 중마당이[13] 여기 해당한다. 어느 것이든 중과 기녀의 직접적인 성행위 모습은 보여주지 않는다는 점에서 독자성을 지녔다.

둘째, 민중적 삶의 실상을 보여주기 위한 취발이와 소무의 성행위이다. 취발이는 노장을 물리치고 노장이 차지했던 소무와 부부관계를 이룬 뒤 곧 잉태할 뿐 아니라 아이까지 낳아 기르는 장면을 다양하게 보여준다. 이때 성행위는 일상적인 삶의 가장 기본적인 활동으로서, 혼인을 거부하고 불도나 닦는 노장의 삶을 풍자하는 동시에 사람은 혼인하여 아이를 낳고 사는 것이 삶의 소중한 보람이라는 것을 보여준다. 〈봉산탈춤〉 노장과장 가운데 취발이춤이 여기에 해당된다.

셋째, 양반이나 선비 또는 샌님을 풍자하기 위하여 부네나 소무와 같은 여성을 등장시켜 미색다툼을 벌이게 하거나 노골적인 성적 표현으로 이들을 욕보이게 하는 유형이다. 여러 지역 탈춤

---

13) 흔히 ‘파계승마당’이라고 하는데, 탈놀이의 명명법칙이나 내용의 올바른 이해를 겨냥할 때 중마당이라고 하는 것이 옳다. 자세한 근거는 임재해, 〈하회탈춤에 나타난 민중적 세계관과 대동성〉, 《한국민속과 전통의 세계》(서울 : 지식산업사, 1991), 257~261쪽에 밝혀두었다.

의 양반과장과 〈하회별신굿탈놀이〉의 양반·선비마당이 여기에 해당된다. 어느 것이나 양반의 위엄을 웃음거리로 만들고 도덕적 규범을 깨뜨리는 데 이바지하는 장치로서 성이 적극적으로 이용된다. 탈춤의 양반과장에서는 하인 말뚝이가 양반의 대부인마님과 성행위를 가졌다는 것으로, 또는 양반들이 운자를 넣어 한시를 짓는 데 끼여들어 육두문자로 한시를 지어보임으로써 양반들의 위엄과 권위를 웃음거리로 만들고, 양반·선비마당에서는 부네를 서로 차지하기 위해 지체와 학식을 들먹이며, 양기에 좋다는 소불알을 차지하기 위해 마침내 몸싸움까지 벌임으로써 양반과 선비를 우스꽝스러운 존재로 만드는 데 성이 아주 긴요한 구실을 한다.

넷째, 헤어져 있던 영감과 할미가 오랫동안 서로 찾아다니다가 만나서 곧장 성행위를 하는 유형이다. 여러 지역 탈춤의 미얄과장에서 두루 나타나는데, 실제로 성행위하는 모습을 보여주기까지 한다. 영감과 할미가 만나서 성행위를 하였으나 영감은 성적 불만과 함께 자식들이 모두 죽었음을 확인하고 할미를 구박한다. 그리고 이를 빌미삼아 소무와 같은 젊은 첩을 정식으로 할미에게 소개하며 첩을 거느리고 사는 것을 합리화하고자 한다. 마치 여성은 자식을 낳기 위해 필요한 존재로 다루어지는 것이다. 따라서 이때 문제되는 성행위는 곧 가부장사회의 남성적 횡포를 비판하기 위한 장치라 할 수 있다.

다섯째, 어머니의 죽음을 앞두고서 그 아버지와 아들·딸들이 성을 이야기하고 성적 욕망을 숨김없이 드러내는 유형이다. 〈양주별산대놀이〉 신할애비과장이 이 유형에 속한다. 여기서 나타나는 성은 여성의 주검을 앞에 두고서 줄기차게 성과 출산을 이야기하고 성적 욕망을 적나라하게 표현함으로써 죽음의 슬픔에 매몰되지 않게 하는 동시에 성의 생명성을 환기시켜 결국 살아 있는 사람들의 생명활동을 일깨워주는 구실을 한다. 따라서 죽음의 숙명을 거부하고 생명의 길을 환기시켜주는 것이 장례식에서 나타나는 성이라 할 수 있다.

이처럼 다양한 성적 표현들이 극적 형상화를 통해서 탈춤의 주제를 표출하는 데 상당히 기능적인 구실을 할 뿐 아니라, 이러한 성적 표현 속에는 성에 대한 이중적인 인식이 내포되어 있음을 포착할 수 있다. 하나는 긍정적인 인식으로서 사람은 누구나 남녀가 혼인하여 사랑을 하고 자식을 낳아 기르며 살아야 한다는 뜻에서, 성은 인간의 생존에 절실하게 필요한 것일 뿐 아니라, 죽음까지 극복할 수 있는 가장 생산적인 삶의 생명활동이라는 것이다. 둘은 부정적 인식으로서 성은 사람을 주책없고 천박하게 만드는 동물적 욕망으로서 인간 존재를 한갓 성적 본능에 매몰되게 할 뿐 아니라, 사람을 퇴폐적으로 들뜨게 만드는 장치라는 것이다.

성은 그 자체로 긍정적인 동시에 부정적이라는 것은 얼핏 모순처럼 보인다. 성의 이중성은 상황에 따른 성의 양면적 기능일 뿐 서로 모순관계에 있는 것은 아니다. 부부관계에 있는 남녀가 서로 사랑하고 성행위를 하며 아이를 낳아 기르는 일은 자연스럽고 건강한 본디 삶의 모습이다. 이때의 성은 적극적으로 추구해야 할 일이다.

그러나 단순히 성적 욕망에 사로잡혀 부정한 관계의 남녀가 성행위 자체만을 즐기는 것은 부도덕한 행위로서, 이때의 성은 비판받아 마땅한 일이다. 따라서 성을 맹목적으로 금기시하거나 일방적으로 즐기려는 태도야말로 편벽성이 빚은 당착이라 할 수 있다. 그러므로 탈춤에서 형상화된 대로 성이 긍정적일 수도 있고 부정적일 수도 있다는 사실은 현실적인 삶의 이치에 바탕을 두고 있는 성의 실상이다.

성은 그 자체로 긍정성과 부정성의 양면적 성격을 지닌 동시에 성이 아닌 다른 무엇을 긍정하고 부정하는 데에도 아주 기능적인 구실을 한다. 탈춤에 성적 표현이 각 과장에 걸쳐서 일관되게 나타나는 까닭도 성의 다양한 구실 때문이다. 이제 그러한 성의 구실이 탈춤 속에서 어떻게 형상화되어 무엇을 긍정하고 무엇을 부정하는가 하는 문제를 구체적으로 검토해야 할 단계에 이르렀다. 그러면 노골적인 성의 표현이 탈춤에 두루 나타나게 되는 까닭을 해명할 수 있을 뿐 아니라, 탈춤이 비판적 희극일 수 있게 하는 갈래 차원의 특성도 성의 문제를 중심으로 새롭게 이해할 수 있게 될 것이다. 검토의 차례는 이미 마련되어 있다. 성적 표현의 유형에 따라 차례대로 살펴나가려고 한다.

3. 중마당과 노장과장에서 형상화된 성과 삶의 진정성

〈하회별신굿탈놀이〉의 중마당에는 중과 부네라고 하는 기녀가 성을 매개로 서로 어울린다. 우연히 부네라고 하는 바람둥이 여성의 오줌 누는 모습을 보게 된 중은 못 볼 것을 봤다는 듯이 염주알을 만지며 합장을 한다. 그러나 이러한 자제도 잠깐일 뿐 인간적인 호기심과 본능적 욕망 때문에 다시 부네쪽을 바라보고는 부네가 오줌 눈 자리를 찾아가서 두 손으로 흙을 한 웅큼 쥐고 부네의 오줌 냄새를 맡은 다음 마음껏 웃는다. 그리고는 본능적 욕망이 솟아올라 갈등하다가, 마침내 중의 삶을 포기하고 부네와 어울려 본성적인 남녀관계를 맺고자 한다. 구체적인 동작으로는 부네를 껴안으려고 팔을 내밀었다가 말았다가 하다가 초랭이가 나타나면 부네를 옆구리에 끼고 황급히 도망을 간다.[14]

이처럼 중이 계율을 어기고 기녀와 사랑에 빠지는 중마당을 두고 흔히 파계승마당이라 일컬으며 그 주제도 파계승의 풍자라고 여긴다. 파계승을 풍자한다는 것은 불교적 세계관을 옹호한다는 말인데, 무속적인 세계관에 입각해서 굿을 통해 문제를 해결하려는 하회마을 사람들이 오히려 무속과 대척적인 관계에 있는 불교적 세계관을 옹호할 리가 없다. 별신굿은 동신신앙의 한 양식으로 바쳐지는 무속적인 제의양식이다. 이 굿판에서 펼쳐지는 하회탈춤은 사찰에서 하는 불교극이 아니라 굿판의 무속극이다. 무속극을 하는 처지에서 보면 불교는 배척되어야 할 종교이다. 따라서 중의 파계는 비난의 대상이 아니라 오히려 기대하는 터이다. 중이 계율을 어기고 세속화하는 것은 곧 민중적 삶에 동화하는 것이기 때문이다.[15] 그러므로 하회마을 사람들이 별신굿을 하면서 왜 중에게 여성의 오줌 누는 모습을 보여주고 중으로 하여금 여성과 어울려 사랑에 빠지도록 만들었을까 하는 문제에 관해서 별도의 검토가 필요하다.

별신굿을 하는 사람은 민중적 처지에 있으면서 굿의 세계관을 긍정하고 이를 지켜나가고자 하는 것이 자연스러운 생각이다. 따라서 중이 불교의 계율을 지키며 중으로서 살아가려는 것보다 오히려 계율을 깨뜨리고 민중들 자신처럼 살기를 기대한다. 그러한 기대는 곧 민중적 삶의 긍정이며 종교적 관념에 따른 성직자들의 삶을 부정하는 것이다. 중이 부네의 오줌 누는 모습을 보고

---

14) 성병희, 〈하회별신탈놀이〉, 《한국민속학》 12(민속학회, 1980), 103쪽 ; 박진태, 앞의 책, 356쪽 참조.

15) 임재해, 앞의 글, 258쪽 참조.

가까이 다가가고 싶은 것은 민중들 자신의 생각이기도 하다. 중은 민중들의 기대에 따라 오줌 냄새를 맡고 중이기를 포기하며 부네와 어울렸다. 세속세계에서 세속의 법칙에 따라 살아가는 민중들은 부네와 어울리는 중을 통해서 자신들의 삶에 대한 공감대를 형성하고 세계관적 승리감을 맛보게 되는 것이다.

중이 지켜야 할 여러 가지 계율 가운데 민중들도 지켜야 한다고 동의하는 보편적인 규범도 있다. 남의 물건을 훔친다든가 함부로 사람을 해친다든가 거짓으로 남을 속인다든가 하는 일 따위는 민중들 또한 삼가하는 일로써 법적으로 또는 도덕적으로 규제하고 있는 일이다. 따라서 이들 규범은 불교의 계율과 민중의 도덕률이 일치한다. 그러나 남녀가 사랑을 하고 성관계를 맺으며 부부생활을 하는 일은 사정이 다르다. 불교의 관점에서 보면 세속적인 삶으로서 금기시해야 할 계율이지만 민중의 처지에서 보면 아주 자연스럽고 일상적인 삶의 관행이다. 그러므로 민중적 삶을 추구하기 위해서는 성을 금기시하는 계율은 깨뜨려야 할 대상이다.

만일 중의 파계를 풍자하려는 의도라면 성의 계율이 아닌 다른 계율을 어기게 할 수도 있다. 실제로 동해안의 〈어촌별신굿〉에서는 세존거리에서 중도둑잡이 잡희를 한다. 동해안 별신굿을 주도하는 무당들이 자기들의 처지에서 중을 도둑으로 모는 것이다. 중도둑잡이 잡희는 중의 부도덕성을 비판하는 것일 뿐 결코 이를 통해서 민중적 삶의 건강성을 긍정할 수는 없다. 민중이든 누구든 도둑질을 하는 행위는 범죄로서 용납되지 않는 까닭이다. 따라서 중으로 하여금 굳이 성적 유혹에 빠지게 하는 것은 중의 파계를 통해서, 계율에 아무런 구애를 받지 않고 성생활을 즐기며 살아가는 민중적 삶의 이치를 긍정하려는 의도가 강하다는 사실을 알 수 있다.[16] 민중은 남녀가 더불어 가정을 이루며 성행위를 통해 자녀를 낳고 살아가기 때문이다. 자연히 이때의 성은 적극적으로 긍정해야 할 건강한 성이다.

그럼에도 불구하고 이를 파계승의 풍자로 해석하는 것은 지배층의 시각이나 도덕적 고정관념을 전제로 본 까닭이다. 중은 성의 금기를 지켜야 한다는 도덕적 당위성에 매몰되어 있는 한 중마당에서 성의 건강성을 발견하기 어렵다. 불교적 관점에서 보면 성은 금기의 대상이자 타락의 매개물이기 때문이다. 중은 불교적 관념에 대한 믿음 때문에 성을 금기시했다. 그래서 부네의 오줌 누는 모습을 보고 유혹에 빠지지 않기 위해서 얼른 눈을 돌려 합장하고 관세음보살을 읊조리기까지 하면서 계율과 본성 사이에서 갈등을 겪는다. 이러한 갈등은 풍자의 대상이 아니라 인간의 본성에 대한 해학적인 인식이다. 중이든 누구든 건강한 사람이라면, 여성이 오줌 누는 행위에서 이성의 은밀한 곳을 보게 되는 상황에 빠지면 성적 욕구를 일으키는 것이 자연스럽다. 그러므로 중마당은 성의 금기를 어기는 중을 통해서 인간적인 본성을 인식하는 동시에, 그 본성에 입각해서 살아가는 민중적 삶의 정당성을 확인하는 의미를 지닌다.[17]

이러한 양상은 〈봉산탈춤〉 노장과장에서도 크게 다르지 않다. 노장이 소무의 미모에 홀려 중이기를 포기하고 세속적인 삶에 적응하는 과정이 차례로 잘 형상화되어 있어 한층 돋보인다. 노장이 목중들에게 이끌려 탈마당에 들어와서 쓰러진다. 탈마당에 적응하지 못하는 신성한 노장의 모습이다. 노장을 일으켜 세우기

---

16) 위의 글, 258쪽 참조.
17) 위의 글, 260쪽 참조.

위해서 목중들이 백구타령이나 오도독이타령을 부르니 마침내 "대강이를 용두질치다가 내버린 좆대강이 흔들 듯" 하면서 반응을 보인다. 노장을 "불붙은 집에 좆기둥 세우듯이 두는 것이 상좌의 도리가 아니라"는 대목도[18] 주목이 간다. 노장은 가만히 서 있으면 '좆기둥'이 되고 몸을 움직이면 '좆대강'이 된다. 움직이건 서 있건 상좌들 눈에는 노장이 숭고하고 위엄있는 고승이 아니라 한갓 '좆' 같은 존재일 따름이다. 숭고한 노장 속에 숨겨져 있는 비속하고 천박한 또 다른 노장의 모습을 남근에 비유하여 드러낸 것이다. 물론 이때의 성은 천박하고 비속한 것으로서 그야말로 욕설에 지나지 않는 것이다.

탈놀이 마당에 쓰러져 있던 노장은 미모의 소무가 춤을 추는 것을 보고 그 아름다움에 감탄한다. "지금까지 불도에 자기일생을 바친 것을 후회하는 듯이 소무를 물끄러미 보면서 속세에 내려와 저런 미색을 데리고 일생을 보낼 것을 생각"하고 결심을 굳힌다. 소무를 유혹하기 위하여 접근하나 소무가 번번이 돌아서자, 마침내 거울을 꺼내어 얼굴과 옷차림을 매만져 꾸미며 염주를 소무의 목에 걸어주기까지 한다. 벌써 중이기를 포기한 셈이다. 세속 사람들처럼 적극적으로 이성에 대한 사랑 표시를 하는 중의 모습을 발견할 수 있다. 탈마당에 적응하지 못해 쓰러져 얼굴을 들지 못하던 중과 딴판이다. 그래서 신장수를 불러다가 외상으로 소무에게 신을 사줄 뿐 아니라 신값을 받으러 온 신장수에게 위협을 하여 신값을 떼먹기까지 한다. 한마디로 지나치게 세속화된 셈이다. 소무와 세속적인 생활을 꾸리게 되자 노장은 비로소 장사꾼과 거래를 할 수 있는 능력을 가지게 되었을 뿐

---

18) 李杜鉉, 《한국가면극》(서울 : 문화재관리국, 1969), 307쪽 참조.

〈봉산탈춤〉의 노장과장. 생산의 계절인 여름을 상징하는 취발이가 겨울을 상징하는 노장과 싸워서 승리하여 소무를 차지한다. 이것은 풍요 다산을 기원하는 성행위굿의 요소를 반영한 것이다.

아니라, 봉산 장터에 나서더라도 꿀리지 않는 인물이 된 것이다. 부처 때문에 바보가 되었던 노장은 소무라는 계집 때문에 당당한 생활인으로 변모한 것이다.[19]

　이 과정에서 홍미를 끄는 대목은 원숭이의 출현이다. 원숭이는 등장과정에서부터 무엇이든지 고스란히 흉내내는 존재로 강하게 형상화된다. 원숭이가 갑작스레 나타나자 신장수는 도망을 간다. 그러면 원숭이도 신장수를 따라 같이 탈마당을 돈다. 신장수가 원숭이의 정체를 파악하기 위하여 요모조모 따져 물었으나 원숭

───────────────

19) 조동일, 앞의 책(1979), 192쪽.

이는 그때마다 부정한다. 화가 난 신장수가 원숭이를 밀치자 원숭이도 신장수를 밀친다. 그제서야 "속담에 사람의 입내를 내는 것은 원숭이라고 했는데 사람의 입내를 잘 내니 네가 분명히 원숭이로구나" 하고 흉내내는 속성을 통해 원숭이의 정체를 파악한다.

원숭이가 흉내내는 동물이라는 것을 보여주는 대목이 쓸데없이 긴 것 같으나 사실은 노장과 소무의 적나라한 성생활을 보여주기 위한 아주 절묘한 구실을 한다. 신장수는 원숭이를 수금원으로 채용하여 노장에게 신값을 받아오도록 한다. 그러면 원숭이는 소무에게 가서 소무 뒤에 붙어 성행위의 몸짓을 한다.

이 광경을 본 신장수는 원숭이를 잡아와서 엎어놓고 성행위 동작을 한다. 원숭이가 빠져나와서 신장수를 엎어놓고 다시 성행위 모습을 보여준다. 물론 이 과정에서도 원숭이는 사람의 흉내를 내는 동물이라는 것을 여러 모로 보여준다. 이 대목은 원숭이의 흉내내는 모습을 통해서 노장과 소무의 성생활을 보여주기 위한 일종의 '거울' 장치이다. 중과 소무의 성행위 양상을 직접 보여주지 않고 소무에게 하는 원숭이의 행위를 통해서 관중들에게 간접적으로 그들의 성행위 모습을 비춰주는 것이다. 결국 세속화된 노장은 염주를 주고 여성을 유혹할 뿐 아니라, 외상으로 신까지 사서 신기고, 성행위도 정상위가 아닌 다양한 방식으로 적극 즐기고 있다는 것이 원숭이의 성적 행위를 통해서 형상화된 셈이다.

이때의 성은 결코 부정적인 것이 아니다. 한 남성이 세속에서 정상적인 생활을 하려면 한 여성을 먹이고 신기고 입혀야 할 뿐 아니라, 온전한 성생활을 할 수 있어야 한다. 특히 소무의 뒤로 접근하는 노장의 성행위 모습은 이러한 세속화 상황의 극치를 보여주는 것이자 성을 누리며 살아가는 민중적 삶의 모습을 상징적으로 형상화해주는 것이다. 노장이 소무를 발견하고 중이기를 포기하는 데서 진정한 삶의 길을 깨닫기 시작하여 장사꾼과 물건을 거래하고 소무와 성생활의 즐거움을 누리는 데서 마침내 삶의 지극한 경지에 도달하게 된 것이다. 그러므로 중마당에서 성은 세속화를 거부하는 중을 비속한 존재로 표현하는 비유적 인식의 부정적인 준거인 한편, 중의 성적 탐닉을 통해서 인간적 본성을 확인하고 성을 즐기며 살아가는 민중적 삶의 이치를 긍정하는 구실도 더불어 한다고 할 수 있다.

4. 노장과장 취발이춤의 성행위와 그 생산성

노장이 세속적인 삶에 적응하여 가정을 이루고 성을 누리는 것이 삶의 전부가 아니다. 삶의 지속성을 유지하기 위하여서는 성생활 자체에서 끝나지 않고 아기의 출산으로 이어져야 한다. 성은 곧 생명창조의 활동이기 때문이다. 그러나 중은 그러한 출산 능력이 없다. 소무와 다양한 방법으로 성행위를 누렸지만 소무에게 잉태를 시키지 못하는 한계가 있다. 이러한 노장의 한계는 취발이의 출현으로 구체화된다.

노장은 취발이의 등장 자체가 위협이다. 늙은이의 한계를 제일 먼저 알고 있는 까닭이다. 취발이와 같은 젊은이가 소무를 차지하려고 들면 이를 막을 길이 없다. 그래서 취발이가 소무에게 범접하지 못하도록 먼저 선제공격을 하여 물리치려고 한다. 이러한 노장과 취발이의 싸움은 한 여성을 서로 차지하려는 두 남성의 싸움으로 인식할 수 있다. 그러나 굿의 의미는 다른 데서 찾을 수 있다. 검은 색의 노장은 무기력한 늙은이이자 북쪽이고 겨울을 상징한다면, 붉은 색의 취발이는 활기찬 젊은이이자 남쪽이고 여름을 상징한다. 늙은이가 출산능력을 상실한 것처럼 북쪽 또는 겨울에는 생명이 잉태되지 않는다. 그러나 남쪽 또는 여름에는 생명이 탄생된다. 젊은 취발이가 늙은 노장과 달리 소무와 어울려 출산을 하는 것도 기원적으로는 노장과 취발이의 싸움이 겨울과 여름의 싸움굿에서 비롯되었다는 것을 말한다.[20]

겨울과 여름의 싸움굿에서 겨울이 패배해야 생산의 계절인 여름이 빨리 온다. 여름의 풍요는 겨울이 물러간다고 해결되는 것은 아니다. 생산이 가능하려면 일년 생산신과 지모신이 성적 결합을 이루어야 한다. 그것은 곧 젊은 남성과 여성의 성행위이다. 성행위가 농사 짓는 일과 동일시되는 것은 여러 문화 속에서 두루 발견된다. 인도에서는 땅이 여성 성기와 동일시되고 씨앗은 남성의 정액과 동일시된다. 《코란》에서는 여자들이 경작지로 간주되며 남자들이 어떻게 다루느냐에 따라 경작한 소산물을 얻게 된다고 기록해두었다.[21] 우리나라에서도 여자를 밭으로, 남자를 씨로 간주하며 성숙한 자녀들을 둔 부모에게 "자식농사 잘 지었다"고 말하기 일쑤이다. 이처럼 성행위와 풍요다산을 동일시하는 주술적 성행위굿의 요소가 극적으로 전환되어 나타난 것이 취발이와 소무의 관계라 할 수 있다. 따라서 노장과 소무 사이에 취발이의 등장은 겨울과 여름의 싸움굿에서 성행위굿 요소로 나아가게 하는 계기이자, 극적으로는 성생활을 통해서 아이를 낳고 기르는 즐거움이야말로 사람 사는 가장 기본적인 즐거움이라는

---

20) 위의 책, 193쪽.

21) Mircea Eliade, *The Myth of the Eternal Return* (Princeton University Press, 1971), p. 26.

〈강령탈춤〉의 취발이와 아들. 취발이와 소무 사이의 성관계는 노장이나 양반의 그것이 성행위 자체를 탐닉하는 것에 반해 아이를 낳아 기르는 데 최종 목적을 두고 있다.

것을 나타내기 위한 것이다.[22)]

취발이는 노장과 달리 민중적 삶의 모습을 보여주는 전형적 인물이다. 그의 삶의 방식은 성의 적나라한 표현에서 두드러진다. 스스로 "강산 외입쟁이로 술 잘 먹고 노래 잘하고 춤 잘 추고 돈 잘 쓰는 한량"이라고 자처한다.[23)] 오입쟁이요 술꾼이요 춤꾼이요 노래꾼인 취발이는 유교적 도덕률에 입각해서 볼 때 어느 모로 보든 도덕적으로 바람직한 행위를 하는 인물이라 할 수 없다. 행신범절이라고는 찾아볼 데 없는 막돼먹은 인간형이다. 도덕이나 이성보다 인간의 성정을 쫓아 즐기며 사는 인물이다.

22) 조동일, 앞의 책(1979), 196쪽.
23) 李杜鉉, 앞의 책, 313쪽.

한마디로 인간의 자유로운 삶을 규제하는 유교적 사회규범을 뒤집어엎고 본성적인 삶 자체를 즐기는 인물이 취발이다. 인간의 본성적인 삶을 규제하는 유교사회의 체제와 도덕률에 저항하고자 창조된 인물형이라 할 수 있다.

노장과 달리 취발이는 성에 대하여 숨기는 것이 없다. 노장은 소무와 성적 접촉을 직접적으로 드러내는 법이 없었지만, 취발이는 공공연히 소무의 치마를 떠들고 머리를 들이밀어, 치마 속의 상황도 적나라하게 말한다. "야아 이놈의 곳이 뜨겁기도 뜨겁구나" 하는가 하면, 음모를 뽑아들고는 "아 이놈의 털 길기도 길구나" 한다. 소무가 생산력이 왕성한 젊은 여성임을 뜨거운 자궁과 긴 음모를 통해 보여주는 것이다. 은밀하게 여기는 것을 통념으로 알고 있는 성을 숨기기는커녕 오히려 과장해서 적극적으로 드러낸 셈이다. 취발이와 소무는 정력이 절륜한 오입쟁이와 자궁이 뜨거운 바람둥이가 만난 것이나 다름없이 그들의 성이 적나라하게 묘사되고 있다. 탈춤을 요즘의 공연물로 본다면 탈춤에 묘사된 성은 지나치게 노골적이어서 공연물윤리심의위원회에 걸리기에 충분하다. 그렇지만 생식활동으로서 성은 필수적인 것이다. 그것은 한갓 성을 본능적으로 즐기기 위한 것이 아니라 출산을 위한 생명활동으로 주목되어야 하기 때문이다.

따라서 취발이와 소무 사이의 성관계는 노장이나 양반의 그것과 다르다. 그들은 성행위 자체를 탐닉하는 것에 머무르지만, 취발이는 성행위보다 오히려 아기의 출산과 아이를 낳아 기르고 가르치는 일에 더 집착해 있다. 그래서 이 대목이 한층 길게 다루어지고 있다. 사실 취발이와 소무의 성적 접촉이란 기껏 취발이가 소무 치마 밑에 머리를 들이민 정도이다. 그럼에도 불구하고 소무는 곧장 진통을 하며 아이를 낳는다. 취발이는 아이 우는 시늉을 하면서 아이와 아버지 역을 함께 한다. 젊은 총각인 주제에 "연만 칠십에 생남하였소" 하면서 아들을 낳은 기쁨을 구경꾼들과 함께 나눈다. 이름을 짓기도 하고 젖을 먹이기도 하며 아기 어르는 노래를 부르기도 한다. 그러다가 아이 소리로 글 공부를 시켜달라고 하고는 다시 아버지가 되어 천자문과 언문을 차례로 가르친다. 그리고는 아이와 어울려 춤추며 퇴장한다.

아이를 기르고 가르치는 일을 소무가 담당하지 않고 아버지인 취발이가 담당하는 것도 소무와 성관계를 맺은 중과 취발이의 삶의 양식을 대조적으로 보여주기 위한 것이다. 이처럼 취발이와 소무의 성적 관계는 아이를 낳아 기르는 데 최종 목적을 두고 있다.

아이를 낳아 기르려면 필수적으로 성행위가 요구된다. 그렇다면 성은 감추고 숨길 것이 아니라 건강하게 털어놓아야 한다. 따라서 성을 은폐하는 노장과 달리, 취발이는 성적 호기심을 적나라하게 충족시킨다. 노장은 성을 은폐하기 때문에 원숭이를 통해서만 그 사정을 짐작할 뿐이다. 그러나 취발이는 보고 싶은 것을 기꺼이 들여다보고 하고 싶은 것을 마음껏 한다. 은폐된 공간에서 성에 탐닉하는 것은 퇴폐적인 것일 수 있지만 열려진 공간에서 성을 터놓고 말하고 출산을 전제로 한 성행위는 진지한 사랑 만들기이자 건강한 삶의 생명활동이다. 《양주별산대놀이》를 보면 취발이의 이러한 모습이 한층 적나라하다. 손을 소무의 치마 밑에 넣고서 "요거 무슨 개의 어금니 모양으로 옥니가 달렸는지 아주 손가락을 잡아당기는 맛이 감출맛이[24] 있어 죽을 지경이로구나" 하는가 하면, "어디 한번 방아를 찧어보자. 이 제미붙을

---

24) 감칠맛을 이렇게 표현했다.

방아가 뻐드뻣허게 잘 걸렸다”고 하면서 노골적인 성행위 몸짓을 한다. 때로는 소무 뒤에 가서 개 흘레하듯 하면서, “동넷집 흰 개 흘레하오. 끼잉 끼잉” 한다.[25] 그러고는 곧 소무의 해산 과정에 들어간다.

성의 금기를 철저하게 깨뜨려버린다. 여성의 은밀한 곳에 손가락을 넣고 그 느낌을 있는 그대로 표현한다. 물론 성행위 자체도 숨길 것이 없다. 어디 방아를 찧어보자고 하면서 성행위를 시작한다. 별로 마음에 차지 않는다. 그러면 다른 자세로 성행위를 즐긴다. 공공연히 개 흘레하듯 한다며 그런 시늉을 하는 것이다. 그 결과는 생산적이다. 아이를 해산한 것이다. 사람이면 누구나 성행위를 통해서 태어났고 또 성행위를 통해서 자녀를 생산하고 있지만, 마치 언제 성행위를 했느냐는 식으로 성에 관한 한 모두들 시치미를 뚝 떼고 산다. 사회적 규범과 도덕률이 성을 금기시하고 있는 까닭이다.

성을 금기시하며 여러 모로 은폐하는 것은 삶의 실상에서 벗어난 명백한 거짓이며 삶의 자연스런 성정을 억제하는 굴레이다. 취발이의 노골적인 성의 즐김은 작게는 성의 규범을 거스르는 것이며 크게는 이를 존중하는 지배체제에 대한 저항이다. 성이 금기가 되어 있는 사회에서 성을 적나라하게 드러내고 적극적으로 누리는 것은 일종의 체제비판활동이나 다름없다. 절대적인 전제사회의 폭압적 구조를 그린 조지 오웰의 《1984년》에서 연애가 엄격히 통제되고 있는 것도 같은 사정이다. 주인공이 연인과 사랑을 한 것이 죄가 되어 아주 극심한 형벌을 받는 것도 그것이 곧 체제비판활동에 해당되기 때문이다. 중의 성행위는 불교의 계

---

25) 李杜鉉, 앞의 책, 264쪽.

율과 체제를 거부하는 것이며 취발이의 성행위는 유교의 도덕률
과 체제를 거부하는 것이다. 그러므로 취발이의 자유로운 성적
활동과 대척적인 관계에 있는 것은 특정한 인물이나 세력이 아
니라 성을 억압하는 사회체제이자 유교적 도덕률이라 할 수 있
다. 그러면서도 노장이 아닌 취발이와 같은 인물을 통하여 생산
적인 성의 세계를 보여주는 것은, 진정한 성은 일상적인 세속세
계의 것이자 젊은이들의 것임을 말한다.

 성의 생산적 성격은 성행위로 출생된 아기의 성행위 역량을 다
시 확인하는 데에서 더욱 강화되는 쪽으로 형상화된다. 《양주산
대놀이》의 노장과장 말미에 취발이가 아이를 낳아서 아이와 주
고받는 대목에 이러한 상황이 잘 드러나 있다. 아기가 업어달라
고 해서 취발이가 갓난 아들을 업었더니, 아기는 "아이고 아버지
아파요" 하고 소리지른다. 벌써 아이의 성기가 발기된 까닭에 제
아비인 취발이 등에 부딪혀 아프다는 말이다. 그에 따른 취발이
의 대답이 아래에 인용한 대목과 같다.

> 취발이 : 아이쿠머니 어린 놈이 제길 등어리를 어떻게 뚫어. 원
>   이렇게 양기덩어리로 생겼는지? (어린애를 등어리에서 내
>   려 들고 보면서) 아따 어린 녀석 자지가 어른 ×보다 더
>   빳빳하고나.[26]

---

26) 崔常壽, 앞의 책, 127쪽. 이 대목에서 "×보다"는 "좆보다"이다. 좆을 좆이
    라 하지 않고 엉뚱한 기호나 영어 페니스를 들먹이며, 씹을 씹이라 하지
    못하고 영어로 섹스라고 해야 점잖다고 생각하는 편견이야말로 민중들이
    비판의 대상으로 삼는 지식인들의 성에 대한 왜곡이다. 간행물심의위원회
    에서도 섹스 또는 섹슈얼리티라고 하여 외래어로 표기하면 문제삼지 않아
    도 씹 또는 좆과 같이 순 우리말로 표기하면 외설물로 간주하여 문제삼기
    일쑤이다. 한때 金容沃,《여자란 무엇인가》(서울 : 통나무, 1986)도 이러한
    표현 때문에 관련 위원회로부터 경고를 받기도 했다.

마치 아들의 성기가 자기 등어리를 뚫기라도 할 정도로 빳빳하게 발기되어, 어른 성기보다 더 힘이 있다는 것이다. 아이가 지닌 충만한 성적 역량을 과장되게 부각시킴으로써 생명력의 지속성을 확인하고 종족 보존의 가능성을 믿음직하게 전망하고 있다. 성의 생명성이 아기의 성기를 통해서 절묘하게 형상화된 셈이다. 할머니들이 손자의 부자지를[27] 쓰다듬으면서 대를 이을 생명 장치를 확인하며 흐뭇하게 여기는 것과 마찬가지이다.

5. 양반·선비 마당 또는 양반과장의 성과 변혁성

〈하회별신굿탈놀이〉양반·선비마당에서는 부네라고 하는 기녀를 서로 차지하고자 양반과 선비가 지체 다툼도 벌이고 학식 다툼도 벌인다. 양반과 선비 어느 쪽이든 사회적 체면을 생각할 때 부네와 같은 기녀를 상대로 여색 놀음을 즐기려는 것은 당치 않은 일이다. 그것도 은밀하게 즐기는 것이 아니라 아랫것들이 보는 앞에서 서로 다투기까지 하는 것은 아무래도 꼴불견이다. 그 다툼의 과정을 보면 아래와 같다.

> 부네 : (이번에는 부네가 나서서 두 사람 사이를 왔다갔다하며 질투심을 유발시켜 싸움을 하도록 한다. 귓속말을 하기도 하고 어깨를 주물러주며 양반·선비와 제각기 어울린다. 초랭이도 끼여들어서 양반의 어깨를 주무르는 듯하다가 무릎으로 어깨를 짓누르기도 하며 노골적인 공격을 한다. 양반에게 부네와 선비가 어울린 모습을 보게 하거나, 반대로 선비에게 부네와 양반이

---

27) '부자지'는 남성의 고환과 성기, 곧 불알과 자지를 아울러 한꺼번에 나타내는 어휘이다.

어울린 모습을 보도록 하여 두 사람의 질투심을 부추기어 서
로 싸우도록 한다. 부네가 선비와 줄곧 어울리는 것을 보고 화
가 난 양반이 먼저 선비에게 대든다.)
양반 : 자네가 감히 내 앞에서 이럴 수가 있는가?
선비 : 그대는 진정 나한테 이럴 수가 있는가?[28]

이러한 싸움과정을 통해서 양반과 선비의 허위가 적나라하게
드러난다. 부네를 두고서 서로 여색 다툼을 벌이는 데서 양반의
위엄과 선비의 권위가 무너지기 시작한다. 여색 다툼은 지체 다
툼과 학식 다툼으로 발전한다. 먼저 양반이 지체를 들고 나온다.
그러나 선비의 말장난이나 다름없는 반론에 양반은 역습을 당해
패배하게 된다. 결국 양반 선비 가릴 것 없이, 사대부라고 하는
지체나 문하시중이라고 하는 벼슬의 본디 뜻을 전혀 헤아리지
못하고 '팔대부'와 '문상시대'라고 하는 엉뚱한 양적 개념의 우
위를 인정한다.

선비 : 지체만 높으면 제일인가?
양반 : 그러면 또 뭣이 있단 말인가?
선비 : 첫째 학식이 있어야지. 나는 사서삼경(四書三經)을 다 읽었
네.
양반 : 뭣이, 사서삼경? 나는 팔서육경(八書六經)을 다 읽었네.
선비 : 도대체 팔서육경이 어데 있으며 대관절 육경은 뭐야?
초랭이 : 나도 아는 육경, 그것도 몰라요? 팔만대장경, 중의 바래
경, 봉사 안경, 약국의 길경, 처녀의 월경, 머슴 새경!
양반 : (초랭이를 가리키며) 이것도 아는 육경을 소위 선비라는 자
가 몰라?

28) 임재해, 《민속마을 하회여행》(서울 : 밀알, 1994), 206쪽.

> 선비 : (혀를 차면서) ·우리 피장파장이니, 그러지 말고 부네나 불러
> 봅시다. (양반·선비·부네·초랭이가 함께 어울려 춤을 춘다.)[29]

이번에는 선비가 학식 자랑을 늘어놓자, 양반이 반론을 펴서 선비의 기승을 제압한다. 물론 선비의 사서삼경에 대한 양반의 엉뚱한 팔서육경이 승리의 근거로 관철된다. 초랭이가 읊조리는 육경의 내용에는 처녀의 월경까지 동원되었지만 "이것도 아는 육경을 소위 선비라는 자가 그것도 몰라?" 하고 양반이 선비를 윽박지른다. 얼토당토 않은 근거로 육경을 들이대지만 선비는 곧 이에 승복하고 패배를 인정하며 화해를 청한다. 결국 선비든 양반이든 경전이 무엇인지 전혀 모르고 있다는 것을 백일하에 드러내는 것으로서, 학식 다툼 역시 양반과 선비의 무지를 함께 폭로하는 셈이다. 더군다나 지체와 학식이 올바르고 건강한 삶을 위한 것이 아니라 순전히 기녀를 차지하기 위한 엉뚱한 수단으로 둔갑하고 있다는 점에서, 지배층이 아랫사람들을 지배하는 근거로 삼고 있는 지체와 학식이라는 준거 자체를 허물어버리는 구실까지 한다. 그러므로 여기서 성은 양반과 선비의 위엄을 하찮은 것으로 만드는 부정적인 장치에 해당된다.

성은 곧 양반과 선비의 권위를 허물어뜨리기 위한 장치로서 아랫사람들이 의도적으로 설치한 비판의 도구이다. 마치 윗사람들의 허위를 공격하기 위해 아랫사람들이 놓은 덫과 마찬가지로 성은 양반과 선비를 옭아넣는 부정적 구실을 발휘한다. 초랭이가 양반에게 중의 여색 놀음을 알리면서 양반의 호색을 부추기고, 선비와 인사를 하게 함으로써 서로 다투도록 여러 모로 충동질

---

29) 위와 같음.

〈하회별신굿탈놀이〉의 백정마당. 백정이 소불알을 들고 나와 양반과 선비의 싸움을 부추긴다. 여기에는 성을 금기시하는 지배층의 문화를 야유하는 민중의식이 나타나 있다.

하자, 양반과 선비는 그들의 꼬드김에 빠져 자기들끼리 망신살 뻗친 다툼을 벌이다가 구경꾼들로부터 웃음거리가 되고 만다. 부도덕한 여색 다툼이나 쓸데없는 지체와 학식 다툼으로 소일하는 양반과 선비의 허위의식과 비생산적인 삶을 비판적으로 드러내려는 아랫사람들의 사회의식이 이러한 극적 갈등을 창조해낸 것이다. 그러므로 성을 매개로 한 양반과 선비 곧 지배층끼리의 싸움은 표면적인 것에 지나지 않고, 아래·윗사람들 사이의 계층적 싸움이 이 마당에서 드러내고자 하는 싸움의 실제 진상이다.

더 적극적으로는 이러한 과정에 백정이 소불알을 들고 들어와서 소불알을 사라고 한다. 양반과 선비는 저마다 왼 고개를 치고 손을 내저으면서 백정을 내쫓는다. 백정은 소불알이 양기에 좋다는 말을 구체적인 보기를 들어가면서 길게 설명한다. 그러자 양반과 선비가 태도를 갑자기 바꾸어 솔깃하게 귀를 기울인다. 마침내 위엄과 체면을 존중하여 백정을 나무라던 양반과 선비들은 소불알이 양기에 좋다는 말을 듣고 서로 사겠다고 다투기 시작한다. 백정이 든 소불알을 양반과 선비가 제각기 차지하기 위해 셋이서 잡아당기다가 뒤로 넘어진다. 이때 할미가 나서서 땅에 떨어져 뒹구는 소불알을 주워 들고 한마디 한다. "세상에 소불알 하낱 두고서 양반도 내 불알이라 그러고 선비도 내 불알이라고 그러는데, 이런 꼬라지 생전 첨 봤다"고 하며, 양반과 선비들의 허위의식을 노골적으로 풍자한다. 지배층들의 위세를 지탱하던 최소한의 체면이나 위세까지 무너뜨리고 마는 신랄한 풍자라 하겠다.

성의 문제를 놓고 보면 양반·선비마당은 크게 두 대목으로 나눌 수 있다. 양반과 선비의 여색 다툼이 앞대목이라면, 소불알을 놓고 벌이는 우랑 다툼은 뒷대목이다. 뒷대목에 이르면 다툼의 양상이 더 천박하게 진행되면서 양반·선비의 사회적 권위가 얼마나 허망한 것인가 하는 것을 폭로한다. 앞대목에서는 다툼의 매개 노릇을 부네가 담당한다. 두 사람 사이를 왕복하면서 성적으로 유혹을 하여 질투심을 유발하는 것이다. 그러다가 다툼이 벌어지면 부네는 살짝 빠져 버리고 초랭이가 끼여들어 싸움을 마무리한다. 선비의 일방적 승리를 부정하고 '6경(六經)'의 정체를 열거함으로써, 선비까지 궁지에 몰아넣고 만다. 양반·선비에 대한 결정적인 공격은 초랭이가 해치우는 격이다. 성이 체제를 부정하는 계급갈등 조성의 중요 매개물 구실을 하는 까닭이다.

뒷대목에서는 백정이 등장하여 우랑을 사라고 한다. 처음에는 외면하다가 양기에 좋다는 말을 듣고 서로 사겠다며 다툼이 벌어진다. 이 다툼은 백정 때문에 야기되었다. 그러다가 소불알과 함께 모두 나뒹굴어지자 할미가 나타나서 양반과 선비를 함께 나무란다. 앞대목의 지체싸움과 달리 관중에 의하여 천박한 싸움의 정체가 곧바로 드러난다. 그럼에도 불구하고 다시 할미가 나타나서 소불알을 서로 자기 불알이라며 다투는 꼴은 생전 처음 봤다고 함으로써, 쐐기를 박아버린다. 그런 뜻에서 두 대목의 싸움구조는 한결같다. 부네와 백정 등 다툼을 부추기는 싸움의 매개자가 있는가 하면, 싸움의 당사자를 한꺼번에 조롱하고 야유함으로써 싸움의 본질을 드러내는, 초랭이와 할미 같은 재판관이 있다. 그러므로 싸움의 매개자와 재판관 구실을 하는 인 물을 주목하면 이 거리에서 문제되는 싸움의 진상을 한층 분명하게 포착할 수 있다. 싸움의 매개자는 한결같이 성과 연관되어 있다. 앞의 중마당에서도 부네의 성이 문제된 것처럼, 여기서도 부네의 성이 문제된다. 백정 또한 그가 팔겠다고 들고 나온 소불알이 싸움을 부추긴다. 결국 부네나 백정은 성을 매개로 하여 싸움을 유발시킨 셈이다. 성은 풍요다산을 기원하는 성행위굿과 연관되어 있는 것이면서, 극적으로는 성을 금기시하던 유교적 이념의 지배체제를 뒤집어엎고자 하는 민중의식과 연관되어 있는 것이다. 젊은 여성과 성적 교섭을 갖고자 하는 것은 건강한 남성들의 자연스러운 본성이며, 또 양기에 좋다는 소불알을 먹고 싶어하는 것도 남성적 본성이다. 따라서 성을 통해서 평소에 도덕군자인 양하던 양반·선비들의 가려진 본성을 드러내어 확인함으로써 계급적 불평등의 모순을 풍자하고 신분과 상관없는 인간적 본성의 동질성을 확인하는 구실을 한다. 탈춤에 성이 중요한 비중을 차지하며 일관되게 등장하는 까닭은 이러한 세 가지 의미를 함께 지니고 있기 때문이라고 앞질러 말할 수 있다.

〈봉산탈춤〉 양반과장에서는 말뚝이가 직접 양반을 공격하는 무기로 성을 동원한다는 점에서 한층 적극적이다. 생원이 양반을 모시지 않고 어디를 싸돌아다니느냐고 나무라자, 말뚝이는 양반을 찾으려고 두루 돌아다녔지만 양반이 없어서 "서울 본댁을 찾아가니 샌님도 안 계시고 종갓집 도련님도 안 계시고 마나님 혼자 계시기로 벙거지 쓴 채 이 채찍 찬 채 감발한 채 두 무릎을 꿇고 하고 하고 재독으로 됐습니다"고 한다. 하인이 상전인 양반의 마님을 상대로 거듭 성행위를 했다는 것은 양반에 대한 치명적인 공격이다. 그것도 마님을 사랑해서가 아니라 그야말로 자신의 일방적인 성적 욕망을 채우기 위하여 벙거지를 쓴 채로 감발을 한 채로 무지막지하게 해치웠다는 말이다. 한마디로 양반의 마님을 성적 노리개로 삼아 마음껏 겁탈했다는 것이니 양반에게는 이보다 더 치명적인 공격이 있을 수 없다.

그럼에도 불구하고 생원은 "이놈 뭐야!" 하고 호령만 할 따름이다. 말뚝이는 생원의 호령에 대충 변명을 하는 듯하다가, 다시 공격을 한다.

마나님이 친히 들어 잔 가득히 술을 부어 한 잔, 두 잔, 일이삼 배를 마신 후에 안주를 내어놓는데, 대양푼에 갈비찜, 소양푼에 제육……전복 다 버리고 작년 팔월에 샌님 댁에서 등산 갔다 남아온 좆대갱이 하나 줍디다.[30]

주인 마나님이 하인인 말뚝이에게 직접 술을 따른다는 사실 자체가 이미 사회적 통념상 용납될 수 없는 일이다. 천한 신분의 작부가 아니고서는 말뚝이와 같은 인물에게 술을 따르는 법이 없다. 남녀간의 상하 신분질서가 뒤집어진 셈이다. 게다가 이러저러한 안주를 다 제쳐놓고 좆대갱이를 안주로 주었다는 것은

---

30) 李杜鉉, 앞의 책, 317쪽.

〈동래야유〉의 말뚝이와 양반들. 말뚝이가 양반 마님과 맺은 성적 관계를 폭로한다. 이를
통해 신분적 위상의 전도를 성취하며 양반의 체면과 위엄을 파괴하고 지배층의 신분적 특
권을 사실상 무력화함으로써 성을 변혁의 무기로 사용하는 것이다.

두 사람 사이에 조성된 성적 접촉의 친밀성을 적나라하게 드러
내는 것이다.

그것도 샌님 댁에서 등산 갔다 남아온 좆대갱이라 했으니, 샌
님의 존재는 마님에게 남편으로서 전혀 쓸모없는 존재가 되고
만다. 안주나 해서 먹어치우는 게 나을 정도로 샌님의 성기가 성
적 능력을 상실했다는 뜻이다. 그러니 마님인들 말뚝이를 마다할
까닭이 없다. 제 서방 섬기듯이 "마님이 술상을 차리는데 벽장문
을 열고 목이 길다 황새병 목이 짧다 자라병이며, 홍곡주 이강주
내어놓자 앵무잔을 마나님이 친히 들어 잔 가득히 술을 부어"
주는 것이다. 주인 마님이 남편인 샌님을 하찮은 존재로 여기면
서, 하인인 말뚝이를 남편 이상으로 극진히 섬기는 상태이다.

양반이라고 하여 성이 건강한 것은 아니다. 성이라는 것은 생리적인 것이므로 사회적 지체와 무관하다. 사랑방을 차지하고 앉아서 체면이나 지키며 지체나 따지는 양반보다 오히려 말뚝이와 같이 몸을 활달하게 움직여 일하며 살아가는 젊은이들이 더 건강하고 성의 힘도 강하다고 할 수 있다. 양반 가운데에도 샌님으로 일컬어지는 존재는 더욱 파리하고 나약하게 보인다. 만족할 만한 성생활을 기대하기 어렵다. 부부는 남녀간의 성적 관계를 바탕으로 맺어지는 것인데, 남성의 성적 무기력은 부인에게 불만일 수 있다. 그러한 불만이 말뚝이와 마님의 성적 친밀관계로 드러났다고 해도 좋겠다. 사회적 지체로 말하면 말뚝이가 아랫것이지만 성적 역량으로 말한다면 말뚝이가 절대 우위에 있다. 말뚝이와 같은 미천한 처지에서 보면 성이야말로 지배층 중심의 신분체제를 뒤집어엎고 사람을 자유롭고 민주적일 수 있게 하는 훌륭한 매개물인 것이다. 그러므로 말뚝이는 양반 마님과 맺은 성적 관계를 통해서 신분적 위상의 전도를 성취하며 양반의 체면과 위엄을 파괴하고 지배층의 신분적 특권을 사실상 무력화시키고 있는 것이다. 이때 성은 계급모순을 혁파하는 변혁의 무기라고 할 수 있을 것이다.

이러한 가능성은 양반들의 특권이자 양반 신분을 유지하는 데 필수적이라 할 수 있는 문장 활동에서도 드러난다. 양반들이 신분적 특권을 유지하기 위해서는 어느 정도 글을 읽고 쓰고 짓지 않을 수 없다. 예사 사람들이 일터에서 땀을 흘리며 민요를 부르는 동안 양반들은 정자 그늘에서 시조나 읊조리는 것이 반상간의 중요한 생활방식의 차이이기 때문이다. 양반들은 그러한 차별성을 계속해시 드러내고 격차를 한층 벌여놓는 것이 민중들 위에서 군림하는 데 유리하다고 판단한다. 양반과장의 양반들도 다를 바 없다. 말뚝이를 호령하며 상전으로서 특권을 누리다가 지친 나머지 시조를 읊조리기로 한 것이다. "우리가 본시 양반이라 이런데 가만히 있자니 갑갑도 하네. 우리 시조 한 수씩 불러보세" 하는 생원의 제안에서 이러한 의도가 숨김없이 드러난다.

다시 글을 한 수씩 지어보기로 했는데, 한결같이 말장난에 머무는 수준이다. 이때 말뚝이가 나서서 "샌님, 저도 한 수 지을 터이니 운자(韻字)를 하나 불러주시오"라고 말한다. 생원이 기특하게 여기면서 '강'자를 불러주자, 즉석에서 "썩정 바자 구녕엔개 대강이요 헌 바자 구녕엔 좆대강이라" 하고 짓는다. 생원은 운자를 내자마자 글을 지었다면서 말뚝이를 문장가라고 극찬한다. 말뚝이는 양반들의 문장놀이를 하찮은 짓거리로 만들기 위해 개대강이와 좆대강이를 동원하여 공격하였지만, 생원은 그 의도를 모르고 순전히 운자에 맞추어 즉석에서 지어내는 능력만 보고 "아, 그놈 문장이로구나" 하며 감탄을 하는 것이다. 물론 이때의 성은 천박한 것이자 하찮은 것이다. 대상을 폄하하는 도구로 쓰인 것이다. 양반을 두고 "아 이 제미붙을 양반인지 좆반인지 허리 꺾어 절반인지……" 하는 말뚝이의 표현은 성의 천박성을 통해 대상을 공격하려는 의지가 노골적으로 드러난 대목이라 할 수 있다.

양반과장에서 이러한 의도로 성이 동원되는 대목이 또 있다. 생원이 취발이를 잡아들여서 "이놈의 모가지를 뽑아서 밑구녕에다 갖다 박아라"라고 하자, 말뚝이가 "이놈의 목쟁이를 뽑아다 밑구녕에 꽂는 수가 있으면 내 좆대강으로 생원님의 입술을 떼어드리겠습니다" 하고 저항한다. 하인이 상전의 말을 따르지 않고 대드는 것은 물론 상전을 향해 노골적으로 좆대강이와 같은 욕설을 한다는 것 자체가 치명적인 불순종이며 가장 적극적인 항거이다. 성이 천박한 비유로 욕설 구실을 하는 경우는 상대를 혐오하며 공격하는 싸움판에서 흔하게 볼 수 있다. 싸움을 할 때에는 주먹이 오고가기 전에 욕설부터 오고가게 마련이다. 그러므로 양반과 말뚝이 사이에서 벌어지는 성기, 성행위, 성 관련 묘사 등은 한결같이 양반의 지배에 항거하는 말뚝이의 공격으로서 신분제도의 모순을 극복하려는 변혁의지와 여러 모로 연관된 것이라 하겠다.

〈하회별신굿탈놀이〉양반·선비마당에서는 양반과 선비가 부네를 두고 다툼으로써 어느 정도 성행위굿의 흔적이 있는 것 같기도 하나, 〈봉산탈춤〉양반과장에서는 이러한 흔적을 완전히 청산하고 있다. 성을 천박한 욕정으로 인식하거나 적나라한 성기의 표현을 욕설로 삼아서 겉으로 성을 부정하고 짐짓 점잖은 체하는 양반들의 허위를 폭로하여 그들의 권위를 뒤집어엎는 구실을 하는 것이다. 이때의 성은 풍농굿의 생산성과 무관하다. 성을 즐기고자 하는 인간적인 동질성을 확인하는 점에서 긍정적 구실을 하는 한편, 대상이 되는 인격을 비속하게 격하시키는 욕설이라는 점에서 부정적 구실을 하는 것이다.

6. 미얄과장에서 문제된 성차별과 여성의 저항

지금까지 탈춤에 나타난 성의 문제는 중과 취발이 또는 양반과 말뚝이 등 성속의 관계나 반상의 관계에서만 논의되어 왔다. 따라서 어느 경우나 성이 문제되어도 부부관계와 같은 정상적인 성생활에서 크게 이탈되어 있었다. 중과 소무, 말뚝이와 마님의 성관계는 비도덕적인 것으로서 한결같이 성속 또는 반상의 모순을 부각시키고 이를 해결하기 위한 변혁의지와 연관되어 있다. 다만 취발이와 소무의 성관계는 상대적 건강성을 보이면서 남녀 간의 성이 가정을 이루고 가족사를 지속시켜주는 생명창조활동 임을 보여주었다. 그러나 정상적인 관계에서 이루어지는 남녀간 의 성행위도 항상 건강한 것만은 아니다. 여성의 처지에서 보았 을 때는 사정이 크게 다르다. 특히 부부관계에서는 성차별이 심 각하다. 탈춤을 전승하는 민중들은 이 문제도 심각하게 인식하고 성을 매개로 하여 부부간의 성차별 문제도 그럴듯하게 형상화해 놓았다. 〈봉산탈춤〉 미얄과장을 중심으로 이 문제를 검토하기로 한다.[31]

영감과 미얄이 서로 헤어져서 간절히 찾아다니다가 만나면 미 얄이 감격하여 "이게 누구야 우리 영감이 아닌가⋯⋯반갑도다 좋을시구!" 하고 영감에게 매달리며, 영감 또한 반가워서 "우리 가 오래간만에 천우신조로 이렇게 반갑게 만났으니 얼싸안고 춤 이나 추어봅세" 하며 서로 얼른다. 그러다가 미얄은 영감에게 매 달려 노골적으로 성행위 몸짓을 한다. 영감이 땅에 넘어지면 미 얄은 영감의 머리 위로 기어나간다. 여성상위 체위로 성행위가 이루어진 셈이다.

> 미얄 : (고통스러운 소리로) 아이고 허리야, 연만 칠십에 생남자하
>   였으니 이런 경사 어데 있나, 아들 보니 좋을시구. (춤을
>   춘다)
> 영감 : (누운 채로) 야아, 좋기는 정말 좋구나. 그놈의 곳이 험하기
>   도 험하다. 솔잎이 좌우로 우거지고 산고곡심(山高谷深)한
>   데 물 맑은 호수 가운데에 굽이굽이 섬뚝이요⋯⋯(일어난

---

31) 위의 책, 320~322쪽.

다) 이년, 첫아들로 망신 주었구나. 이년, 천하에 고약한 년이 있나. 이년의 씹중방을 꺾어놓겠다.[32]

영감과 미얄은 만나는 즉시 얼싸안고 춤을 추다가 성행위부터 한다. 물론 그동안의 안부를 묻는 것도 다음 차례이다. 주위의 눈길을 의식하거나 부끄러움 같은 것을 염두에 두지 않고 마음껏 성행위를 즐긴다. 반가움의 표시 같기도 하고 부부간에 기본적인 애정의 확인 같기도 하다. 부부간에 오래간만에 만났는데 무엇부터 할 것인가? 영감과 미얄의 답은 자명하다. 성행위이다. 그래서 거침없이 성행위부터 적극적으로 즐겼던 것이다.

영감과 미얄의 이러한 성적 태도는 다른 상황에서도 적극적으로 나타난다. 영감은 입에 풀칠을 하기 위해 갖은 험한 일을 다 하는 딱한 처지에 있으면서도 "어떠한 이쁜 여중이 있기로 객지에서 옹색도 하고 한 번 덮쳤다"고 할 정도로 성을 무척 밝힌다. 미얄도 이에 뒤지지 않는다. 영감이 사당을 짓모으다가 동티가 나서 갑자기 쓰러지자, 미얄은 "사당 동티로 너 죽었구나. 동네 방내 키 크고 코 큰 총각, 우리 영감 내다 묻고 나하고 둘이 살아봅세" 하고 나선다. 영감이 죽자마자 죽음을 슬퍼하기는커녕 코 큰 총각부터 찾는다. 물론 둘이서 성행위를 즐기기 위해서이다. 영감은 아무리 죽을 지경에 이르러도 이쁜 여자를 보면 그냥 참고 넘기기 어렵다. 여승이라도 상관하지 않는다.

미얄의 태도도 이와 같다. 영감이 죽은 것은 한 생명의 손실이기 전에 곧 자기의 성적 상대자를 상실한 것이다. 이러한 성적 결핍을 보상하기 위하여 코 큰 총각부터 찾는 것이다. 작게는 인

---

32) 위와 같음.

간적 본성에 따라 성욕을 추구한다고 할 수 있고, 크게는 도덕적 굴레로 성을 억압하고 있는 데 대한 저항으로서 성행위를 의도적으로 노출시킨다고 할 수 있다. 어느 쪽이든 한결같이 성에 대해서는 자유롭게 즐기며 또 어느 정도 성해방을 실현하고 있는 셈이다. 이런 두 사람이 만났으니 그냥 있을 수 없다. 다짜고짜 성행위부터 하는 것이다.

문제는 성행위 다음에 불거진다. 미얄은 성행위를 즐기고 난 다음에 영감을 아들로 착각하고 좋아한다. 영감 또한 성행위를 즐기고 누워서 미얄의 사타구니를 들여다보며 정말 좋다고 예찬을 한다. 그런 다음에 자기를 아들 취급했다고 시비를 건다. 방금 자신이 즐기던 씹중방을 꺾어놓겠다고 화를 내는 것이다. 성기는 성을 즐기는 대상이면서 또한 분노의 대상이기도 하다. 분노를 표현하기 위하여 욕설로 쓰일 때 그렇다. 영감과 미얄은 성행위를 더불어 즐기던 사이에서 곧장 적대적 관계로 바뀌었다. 영감이, 아들을 모두 잃었을 뿐 아니라 이제 아들을 더 이상 낳을 출산력도 없는 미얄의 처지를 고려하지 않은 채,[33] 순전히자신의 남성적 권위만 내세운 까닭이다. 부부관계는 성행위를 할 때 가장 가까운 관계에 이르지만 다른 문제를 따지거나 이해관계에 부닥치게 되면 가장 멀어질 수 있는 관계이기도 하다. 잘못된 부부관계를 '적과의 동침'이라고 표현하듯이, 부부간의 갈등이 증폭되어 이혼을 하게 될 지경에 이르게 되면 서로 적이 되고

---

33) 조동일, 앞의 책(1979), 217~218쪽. "자식을 잃은 사건이 준 충격이 너무 크기 때문에 미얄은 자식을 가져야겠다는 집념을 정상적인 심리 이상으로 강하게 가져 영감과 성행위 도중에 무의식적으로 영감을 자식으로 착각했다고 할 수 있다. 자식을 잃고 생긴 심리적 위축감은 미얄이 이미 자식을 낳을 수 있는 능력을 상실했기 때문에 더욱 말썽이 된다."

〈봉산탈춤〉의 미얄춤 마당. 헤어졌던 영감과 미얄은 만나자마자 성행위를 즐긴다. 그러나 곧 적대적 관계로 바뀌면서 미얄은 영감에게 맞아죽고 만다.

원수가 될 수 있다. 그러면 부부가 아닌 상태 곧 남남의 남녀관계보다 더 적대적인 관계를 조성하기 십상이다.

부부 사이를 갈라놓는 요인 가운데 가장 민감한 부분이 성 차별이다. 한마디로 여편네가 하늘 같은 남편을 제대로 섬기지 않는다는 것이다. 영감이 트집을 잡고 나선 것은 남편을 아들 취급했다는 것이다. 두 사람이 한몸이 되어 즐겼으면서도 남편을 첫

아들로 망신 주었다는 것을 꼬투리 삼아 씹중방을 꺾어놓겠다고
기고만장이다. 이러한 남성적 횡포는 자녀문제에 이르면 더 심각
해진다. 부부 갈등의 소지 가운데 가장 심각한 것이 자식문제이
다. 유교적인 규범의 하나인 칠거지악 가운데에도 자식을 낳지
못하는 것이 여자의 잘못된 행실로서 제일 첫째 악으로 꼽히고
있다. 무자식은 아내 탓만 아니라 남성 탓도 있다. 그럼에도 불
구하고 여성에게만 책임을 지워 칠거지악의 구실로 삼는 것이야
말로 남성적 횡포의 대표적 보기이다.

영감도 미얄에게 같은 태도를 취한다. 하도 가난하여 아들이
산에 나무하러 갔다가 호랑이에게 물려갔다는 말을 듣고 울컥
화부터 낸다.

> 영감 : 무어야, 인제는 자식도 죽이고 아무것도 볼 것이 없으니
> 너하고 나하고는 영영 헤어지고 말자.
> 미얄 : 여보 영감, 오래간만에 만나서 어찌 그런 말을 합나.
> 영감 : 듣기 싫다. 자식도 없는데 너와 나와 살 재미가 조금도 없
> 지 않나.[34]

영감 때문에 대판 싸움이 벌어지다가, 마침내 갈라서기에 이르
렀다. 못하는 말이 없다. 영감은 누워서 미얄의 살을 쳐다보며
"야아, 좋기는 정말 좋구나" 하던 때는 언제이고, 이제는 "벌통
같은 씹통을 벌리고 오줌을 좔좔 누며"라는 식으로 갖은 욕설을
다한다. 잠자코 있던 미얄도 영감의 첩인 덜머리집을 발견하고는
지지 않고 맞선다. "이놈의 영감, 저렇게 고운 년을 얻어두었으
니까 나를 미워라고 흉만 내지…… 어느 년의 씹에는 금테두리

---

34) 李杜鉉, 앞의 책, 322쪽.

했나” 하고 막말을 하고 덜머리집에게 대들다가 영감에게 맞아 죽는다. 적과의 동침이 비극적으로 끝나는 대목이다.

미얄이 영감과 헤어져서 갖은 고생을 하다가 영감과 만나 반가운 해후를 하였건만 행복한 부부생활에 이르지 못하고 무참한 죽음에 이르고 만다. 사회사라고 하는 전체적인 맥락에서 볼 때에는 가난과 전쟁이 빚어낸 불행한 결과라 할 수 있다. 그러나 구체적 사건으로 한정해서 보면 영감의 가부장적 권위가 빚어낸 엉뚱한 결과이다. 그러한 권위는 크게 세 가지 형태로 나타난다. 첫째는 아내로부터 항상 섬김을 받으려는 남성적 권위이며, 둘째는 아내를, 한갓 자녀나 낳아주는 생식수단으로 간주하는 태도이며, 셋째는 늙은 본처보다 젊은 첩년에게 빠져 있는 남성적 욕망이다. 남성적 욕망은 공공연히 일부다처제를 지향한다. 본처가 있으면서도 덜머리집을 첩으로 정했을 뿐 아니라, 첩을 거느리고 있으면서도 본처를 찾아나선 것은 이러한 영감의 욕망을 잘 반영한다. 영감의 가부장적 권위는 이러한 세 유형을 통해서 차례로 나타난다.

미얄은 영감의 성차별 행위에 대하여 어느 정도 용납하지만 지나친 횡포에 대해서는 저항한다. 남편을 섬기지 않고 아들로 망신을 준 사실에 대해서는 잘못을 인정한다. 그래서 “여보 영감, 설혹 내가 잘못하였기로 오래간만에 만나서 이렇게 사람을 함부로 친단 말이요?” 하고 달래는 태도를 보인다. 그럼에도 불구하고 영감의 태도는 누그러지지 않는다. 그러나 이 갈등은 그렇게 심각한 것이 아니므로 쉽게 화해에 이른다. 그러나 슬하에 자식이 없으니 아무것도 볼 것 없다고 할 때에는 사정이 한층 심각하다. 영영 헤어지고 말자고 한다. 미얄이 어찌 그런 말을 하느냐고 했지만 허사다. 자식도 없는데 무슨 재미로 사느냐는 것이다. 여기서는 미얄도 양보하지 않는다. 남편을 망신 주지 않고 어느 정도 섬길 수는 있지만 자식 없는 것을 순전히 자기 책임으로 뒤집어씌우는 데에는 항거하지 않을 수 없다. "헤어질랴면 헤어집세" 하고 맞선다. 자녀에 대한 책임을 전적으로 자기에게만 떠맡기는 것은 갈라서야 할 처지에 이르더라도 양보할 수 없는 억지이기 때문이다.[35]

그러나 이보다 더 심각한 것은 첩을 거느리고 있다는 사실이다. 아내로서 남편이 또 다른 여자를 소실로 맞이하는 사실은 용납할 수 없다. 자식이 없는 것은 아내로서 일말의 책임은 있다. 그러나 본처를 두고 첩을 거느리고자 하는 것은 순전히 영감의 책임이다. 그리고 첩의 책임이기도 하다. 그래서 "네 년 죽이고 나 죽으면 그만이다" 하고 덜머리집에게 달려들었던 것이다. 이것은 헤어져야 할 문제가 아니라 사생결단을 해야 할 문제로 인식한 것이다. 결국 세 번째 문제로 전개된 싸움에서 미얄은 영감에게 맞아 죽는다. 죽음으로써 항거한 것이다. 미얄의 죽음은 영감의 가부장적 횡포에 맞선 저항이면서, 한편으로는 겨울과 여름의 싸움굿 요소를 반영한 것이다. 풍농굿의 양식으로 볼 때 죽음의 계절인 겨울이 생산의 계절인 여름과 싸워서 패배하는 것이

---

35) 이 논문을 제28차 한국문화인류학회 전국대회(전북대학교, 1996. 5. 31) 주제(한국문화와 성)의 하나로 발표하였을 때, 지정토론자인 조혜정 교수는 할미와 영감의 다툼이 시앗싸움에서 비롯된 것일 뿐 아니라 허망한 죽음으로 끝이 나므로 할미가 성의 해방주체라고 보기 어렵기 때문에 탈춤의 현실인식에 한계가 있는 것으로 평가하였다. 이러한 논평에 대해서 지금껏 논의한 것처럼, 할미와 영감의 싸움은 시앗싸움과 상관없이 가부장적 권위와 자녀의 죽음 등으로 처음부터 심각하게 전개되어서 부부가 서로 헤어져야 할 파국의 상태에 이르렀으며, 할미의 느닷없는 죽음 또한 영감의 가부장적 횡포를 역설적으로 부각시키는 구실을 하므로 상당히 적극적인 현실인식의 부각으로 해석해도 좋을 것이라고 답하였다.

당연하다. 생산력이 있는 덜머리집과 생산력을 상실한 미얄은 곧 겨울과 여름의 상징이다. 따라서 미얄의 죽음은 필연적일 수 있다.[36]

노장과장에서 소무를 사이에 두고 벌이는 노장과 취발이의 싸움도 겨울과 여름의 싸움굿을 반영한 것으로 보았다. 물론 겨울을 상징하는 노장이 여름을 상징하는 취발이에게 패배를 당한다. 그래야 생산의 계절인 여름이 오고 풍농굿의 목적을 달성할 수 있다. 그런 점에서 이 두 과장은 탈춤이 풍농굿에서 기원한 흔적을 구조적으로 잘 보여주고 있다. 그리고 남녀간의 성행위를 통해서 풍요다산을 기원하는 성행위굿 요소를 반영하고 있는 사실도 일치한다. 그러면서도 두 과장은 상당한 차이를 보인다. 노장과장이 한 여성을 두고 두 남성이 싸움을 벌이고 미얄과장이 한 남성을 두고 두 여성이 싸움을 벌인다는 점에서 우선 차이를 확인할 수 있지만, 이 차이는 아주 표면적인 것이다. 왜냐하면 겨울과 여름의 싸움굿의 논리로 보면 구조적으로 완전히 일치하기 때문이다. 두 과장에서 드러나는 적극적인 차이는 굿의 구조가 아닌 극적 형상화에서 드러난다.

노장과장에서는 겨울과 여름의 싸움 곧 노장과 취발이의 싸움에서 취발이의 승리에 초점을 두었다. 그래서 취발이가 소무를 차지하여 아이를 낳아 기르는 대목을 길게 형상화하고 있다. 노장이 추구하는 종교적 관념의 허위를 풍자하면서 아이를 낳고 살아가는 세속적인 삶의 건강성과 그 이치를 강조한 것이다. 겨울과 여름의 싸움굿을 깔고 성행위굿의 가능성을 더 부각시켰다고 할 수 있다. 그러나 미얄과장에서는 사정이 딴판이다. 덜머리

---

36) 조동일, 앞의 책(1979), 218쪽.

집의 승리를 외면한 채 미얄의 패배와 죽음을 한층 비중 높게 다루고 있다. 굿으로 말하면 겨울의 패배에 초점을 맞춘 셈이다. 여성이 가부장적 횡포로 수난을 받는 상황을 비판적으로 형상화하기 위한 것이다. 덜머리집은 비록 싸움에서 승리하였지만 그것은 극적으로 부당한 승리이다. 굿의 상황에서는 여름과 젊음의 승리가 정당하되 극적 상황에서는 첩의 승리가 정당화될 수 없다. 그러므로 남성의 횡포를 적극적으로 비판하기 위해서는 본처의 패배를 죽음과 같은 극단적 상황으로 한층 심화시킬 필요가 있는 것이다.

그 결과 두 과장에서 성의 의미는 양 극단으로 나타난다. 노장 과장에서는 성이 취발이의 왕성한 성을 통해서 생명의 잉태와 출산으로 발전한다면, 미얄과장에서는 미얄의 쇠퇴한 성을 통해서 가정의 파탄과 생명의 상실 곧 죽음의 파국에 이르게 한다. 미얄의 장례식이 이러한 상황을 구체화시킨다. 취발이가 아이를 어르며 글을 가르치는 등 새 생명의 출생과 성장의 즐거움을 여러 모로 나타내듯이, 미얄의 장례는 불쌍하고 가련한 미얄의 죽음이 애통하다는 사실을 강조하며 미얄에게 가해진 영감의 횡포가 얼마나 가혹한 것인가 하는 사실을 되씹게 만드는 것이다. 취발이와 소무의 성이 화합이자 생명이라면 영감과 미얄의 성은 갈라섬이자 죽음이다. 그러므로 성은 생명일 수도 있고 죽음일 수도 있다. 말을 바꾸면 평등한 성은 삶이요 생명이지만 차별적인 성은 곧 파국이자 죽음이다.

7. 할미·영감 과장에 묘사된 성적 무지와 탐닉

성의 이러한 양면성은 탈춤에서 한층 구체적으로, 그리고 더욱 다양하게 형상화된다. 성기와 성행위, 성의 묘사는 즐김과 탐닉의 대상이기만 한 것이 아니라 혐오와 분노의 대상이 될 수도 있다. 성행위를 통해서 즐기기도 하고 적나라한 성적 묘사를 보거나 듣고서 즐기기도 한다. 반면에 강압적 성행위는 이른바 성폭력으로서 원한과 혐오의 대상이 된다. 성적 묘사가 욕설로 쓰이는 경우에는 상대를 분노하게 하거나 자신의 분을 푸는 수단이 되기도 한다. 성이 혐오와 분노의 대상이 되는 것은 성기 또는 성에 대한 집착과 무지에서 비롯된 편견 때문이다. 이러한 무지와 집착에 따른 성적 편견은 《가산오광대》의 할미·영감과장에서 잘 드러나 있다.

(마당쇠가 꽹과리를 가져다가 주면서 옆에서 치마 속을 들여다본다.)
할미 : 네 이놈 뭘 보노?(마당쇠를 밀치면서)
마당쇠 : (보고 놀라 뒤로 자빠지며) 옴마, 그게 뭐꼬?
할미 : 뭐 말이가?
마당쇠 : 아이가 치마 밑에 강생이가 한 마리 붙었다(마당쇠가 까무라친다).
할미 : 네 이놈 강생이가 아니라 네 나온 구멍이라니까. 아이구 이놈우 구녕이 얼마나 험악한 지 내 자슥 죽는다(할미가 마당쇠를 주물러서 일으킨다).
할미 : 아이고 이놈아, 네 이 나이 먹도록 네 나온 구녕 하나 모르나?(이때 오줌을 누는 시늉을 한다).
할미 : 갑수르 르르르 으례으례 동댕고랑.
할미 : 마당쇠야 이것 갖다 버려라(마당쇠에게 꽹과리를 준다).

> 마당쇠 : (냄새를 맡고) 옴마, 크 이게 무슨 냄새고, 쇠오줌내가 난
> 다(주위 사람에게 뿌리고 퇴장한다).[37]

이것은 모자간에 벌어진 사건이다. 아들의 호기심은 어머니의 치마 밑을 들추어보는 데 이른다. 모자간에도 숨겨야 하는 것이 성이다. 따라서 과도한 성적 호기심은 마침내 성적 이상심리를 낳는다. 성도착증을 유발할 수도 있다. 성의 은폐가 때로는 성적 무지를 낳을 수도 있다. 아들의 호기심은 성적 무지를 해소하기 위한 것이다. 그러나 성에 대한 예비지식이 전혀 없기 때문에 어머니의 성기를 보고 놀라 나자빠진다. 사타구니에 강아지 한 마리가 붙었다고 생각하고 마침내 까무러친다. 어머니는 강아지가 아니라 니가 나온 구멍이라며 부지런히 설명하며 쓰러진 아들을 주무른다. 자기 성기의 생긴 모습이 험악한 것을 탓하며 내 자식 죽는다고 야단이다. 그리고는 "이 나이가 되도록 네가 나온 구녕도 모르나" 하면서 아들의 성적 무지를 나무란다.

성적 무지는 성적 편견을 낳는다. 성기 모양이 어떻게 생겼든 성기는 귀중한 생명을 생산하는 생식기이다. 특히 여성의 자궁은 생명의 씨를 받아 일정 기간 생명을 기르고 생명을 세상에 출생하게 하는 가장 신성한 생산장치이다. 생명창조의 신성한 공간이라 해도 좋다. 그럼에도 불구하고 성기에 대한 인식은 이렇게 엉뚱하다. 마당쇠처럼 성적으로 무지한 사람은 그 형상만 보고 강아지라며 놀라 자빠지고, 영감처럼 성적 경험이 있는 사람은 그 모습을 쳐다보고 즐기며 "좋기는 정말 좋구나" 하고 구경거리로 삼는다. 성적 지식이 있건 없건 여성 성기가 생명창조의 신성한

---

37) 康龍權 채록, 〈가산오광대〉, 심우성 편,《마당굿연희본》 2(서울 : 깊은샘, 1988), 478쪽.

공간이라는 인식은 없다. 성에 대한 건강한 인식과 온전한 이해가 필요하다.

할미가 네 나온 구멍이라고 아무리 말하여도 성기가 가진 한계는 한계대로 남아 있다. 성기가 여성들의 몸 가운데 생명을 생산하는 가장 신성한 부분이면서도 그에 걸맞는 인정은커녕 욕된 부분으로 취급되는 것은 성기의 또 다른 속성 때문이다. 그 속성이 다음 대목에서 드러난다. 할미가 꽹과리에 오줌을 누고 이것을 마당쇠에게 주면서 버리라고 하면, 마당쇠는 고약한 냄새를 맡고서 쇠오줌 냄새가 난다며 찡그린다. 여성의 경우는 특히 다달이 치르는 생리현상 때문에 부정하게 여겨 생리중인 여자들은 제의 현장에서 배척되거나 불결한 대상으로 취급받아 격리되기도 한다. 생리중인 여자는 신성한 공간인 제의 장소에만 접근이 금지되는 것이 아니라, 치즈 만드는 곳이나 야채와 생선을 저장하는 장소, 그리고 달걀의 흰자를 숙성시키는 장소에도 접근이 허용되지 않는다. 생리중인 여자는 박테리아 배양균에 좋지 못한 영향을 끼치고 야채와 생선을 싱싱하게 하는 일에 부정적인 영향을 미친다는 믿음 때문이다.[38] 〈하회별신굿〉에서 초랭이가 3경에 대해서 6경을 거론하면서 '여성의 월경'을 들먹이는 것도 양반과 선비들이 금과옥조로 여기는 유교적 경전을 월경에 빗대어 비속화시키기 위한 수단이었다.

따라서 자궁을 두고 아무리 네가 나온 구멍이라고 해도 실감나지 않는다. 실제로 겪은 일이라도 경험적으로 이해할 수 없는

---

38) Peter Tompkins & Christer Bird 지음, 황금용·황정민 옮김, 《식물의 신비생활》(서울 : 정신세계사, 1992), 430쪽. 베르나르드 그라드는 여성의 생리가 부정적 영향을 끼치는 것은 생리 그 자체가 아니라, 그로 인해 여자들에게 야기되는 우울증 때문이라는 결론을 내리고 있다.

일이 출생의 과정이기 때문이다. 죽음의 경험과 마찬가지이다. 그러나 성기를 통해 일상적으로 겪는 것은 오줌을 눈다는 사실이다. 따라서 성적으로 무지한 사람에게 성기는 한갓 오줌이나 배설하는 더러운 것일 따름이다.

또한 성을 탐닉하는 사람에게는 성기가 일종의 노리개이며 쾌락일 수 있다. 그래서 옹생원은 끊임없이 할미에게 추근댄다. 할미 또한 "요기 따슨 데 앉으소" 하며 옹생원을 반긴다. 옹생원은 성적 수작을 붙이기 위하여 할미의 엉덩이를 어루만지며 신값을 달라고 하면, 할미가 "신값은 요전에 엉덩이로 때웠지 않소" 하고 응수한다. 이미 두 사람 사이에는 깊은 관계가 이루어졌음을 말한다. 이들의 관계는 물론 외도이다. 아들 마당쇠가 눈에 띄지 않으면 이러한 성희롱은 더 노골화된다. 심지어 할미는 옹생원과 즐기기 위해 수작을 한 다음 마당쇠를 구슬려 서당에 보내기까지 한다. 어떤 구실로든 마당쇠를 집안에서 내보내야 옹생원과 성적 밀회를 즐길 수 있기 때문이다. 밀회를 즐기고자 할 때 자식은 단지 거추장스러운 존재일 뿐이다.

성적 탐닉이 지나치면 왜곡된 생명관을 낳게 되기도 한다. 정상적인 성행위는 자식을 생산하는 생식활동이지만 비정상적인 성적 탐닉은 자식을 위협할 수도 있다. 성적 욕망 충족에 방해가 된다고 생각될 때 자식을 따돌리기도 하지만 아예 자식을 버리기도 한다. 미혼모의 자식 버리기나 낙태수술 등은 한결같이 성적 욕망에 집착한 나머지 저지르게 되는 생명 학대행위이다. 성욕 추구를 위해 집에서 자식을 추방하는 것도 그러한 양상 가운데 하나이다.

(할미가 옹생원을 말린다. 이윽고 귀에다 뭐라고 속삭인다.)

>   할미 : 마당쇠야 서당 갔다온나.
>   (옹생원이 돈을 마당쇠에게 준다.)
>   옹생원 : 녀석 멀리 가서 오지 마라.
>   (옹생원이 할미와 계속 희롱한다. 마당쇠가 다시 나타나자
>   옹생원이 황급히 비킨다.)
>   마당쇠 : 옴마 나 서당 갔다왔다.[39]

자식을 가진 여성으로서는 외간 남자와 밀회를 즐기는데 자식이 큰 장애다. 그것은 남자도 마찬가지이다. 따라서 할미와 옹생원은 귓속말로 수작을 하여 아들 마당쇠를 내보내고자 한다. 그래도 할미는 자식을 서당에 갔다오라고 한다. 그러나 옹생원은 어데 가든 상관없다. 멀리만 가면 좋다. 오래도록 집을 비우고 한참 돌아오지 않기를 기대하는 것이다. 아예 "멀리 가서 오지 마라"고 주문하는 것이다. 마치 저주처럼 들리기도 한다. 어미 된 자와 그렇지 않은 자의 시각이 마당쇠를 두고 이렇게 대조적으로 나타났다고 할 수도 있지만, 다른 시각에서 보면 할미와 옹생원의 태도는 성적 욕망에 탐닉하는 정도를 반영한다고 할 수 있다. 어디 가든 상관없이 멀리 가서 돌아오지 마라고 한 옹생원은 줄곧 할미에게 추근거렸다는 사실과 연관지어 볼 때 성적 욕망에 탐닉한 나머지 최소한의 염치조차 포기한 사람임을 알 수 있다.

이러한 사정은 계속되는 탈춤의 다음 대목에 잘 나타나 있다. 마당쇠가 서당에 갔다가 돌아와서 배가 아프다고 쓰러지며 야단법석을 떤다. 간신히 의원을 데리고 와서 진맥을 하고 침을 놓아서 마당쇠를 살려낸 다음의 상황이다.

---

39) 康龍權 채록, 앞의 자료, 479~480쪽.

의원 : 마당쇠 어매 나 가요.
할미 : 보소! 의원비는 우짤기요.
의원 : 훗장날 주지(의원 인사하고 퇴장한다).
옹생원 : 내가 주지 내가 줘.
할미 : 아이고 이 양반 만날 거짓말이다.
옹생원 : 아 거짓말이긴 마당쇠 어매만 내 말 들으면 내가 줘.
　　　　(옹생원은 할멈과 계속 찝적거리며 희롱을 한다.)
할미 : 이 양반은 맨날 가도 집짝집짝 와 이러쌓네.
옹생원 : 무엇을 내가 집짝집짝거렸네.
할미 : 아하, 그래도 이 양반도 염치가 있어야 할 게 아니가, 염치
　　　가.[40]

할미 말대로 옹생원은 염치가 없는 인물이다. 할미와 성적 접
촉을 가지기 위해 상황을 전혀 고려하지 않는 것은 물론, 수단방
법조차 가리지 않는다. 마당쇠를 쫓아내고 할미와 성적 접촉을
가지기 위하여 돈을 주며 멀리 가서 돌아오지 말라고 하는 것은
물론, 의원을 빨리 돌려보내고 할미와 둘만의 시간을 가지기 위
해 치료비를 대신 주겠다는 거짓말도 거침없이 한다. 할미가 늘
거짓말만 한다고 나무라자, 자기 요구대로 말만 들어주면 치료비
를 대신 내주겠다는 것이다. 몸만 허락한다면 돈은 얼마든지 쓰
겠다는 투이다. 말을 바꾸면 돈으로 몸을 사겠다는 것이나 다름
없다. 게다가 마당쇠가 죽음의 위기에 이르러 의원을 불러왔는
데, 옹생원은 의원을 향해 "이놈의 자슥 죽는 침을 찔러 버려"
하고 마당쇠가 죽기를 저주하기까지 한다. 의원이 침을 놓아서
다 죽어가는 마당쇠를 간신히 살려놓고 한숨 돌리자, 그 즉석에
서 다시 할미를 집적거리며 성적 희롱을 계속하는 것이다. 인간

---

40) 위의 자료, 481쪽.

이 성적 욕망에 매몰되면 인간성은 간데없고 한갓 본능적 행위만 도드라지게 되는 동물적 존재임을, 옹생원의 염치없는 성희롱 행위를 통해서 형상화해주고 있는 것이다.

이처럼 인간의 성기 또는 성행위는 원래 종족 보존을 위한 생식기이자 생명의 창조행위이지만, 성에 대한 무지는 성을 단순히 불결한 혐오의 대상으로 여기는 반면에, 성에 대한 탐닉은 성을 부도덕한 퇴폐행위로 몰고간다. 할미는 마당쇠와 옹생원을 통해 이러한 성에 대한 편견을 적절히 지적하고 있는 것이다. 그래서 마당쇠를 향해서는 "네 이놈 강생이가 아니라 네 나온 구멍이라니까" 하며 성기의 출산 기능을 깨우쳐주고, 옹생원에 대해서는 "이 양반은 맨날 가도 집짝집짝 와 이러쌓네" 하고 나무라고 "아하, 그래도 이 양반도 염치가 있어야 할 게 아니가, 염치가" 하면서 성을 노리개 삼는 것을 경계하는 것이다. 따라서 할미의 성을 두고 엉뚱하게 접근하는 마당쇠와 할미를 통해서 성적 무지와 탐닉은 생식기로서 성기를, 한갓 요도(尿道)에 지나지 않는 배설기관으로 또는 순전히 쾌락을 제공하는 노리개로 묻어버리게 된다는 사실을 절묘하게 형상화해주고 있는 것이다. 결국 성은 생명의 창조와 배설의 불결함과 퇴폐스런 욕망의 대상이라는 세 국면을 공유하고 있는 것이다. 그러므로 《가산오광대》 할미·영감 과장의 이 대목은 성이 지닌 신비한 생명성과 배설기관으로서 불결함, 성적 욕망의 퇴폐성 등 성의 세 가지 속성을 절묘하게 형상화시켜주고 있다고 하겠다.[41]

---

41) 《가산오광대》의 이 과장 또한 성행위굿이나 싸움굿과 상관없이 생성된 성의 형상화 대목이라 할 수 있다.

8. 신할애비과장에 나타난 죽음과 성의 생명성

성의 여러 속성 가운데 가장 본질적인 것이 생명성이다. 성의 부정적인 면을 아무리 지적해도 성의 생명성만은 부정할 수 없다. 말을 바꾸면 성이 없는 생명은 존재할 수 없다. 모든 생명은 성을 전제로 한다. 따라서 생명은 죽음의 손실을 보상할 수도 있다. 그러므로 죽음을 극복하기 위하여 성이 요구되게 마련이다. 장례 현장에서 성이 문제되는 것도 이때문이다. 장례식 전날 밤 진도에서는 다시래기를 하며 사당과 중의 성관계를 놀이화하여 사당이 낳은 아이를 두고 본남편인 거사와 외간 남자인 중이 서로 다툼을 벌이는 연행을 한다.[42] 그리고 추자도에서는 묘지에서 산다위라고 하는 독특한 성행위놀이가 상징적으로 이루어진다.

추자도에서는 여성들이 상포계를 이루어 산역을 하는데, 남성들이 봉분작업을 하고 상주가 마지막 제사를 올릴 무렵에 장지에 온 남성 한 사람을 특별히 지목해 두었다가 상포계원들이 갑자기 공격하여 쓰러뜨리고 사타구니와 성기를 만지면서 "이 물건은 내 꺼야" 하고 소리를 지르는 등 성적 희롱을 하는 놀이이다.[43] 산다위를 직접 체험하고 이를 조사 연구한 전경수는 이를 의례적 윤간행위로 해석하고 있다.[44] 죽음에 의한 생명의 손실을 메우기 위하여 상징적으로 윤간행위를 한다는 것이다. 탈춤에서는 《양주별산대》의 신할애비과장에서 이러한 양상의 성 또는 성

---

42) 鄭昞浩, 〈진도다시래기〉, 《중요무형문화재해설》 연극편(서울 : 문화재관리국, 1986), 329~330쪽.
43) 전경수, 〈死者를 위한 의례적 윤간 ― 추자도의 산다위〉, 《한국문화인류학》 24(한국문화인류학회, 1992), 301~322쪽.
44) 위의 글, 312~317쪽.

행위가 노골적으로 문제된다.

신할애비의 구박에 미얄이 죽자, 신할애비는 아들 도끼를 불러 시집간 누이를 데려오도록 한다. 도끼는 누이가 집에 있을지 염려된다. 자칫하다가는 헛걸음을 하게 되는 까닭이다. "그 보청할년이 그전엔 서방질을 나다녔는데 집에 있을가" 하고 걱정을 하니, 신할애비는 가봐야 안다면서 가보라고 아들 도끼를 내쫓는다. 누이가 집에 없을 가능성이 높은 이유는 서방질을 다니기 때문이라니 누이의 행실을 알 만하다. 그러한 행실은 도끼도 마찬가지이다. 누이집에 가니 매부가 집을 나간 지 석삼 년 아홉 해가 되었다는 말을 듣고 도끼가 반긴다. 왜일까.

> 도끼 : 아이구 이거 참 아주 때는 내가 좋은 기회로구랴. 그래 대
>   관절 매부 나간 지 석삼 년 아홉 해면 그동안 옹색한 일
>   많이 지냈겠구랴.
> 누이 : 이 동네 개평 여러 번 뗐다.
> 도끼 : 아이구 그 개평이면 날 좀 주지. 시방 대 볼랴오.
> 누이 : 에라 이 잡자식, 형제간에 그렇게 허는 법이 어디 있나.[45]

도끼는 누이가 혼자서 성적 욕망을 어떻게 해소했는지 궁금하다. 궁금한 까닭은 누이의 성적 궁핍을 자기가 해결해줄 용의가 있기 때문이다. 누이가 동네 개평 여러 번 뗐다는 것은 남의 몫의 남성을 공짜로 여러 차례 데리고 잤다는 뜻이니 마을의 유부남과 외도를 즐기며 옹색을 풀었다는 말이다. 그러자 도끼는 그 개평이면 자기도 좀 줄 것이지 왜 안 줬느냐고 타박이다. 그러면서 지금 한 번 어떠냐고 노골적으로 누이의 의중을 떠본다. 누이

---

45) 李杜鉉, 앞의 책, 273쪽.

는 성에 관한 한 개방적인 여성이며, 그래서 마을의 남정네들과 자유롭게 성관계를 맺는 처지이지만, 그래도 남매간에는 그럴 수 없다는 것을 알고 도끼를 나무란다. 성이 얼마나 사람을 방탕하게 할 수 있는가 하는 것을 개방적으로 보여주는 한편, 그래도 근친상간의 금기는 지켜야 한다는 성의 한계 또한 분명히 그어주고 있는 셈이다.

　그러나 이러한 성적 희롱이 단순한 성의 개방이나 성의 쾌락적 국면을 보여주고 그 퇴폐성을 지적하기 위한 것은 아니다. 미얄할미의 죽음을 놓고 남편 신할애비와 두 자녀가 나누는 성 관련 담론을 통해서 성의 의미가 다른 각도에서 구체화되기 때문이다.

> 누이 : 보니깐두루 전신이 아주 죄 죽었오. 죄 죽었는데.
> 신하라비 : 죽었겠지.
> 도끼 : 이왕에 나 누님 맹길라구 아버지두 옹색 풀던 구녁은 시방
> 　　　입때 살았어.
> 신하라비 : 뭐 거기 살았어. 어디 만져보자 만져봐.
> 도끼 : 살았어. 왜 그걸 만지려고 야단이요. 내가 먼저 만져봐야지.
> 신하라비 : 거 네가 만져보겠느냐.
> 도끼 : 거 만져보니깐 살았오.
> 신하라비 : 에라 이 자식아.
> 도끼 : 지금이래두 마지막 옹색 필 테면 피우. 나 있어두 괜찮우.[46]

　누이나 신할애비는 미얄할미가 죄 죽었다고 여긴다. 그러나 도끼는 생각이 다르다. 도끼의 관심은 오직 어머니의 자궁 곧 성기에 있다. 그러한 관심의 결과, 자기와 누님을 만들려고 아버지가

---

46) 위의 책, 273~274쪽.

옹색을 풀던 "구녁은 시방 입때 살았다"고 판단한다. 도끼의 주장에도 신할애비는 의심스러워하면서 어디 만져보자고 하며 만지려든다. 도끼는 살았다고 거듭 말하면서도 아버지에게 확인 기회를 주지 않고 스스로 먼저 만져보기 위해 아버지를 말린다. 아버지가 만지려는 것을 제지하고 도끼가 직접 나선 이유는 어디에 있을까? 늙은 아버지는 이미 어머니 자궁의 생기를 느낄 기력이 없다. 그만큼 자신의 생명력 또한 약화되었을 뿐 아니라 아내의 죽음을 기정사실화하고 있기 때문이다. 그러나 도끼는 사정이 다르다. 여성의 생기를 느끼는 감각이 상대적으로 훨씬 민감한 젊은이이다. 그리고 어머니의 자궁은 바로 자신이 출생한 곳임을 깊이 자각하고 있다. 따라서 어머니의 자궁은 아직 살았다고 믿는 정서가 한층 간절하고 또 그 사실을 인지할 수 있는 감각 또한 탁월하다.

신할애비는 아내가 죽었음에도 불구하고 자궁만은 살았다는 사실을 믿을 수 없다. 그래서 도끼가 만져보고 아직 살았다고 해도 "에라 이 자식아" 하고 나무라기만 한다. 도끼는 이에 개의치 않고 "지금이라도 옹색을 풀려면 마지막으로 풀어보라"고 아버지에게 성행위를 권하기까지 한다. 어머니가 죽었지만 자궁만은 아직 살았다고 확신하기 때문이다. 도끼는 자기가 있어도 괜찮다고 하며 아버지에게 성행위를 권하는데, 이때 성은 단순한 쾌락의 충족이 아니라 성의 생명성을 확인하는 과정으로 인식된 것이다. 따라서 은밀하게 즐기는 것이 아니라 그 행위의 산물인 아들이 지켜보는 가운데 떳떳하게 행위해도 좋다는 것이다. 다른 채록본에서도 이와 비슷한 상황이 벌어진다.

도끼 : 아버지-. 여기는 아직까지 따뜻하구려.

　신할아비 : 어디 보자.
　도끼 : 여기가 아버지 좋아하던 데구려.
　신할아비 : 암-. 너희들이 나온 데로구나.[47]

　죽은 할미의 성기 부분이 따뜻하다는 것은 다른 부분과 달리 성기 또는 자궁은 아직 죽지 않고 살아 있다는 말이다. 아직까지 살아 있는 부분을 분명히 하기 위해서 도끼는 "여기가 아버지 좋아하던 데구려" 하고 말한다. 성행위를 즐기던 성기라는 것을 말한다. 그러자 아버지는 "암-. 너희들이 나온 데로구나"라고 말하며, 생명을 잉태하고 출산하는 자궁이 있는 것임을 강조한다. 성기가 한갓 성행위를 즐기는 곳이기만 한 것이 아니라 생명을 창조하는 자궁이라는 것을 상기시키는 것이다. 바로 너 자신이 태어난 곳, 너 자신을 존재하게 한 곳임을 설득력 있게 나타낸 셈이다. 이때 "너희들"은 도끼 자매에 한정되는 것이 아니라 모든 사람이 다 해당될 수 있다. 성의 생명성을 일반화하는 것이다.

　위에서 옮겨놓은 대목만 보면 아내 또는 어머니의 주검을 두고 신할애비와 도끼 부자는 장례준비보다 오직 성기와 성행위에만 관심이 있는 것처럼 보인다. 도끼가 성기를 만지며 아직도 여기는 살았다거나 아버지가 좋아하던 구녕이라고 하는 것 등은 언뜻 보기에 허튼 수작이자 퇴폐적인 노닥거림 같지만, 사실은 죽음의 어둠 속에서 삶의 생명성을 확인하는 것이다. 할미는 죽었지만 성기는 살았다는 것은 그야말로 허튼 수작에 지나지 않을 수 있다. 더군다나 어머니의 성기를 두고서 아버지가 좋아하던 구녕이라고 공공연히 말하는 것은 음란한 노닥거림에 지나지 않는다고 해도 지나침이 없다.

---

47) 조동일 소장, 〈양주산대놀이〉, 조동일, 앞의 책(1979), 404쪽.

그러나 성을 금기시하는 도덕률의 고정관념에서 벗어나 성의 실상을 그 자체로 이해한다면 생각이 달라질 수 있다. 왜냐하면 실제로 할미의 성기는 아들 도끼와 그 누이를 출산한 곳이며, 그러한 과정으로서 신할애비가 성행위를 즐기던 곳이다. 그 결과 도끼 남매는 태어났고 또 아직도 건강하게 살아 있을 뿐 아니라, 한결같이 성적 욕망을 강하게 느끼며 살아가는 젊은이들이다. 할미는 죽었지만 그의 자궁을 통해 출산한 생명들은 여전히 살아 있으며, 그들 또한 생명창조의 역량인 왕성한 성욕을 지니고 있다는 사실을 환기시킴으로써, 결국 할미의 생명은 자신이 낳은 자녀를 통해 끊임없이 지속되고 있다는 것을 인식시켜준다.[48] 그러므로 할미는 죽어도 죽지 않았다는 변증법적 결론에 이를 수 있다.

그런데 하필 그러한 종족보존의 생명성을 왜 성기가 따뜻하다거나 성기가 살았다는 것으로 형상화하고 있을까? 일찍이 신할애비과장을 분석한 조동일은 죽음과 성의 관계를 대립적으로 포착했다. 죽음은 생을 파괴하고 성은 생을 창조하므로 죽음을 부정할 수 있는 것은 오직 성이라는 것이다.[49] 장지에서 산다위를 경험하고 이를 해석한 전경수는 상징적 성행위가 죽음에 따른 생명의 손실을 보충하는 구실을 한다고 했다. 그래서 여자들에 의한 집단적인 성희는 상징적 생명 생산행위이자 잃어버린 공동체 성원을 대체하는 상징성을 지녔다는 것이다.[50] 어느 쪽이든 성이야말로 죽음을 극복할 수 있는 생명창조의 실질적 행위라는데 다른 의견이 있을 수 없다. 그러나 이 사실을 인정한다고 하더라도 사람이 죽었는데 성기만은 따뜻하게 살아 있다

---

48) 임재해, 앞의 글(1995), 302쪽.
49) 조동일, 앞의 책(1979), 274~275쪽 참조.
50) 전경수, 앞의 글, 316쪽.

고 할 수 있을까? 단순히 어머니가 아직 죽지 않고 살아 있을지도 모른다는 희망에서 어머니의 성기는 살아 있다고 했을까, 아니면 성의 생명성을 상징적으로 나타내기 위하여 성기가 아직 살아 있다고 했을까.[51] 장례도 일종의 의례이므로 희망의 주술적 형상화나 상징적 표현이 동원된다는 점에서 두 해석은 모두 타당성을 지닌다.

그러나 이러한 표현과 형상화가 순전히 의례과정에서 동원된 주술적 의도나 상징적 기대만 겨냥하고 있는 것은 아니다. 왜냐하면 성기는 몸의 다른 부분과 달리 실제로 가장 오랫동안 생명력을 지니고 있기 때문이다. 다시 말하면 성기 부분이 몸의 어느 부분보다 가장 늦게까지 생명력을 유지한다는 것이다. 그러한 현상은 남녀 구별없이 한결같이 나타난다. 남자들의 경우 생명이 꺼져가는 임종 순간에 오히려 성기가 크게 발기한다. 그래서 세간에는 임종을 확인하기 위한 방법으로 환자의 발기상태를 관찰하기도 한다.[52] 믿을 만한 근거는 없지만 변태적인 여성들 가운데 남성들과 성행위를 하다가 절정의 순간에 이르렀을 때 상대 남성을 목 졸라 죽이기도 하는데, 이러한 행위 또한 남성이 죽는 순간 남근이 평소의 발기상태 이상으로 크게 비대해지기 때문에 성적 쾌감을 높이기 위해서라고 한다.[53] 어느 쪽이든 성기는 죽음의 순간까지 왕성한 생명력을 발휘한다는 것

---

51) 앞의 해석은 조동일의 관점(위의 책, 274쪽)에 입각한 것이고 뒤의 해석은 전경수의 관점(위의 글, 316쪽)에 입각한 것이다.
52) 제22회 민속학전국대회(충북대학교, 1993. 10. 9)에서 〈장례 관련 놀이의 반의례적 성격과 성의 생명상징〉에 관해서 발표할 때, 이 발표에 흥미를 가진 청주대학 김영진 교수가 이 사실을 말해주었다.
53) 나치하의 유대인들이 여러 모로 생체실험의 대상이 되었다는 사실을 밝힌 수기 형식의 기록에 이러한 내용이 보고되고 있다.

을 뜻한다.

여성의 경우도 마찬가지이다. 해산에 임박한 임산부의 경우 교통사고와 같은 갑작스런 사고로 죽었을 때 산모는 완전히 죽어도 자궁 속의 태아는 살아 있으며, 심지어 아기는 정상적인 출산이 가능하다. 천연두와 같은 전염병으로 산모가 죽어서 전통적인 장례방식에 따라 주검을 나무로 얽어만든 시렁 위에 올려놓았는데, 해산일이 되자 자궁이 갈라져서 핏덩이 아기가 주검 밖으로 나왔다는 사례 조사 보고도 있다.[54] 이처럼 산모가 죽어도 자궁과 자궁 속의 태아는 생명력을 지속한다는 사실은 곧 자궁 또는 성기가 몸의 다른 부분과 달리 가장 최후까지 살아 있다는 것을 말한다. 그 점에서 남성이나 여성이나 다를 바 없다.

결핵에 걸리게 되면 남성들은 성욕이 증대되고 여성들은 얼굴이 더 예뻐지게 되는 증상이 나타난다고 한다. 과거에 폐결핵이 불치병이었던 까닭에 생리적으로 죽음을 필연적으로 받아들이는 환자들은 종족보존 본능에 따라 성욕이 증대되는 현상이 나타나게 된다는 것이다.[55] 결핵환자들의 성욕 증가는 죽기 전에 자손을 많이 남기려는 본능적인 생리현상에 해당된다. 이러한 현상은 식물의 경우도 마찬가지로 나타난다. 대추나무가 평소와 달리 어느 해에 느닷없이 열매를 많이 맺게 되면 마이코플라즈마(micoplasma)라는 치명적인 병에 걸려 있는 상태로 이듬해에 반드시 죽게 된다든가, 난(蘭)이 가사 상태에 이르게 되면 오히려 생육상태가 좋을 때와 달리 쉽게 꽃을 피운다든가, 공해에 찌들

---

54) 제23차 민속학전국대회(건양대학교, 1994..10.29)에서 최덕원이 남도지역 민속조사 사례 가운데 하나로 이 사실을 발표하고 스스로 감동하여 그 정서를 시로 지어 읊기도 하였다.
55) 임재해, 앞의 글(1995), 303쪽.

려 죽어가는 소나무에 솔방울이 유난히 많이 달린다든가 하는 현상이 모두 같은 맥락에서 이해된다. 결국 사람이든 식물이든 죽음에 이르게 되면 본능적으로 종족을 보존하려는 생명활동이 더 왕성해진다는 사실이다.[56]

따라서 신할애비과장에서 도끼가 어머니 주검 가운데 성기는 아직 살아서 따뜻하다고 하는 것은 순전히 상징적 의미이거나 주술적 의도만이 아니라 실제적 근거를 가지고 있다고 할 수 있다. 그러므로 신할애비 부자가 주검을 앞에 두고 주고받은 성에 관한 담론들은 실제적인 근거에 바탕을 두었을 뿐만 아니라, 엄숙하고 침울한 의례의 굴레에서 벗어나 죽음의 슬픔을 극복하고 성의 생명성을 환기시킴으로써 산 자들에게 왕성한 삶의 의지를 부추겨주는 현실적 장치라 할 수 있다.

실제로 젊은 아내가 남편을 잃고 곽머리 씻김굿을 하는데, 무당이 조상굿을 마친 뒤에 굿판의 분위기를 전환하기 위하여 음담을 늘어놓았다. 그랬더니 "니가 그리 갈 줄은 몰랐다. 나는 어찌 살까" 하고 울음 반 소리 반 넋두리를 하던 부인이 "웃음을 참지 못해 얼굴을 묻고 몸을 흔드는데", 그 뒤에 고개를 드는 얼굴이 전과 달라져 있었다는 것이다. 얼굴에 생기가 돌았다는 말이다. 씻김굿을 조사한 나승만은 이 대목에서 "음담에 가까운 이 짧은 이야기가 이들의 마음에 도사리고 있던 죽음의 공포를 천천히 밀어내고 있음을 느낄 수 있었다"고[57] 했다. 장례 현장에서 반의례적 성격을 지닌 성이 살아남은 사람들에게 죽음의 그늘을 걷어버리고 삶의 빛을 던져주는 밝고 명랑한 신명풀이로서 삶의

---

56) 위의 글, 304~305쪽 참조.
57) 나승만·고혜경, 《노래를 지키는 사람들》(서울 : 문예공론사, 1995), 189~
　　190쪽.

신명을 회복해주는 구실을 하고 있다는 좋은 증거이다.

물론 장례식에서 성이 문제되는 것은 우리 민족에게 한정된 것만은 아니다. 전통을 고스란히 유지하고 있는 여러 민족들 사이에 상당히 일반화되어 있는 현상이라는 점도 염두에 두어야 할 것이다. 이를테면 콩고분지의 피그미족(Pygmy)들이 상주에게 조문을 마친 다음 북을 치고 놀다가 자정이 지나면 남녀가 짝을 지어 숲으로 들어가 무질서하게 성행위를 한다든가,[58] 바라족 (Bara)의 경우 매장 전야에 남성과 여성들이 낮 동안에는 완전히 따로 지내다가 밤에는 음란하고 난폭한 야합을 이루는 사실이[59] 모두 같은 맥락에서 해석된다. 바라족 이웃의 벳실레오족 (Betsileo)은 장례식 동안에 근친상간 금기의 원칙을 무시하고 모든 사람과 성행위를 한다.[60] 베라완족(Berawan)도 장례식 동안에 젊은이들이 남녀간의 몸 접촉이 심하게 이루어지며 장례식이 남녀간에 새로운 통정관계를 맺는 행운의 기회라고 여긴다.[61]

이들 장례식에서 이루어지는 성행위는 가족의 손실을 메꾸어 주고 불행을 행복한 사건으로 바꾸어주는 의도로, 또는 죽은 영혼이 다시 여자의 몸을 빌려 재생한다는 믿음으로, 망자의 영혼이 회생되기를 기원하는 뜻으로 이루어진다.[62] 따라서 죽음의 의례인 장례는 곧 출생의례에 해당될 수도 있을 뿐 아니라, 출생의

---

58) Emile Durkheim, translated by Joseph W. Swan, *The Elementary Form of the Religious Life* (George Allen & Unwin Ltd., 1982), p. 399.

59) Richard Huntington & Peter Metcalf, *Celebrations of Death* (Cambridge University Press, 1979), p. 103.

60) *Ibid.*, p. 114.

61) *Ibid.*, p. 111.

62) 임재해, 앞의 글(1995), 308~312쪽에 원시종족의 장례식에서 성 문제를 한층 자세하게 다루었으므로 이를 참조하기 바란다.

례와 어느 정도 연관성을 지닌다고 해도 좋을 것이다.[63] 그렇다면 죽음을 삶으로 바꾸고 생명의 상실을 생명의 잉태로 전환시키려는 장례식에서의 성이야말로 가장 큰 변혁성을 지녔다고 할 수 있다.

9. 탈춤에서 형상화된 성의 생산성과 변혁성

지금까지 탈춤을 이루고 있는 가장 중요한 거리들에서 성이 어떻게 형상화되어 있고, 성의 형상화를 통해서 무엇을 드러내고 있는지, 또는 성 자체가 탈춤에서 어떻게 인식되고 있는지, 하는 문제들을 몇 가닥으로 나누어서 차례로 살펴보았다. 그 결과 탈춤의 중요한 거리에는 한결같이 성이 적나라하게 형상화되어 있을 뿐 아니라, 그러한 성의 적나라한 표현을 통해 사회비판극으로서 탈춤의 풍자적 의미를 개성 있게 드러내고 있음을 발견할 수 있었다. 좀 무리하게 일반화한다면 탈춤에서 성은 소재로서 일관성을 지닐 뿐 아니라, 풍자와 해학을 아울러 담고 있는 미적 범주로서 골계미를 담아내고 사회 현실의 다양한 모순들을 비판적으로 형상화해주는 매개물이자, 이들 모순을 극복하는 변혁의 무기 구실까지 하고 있다. 그러므로 여기서 우리는 탈춤 해석의 또 다른 시각과 성에 대한 민중적 인식의 길을 새로 마련할 수 있다.

탈춤이 민중의 비판적 희극이라는 사실을 가장 극명하게 드러내주는 장치가 적나라한 성적 표현으로 비판대상을 희화화하는

---

63) 임재해, 《전통상례》(서울 : 대원사, 1990), 103~106쪽에 '죽음과 출산의례의 공통성'을 검토한 바 있다.

것이다. 적나라한 성의 노출이 대상을 풍자할 수 있는 까닭은 인간만이 지닌 성생활의 독자성 때문이다. 인간의 성은 동물의 그것과 달리 순전히 후손을 생산하기 위한 생식활동에 머무는 것이 아니라, 생식활동과 무관하게 성행위 자체를 즐길 수 있다는 사실 때문이다. 순전히 쾌락추구를 위해 이루어지는 성행위는 은밀하게 추구되고 또 도덕적으로 상당한 제약을 받게 마련이다. 따라서 성 이야기는 곧 진한 농담으로서 우스개가 될 수 있는 한편,[64] 성행위는 여러 모로 도덕적 규제가 따르게 마련이다. 이 규제와 성의 본질을 벗어나서 성의 쾌락만을 탐닉할 때 성의 퇴폐성이나 천박성 또는 부도덕성이 문제될 수밖에 없다. 성의 이러한 속성은 비판대상을 웃음거리로 만드는 중요한 구실을 한다. 만일 다른 동물처럼 사람들의 성 또한 순전히 종족보존을 위한 생식활동으로서 아무런 부끄러움의 대상이 되지 않는 것이라면, 성의 풍자 기능은 결코 발휘되지 않을 것이다.

탈춤은 부분의 독자성을 지닌 다양하고 풍부한 거리들의[65] 집합으로 이루어졌다. 그러면서 성속·반상·남녀·노소·생사 등 삶의 기본적인 모순들을 대립적으로 다루고 있지만, 그 형상화의 토대를 이루는 것이 한결같이 성이라는 사실은 성의 다양한 속성에서 비롯된다. 성이 중요한 삶의 문제들을 두루 수렴하여 저마다 독자적인 극적 갈등으로 형상화해내는 소재로서 일관성을 획득하고 있는 것은, 성에 대한 부정적 편견이나 성을 금기시하는 도덕률의 고정관념에 사로잡혀 있지 않기 때문이다. 성의 속성들을

---

64)《고금소총》을 비롯한 우스개 이야기의 가장 많은 비중을 차지하고 있는 것이 이른바 음담패설이라고 하는 성 관련 이야기들이다.
65) 탈춤에서는 흔히 '과장'이라고 일컬어지는데, 굿에서는 거리 또는 마당으로 일컫는다.

있는 그대로 다양하게 이해한 민중의식의 건강성에서 그러한 가능성을 찾을 수가 있는 것이다.

그 결과 탈춤에는 성에 대한 부정적 인식과 긍정적 인식은 물론, 쾌락 추구에 탐닉하는 퇴폐성과 배설기관으로서 불결성, 출산 기능을 담당하는 생산성, 죽음을 극복하고 슬픔을 걷어 버리는 생명성과 명랑성, 상하 또는 남녀차별의 사회체제를 뒤집어엎고자 하는 변혁성, 관념적 속박에서 해방되게 하는 인간적 삶의 진정성 등이 성기와 성행위, 성희롱, 적나라한 성적 묘사 등을 매개로 두루 형상화되어 있는 것이다.

탈춤에서 성의 다양한 형상화와 함께 성 이해의 폭과 깊이를 획득할 수 있는 것은 지배층과 다른 성에 대한 민중의 열린 시각과 변혁 지향적인 민중적 현실인식의 치열성 때문이라 할 수 있지만, 인간은 누구나 성적 욕망을 추구하며 살아가는 존재라는 엄연한 사실 또한 성이 삶의 문제를 두루 다룰 수 있는 중요한 요소가 되었다고 하지 않을 수 없다. 비록 양반이든 선비든, 또는 수도승이든 예사 사람이든, 늙은이든 젊은이든 사람이라면 누구나 결코 성적 욕망에서 해방될 수 없다는 사실을 탈춤 곳곳에서 다각적으로 드러내고 있다. 성은 인간적 동질성을 확인하고 상하·성속·남녀의 차별관념을 극복하는 가장 적절한 장치이기 때문이다. 성은 계급과 이념, 체면과 권위 등 모든 사회적 경계를 허물어버리고 사람을 하나 되게 하는 속성이 있는 것이다.

그렇다고 하여 성에 대한 민중적 이해가 전적으로 사회적 현실인식과 직접 맞물려서 생성된 것이라 하기는 어렵다. 원초적으로 성이 풍요다산을 기원하는 주술적 행위의 한 양식이었다는 사실을 지나칠 수 없기 때문이다. 그것은 탈춤이 굿에서부터 비롯되었다는 사실과 맞닿아 있다. 아이를 출산하기 위한 남녀 사이의 성관계 또는 한 사람의 이성을 놓고 두 사람의 동성이 다툼을 벌이는 것은 풍요다산을 기원하는 성행위굿과 겨울과 여름의 싸움굿에서 비롯된 것이다. 그러나 탈춤이 발전하면서 두 가지 굿의 요소들이 사회적 갈등의 표현으로 변증법적 통합을 이루면서, 신분 또는 남녀차별에서 비롯된 구조적 모순을 비판하고 관념적 삶을 추구하는 승려의 인간적 한계를 풍자하는 극적 형상을 이루는 데까지 나아간 것이다.

그럼에도 불구하고 양반과장과 신할애비과장의 성은 풍농굿과 상관없이 그 자체로 형성되었다고 해도 좋겠다. 양반과장에서 말뚝이가 양반을 공격하기 위하여 노골적인 욕설을 하고 주인 마님과 성적 관계를 공공연히 털어놓거나 육두문자를 사용하여 글을 짓는 행위 등은 성행위굿의 전통과 상관없이 지배체제에 항거하기 위하여 성을 적절히 동원한 것이다. 미얄의 주검을 놓고 성기가 살았다면서 성적 욕망을 적나라하게 드러내는 신할애비과장도 생명의 상실을 성의 생명력을 통해 보상하고 죽음의 슬픔을 성적 우스개의 명랑함으로 전환시켜놓으려는 장치로 이해할 수 있어, 풍농굿과 무관한 죽음의 극복방식으로써 성을 형상화한 것이라 할 수 있다. 그러나 기본적으로는 이러한 성의 사회적 인식 또한 원초적으로는 성행위굿의 생산성과 싸움굿의 변혁성에 어느 정도 맥이 닿아 있다. 그러므로 우리는 성의 생산성과 변혁성에 초점을 모아 이 글을 마무리하지 않을 수 없다.

탈춤에서 형상화된 성은 인간의 본성을 속박하는 종교적 관념에서 사람들을 자유롭게 해주고 민중들의 삶을 억압하는 신분사회의 계급체제를 뒤집어엎는 등 근대 지향적인 민중 중심의 변혁성을 적극적으로 표출하고 있다. 그렇다고 하여 탈춤의 전승주체인 민중들은 대척적인 관계에 있는 세력들의 모순만 들추어내고 자신들의 내적인 모순에 관해서는 시치미를 떼고 있는 것도 아니다. 남녀간의 성차별 문제는 계급과 상관없는 모든 사람들의 문제이다. 민중이라고 하여 여성들이 남성과 동등한 지위를 누리고 평등한 생활을 하는 것이 아니다. 민중들의 일상적 삶 속에서도 가부장적 남성의 횡포가 여성들의 삶을 여러 모로 훼손하고 있는 것이다. 죽음의 문제도 마찬가지이다. 민중이라고 하여 죽음의 문제에서 해방될 수 없다. 성차별과 죽음의 문제는 계급의 상하 또는 종교적 성속과 상관없이 조성되는 인간사회 일반의 모순이기 때문이다. 따라서 성차별의 문제(gender)와 성애(sexuality)의 문제는 별개의 것이 아니라 서로 연관되어 있는 동전의 양면과 다름없으며, 삶과 죽음의 문제 또한 남녀간의 성애를 통해 그 간극을 메꾸어나갈 수 있는 것이다. 그러므로 성애의 자유와 성의 평등 없이는 진정한 민주화 또는 지속 가능한 삶의 문화는 불가능하다고 해도 좋겠다.

성차별과 죽음의 모순은 넓은 의미에서 생명모순이라 할 수 있다. 왜냐하면 삶을 영위하고 생명을 낳기 위해서는 반드시 서로 다른 양성이 존재해야 하며, 생명 있는 것은 반드시 죽음에 이를 수밖에 없다는 점에서 성차별과 죽음은 생명모순을[66] 구조적으로 내포하고 있기 때문이다. 생명모순은 지배층에 한정되는 것이 아니므로 영감과 미얄 또는 신할애비와 도끼 등 가난하고 미천한 신분의 민중적 인물들이 등장하여 이 모순들을 자기들의 문제로 껴안고 뒹군다. 그래서 생명모순과 연관되어 형상화된 성은 가부장사회의 남성적 횡포에 수난을 겪고 있는 여성들을

---

66) 연구자는 자연과 인간 사이에 조성된 모순도 환경모순이 아니라 생명모순이라 규정하였다. 자세한 것은 임재해, 〈농민문화의 전통과 생명운동〉,《녹색평론》12(녹색평론사, 1993), 26~29쪽을 참조하기 바란다.

죽음으로써 저항하게 하고, 죽음이 빚어내는 슬픔과 의례의 엄숙주의에서 삶의 신명을 건져올리는 등, 현대지향적인 여성주의 또는 생명사상 차원의 변혁성까지 겨냥하고 있다고 말해도 좋을 것이다.

지금 우리 시대는 사회의 진보적 발전과 함께 페미니즘이 널리 확산되고 녹색운동 또는 환경운동이라고 하는 생명운동이 세차게 전개되는 상황이다. 이러한 현실에 입각해보면, 탈춤이 민중문화의 전통이라고 하여 민중과 대척적인 관계에 있는 지배세력의 문제만 비판적으로 다루는 민중주의에 빠지지 않고, 민중 자신들의 문제인 성차별을 비롯하여 모든 생명 있는 존재들의 숙명인 죽음의 문제까지 극복하기 위해 성을 적절히 형상화하고 있다는 사실을 실감하며, 그 문제인식의 치열성에 충격을 받지 않을 수 없다. 그리고 성의 자유야말로 역사를 민주적으로 진전시키는 변혁의 도구가 될 수 있으며, 성이야말로 산 사람들을 더욱 활기차게 살아가게 하는 삶의 지속적 생명장치라는 인식 또한 탈춤에서 새삼스레 터득하게 된 우리 성문화의 생산성이다.

그러므로 탈춤의 전승주체인 민중들은 성의학자나 성사회학자 이상으로 성의 생리적 현상과 변혁적 기능을 잘 포착하고 있는 동시에, 성의 다양한 속성들을 절묘하게 극적으로 형상화하여 탈춤의 예술적 수준을 한층 높게 확보했던 것이다. 민중에 의한 이러한 성의 형상화 역량은 유교적 도덕률을 표방하며 성을 금기시해온 지배층과 달리, 삶의 일상 속에 터득한 성의 이치를 숨김없이 드러내고 자유롭게 즐기는 가운데 지배층의 성적 억압에 대해 비판적 인식을 확보하고 있었던 데서 비롯된다. 성을 은폐할 때 성의 무지와 탐닉이 함께 판을 치면서 성은 더욱 그늘진 곳으로 숨어들거나 아니면 쾌락에 매몰된 퇴폐스런 행위로 우리를 당혹스럽게 하기 십상이다. 성이 인간의 왕성한 생명 활동을 부추기고 생존을 자연스레 지속시켜주는 삶의 가장 역동적 행위라는 사실을 염두에 둔다면, 성을 무턱대고 숨기거나 가볍게 드러낼 것이 아니라, 건강한 삶의 문화로 주목할 필요가 있다.

그럼에도 불구하고 마치 성은 아무도 즐기지 않는 것처럼 우리 모두 입을 굳게 다문 채 시치미를 떼고 살아간다. 더러 성을 말하는 경우가 있다 하더라도 가벼운 농짓거리에 머물기 예사이다. 우리 모두가 성적 산물이자 성행위의 주체로 살아간다는 점을 고려한다면, 이는 엄청난 모순이 아닐 수 없다. 누구도 드러내놓고 말하지 않는 까닭에 성은 무지와 탐닉의 양 극단에서만 존재하기 일쑤이다. 성적 무지는 성 혐오와 성 폭력을 빚어낼 수 있으며 성적 탐닉은 충족되지 않는 성적 호기심을 자극하는 상업적 퇴폐행위를 조장하게 한다.

우리 시대 일부 문인들이 상업주의의 미망에 휩쓸려 성의 노골적 표현과 대중적 형상화가 문학의 통속성 획득을 위한 필수 요소처럼 받아들이고 있는 것도 같은 맥락에서 이해할 수 있다. 작가 자신은 비록 숨김없는 성의 묘사를 통해서 인간해방을 꿈꾼다고 하더라도, 그것이 한갓 자극적 성애 묘사를 통한 상품성과 대중성을 획득하기 위한 수단에 머물러 있는 한, 성을 사고 파는 매매춘 행위나 그리 다를 바 없다. 동시대 문학과 영화, 연극 등에서 형상화된 거침없는 성의 일방적 노출과 견주어보면, 탈춤에서 형상화된 성의 건강성들이 눈부실 만큼 돋보이는 것은 연구자만의 편견일까.

민간신앙으로 본 성

·

장 장 식

1. 머 리 말

성은 문화사적으로 매우 복합적인 양상을 띠는 사상(事象)이며, 일상적 삶을 구속하는 데에도 본질적인 의미를 갖는다. 그런데도 성에 대한 인식의 표리가 일치하지 않는다. 이것은 성에 접근하는 데 중요한 의미를 갖는다. 성에 대한 사상은 때로는 금기의 대상으로 격하되거나, 숭배의 대상으로 격상되기도 한다. 일종의 이율배반적인 사고와 성관(性觀)인 셈인데, 이는 성이 갖는 복합적인 의미에서 비롯된다.

성에 대한 신앙은 여러 의례를 통하여 사실적으로 또는 상징적으로 나타난다. 세시풍속·민간신앙·민속놀이에서 보이는 대표적인 사례들은 성적 요소나 성적 추상성을 지배적인 관념으로 표현한다. 이를테면 성적 표현을 직접적으로 드러내기도 하고, 간접적으로 감추기도 하며, 더러는 상징화하여 추상성을 띠기도 한다. 이러한 관념과 표현을 포괄하는 성에 관한 신앙행위를 '성

114

신앙'이라 부를 수 있는데, 그 범주와 의미 영역은 매우 광범위하다.

성기신앙은 '성기'라는 구상적인 신앙대상체를 기본으로 전개되므로, 그것이 추상적 상징으로 나타난 의례, 곧 '줄다리기·나무시집보내기'와 같은 넓은 의미의 성신앙행위는 이 글에서 제외하고자 한다. 따라서 생식기 자체를 성적 주체의 대상신으로 간주하는 성신체(性神體)와 특정한 신에게 봉안하는 봉헌체(奉獻體) 및 몸에 지니고 다니는 패용체(佩用體)와 같이 신앙의 직접적 모티브로 삼거나, 성행위를 직접적인 신앙 관념으로 수용하는 성기신앙을 직접적 대상으로 삼는다. 그러므로 성기신앙은 성신앙보다 협의의 개념에 속한다고 볼 수 있다. 잠정적 정의를 내린다면, 성기신앙은 남성 성기나 여성 성기를 매체로 일련의 목적을 달성하고자 하는 형태의 신앙이라고 할 수 있다. 그러므로 성신앙의 범주처럼 포괄적이지 않다.

그러나 여타의 민간신앙이 그러하듯이 성기신앙 자체도 체계적이고 규범적이지 않다. 그 신앙의 유형적 대상체가 다양하고 의례 형태도 다양하다. 그렇기 때문에 성기신앙을 단정적으로 범주화하고 정의하는 것은 다소 무리가 있다. 아울러 성기신앙을 협의의 '성신앙'으로 보고자 한다.

이 글은 성에 관한 민속 사상(事象)을 중심으로 먼저 성기신앙이 어떤 형태로 전승되고 있는가를 살펴보고, 역사적으로 어떤 경로를 거쳐 오늘에 이르렀는가 하는 발생과 사적 전개과정을 규명하고자 한다. 아울러 성기신앙이 지닌 포용적 성격을 살펴봄으로써, 성기신앙을 총체적으로 연구하는 데 한 계기를 마련하고자 한다. 끝으로 성기신앙의 기능적 측면을 중심으로 성기신앙의 본질적 의미를 살펴보고자 한다. 따라서 이 글은 성기신앙 연구를 위한 시론적 성격을 띤다고 해도 무방하다.

2. 성기신앙의 신앙 형태

여기에서 이야기할 성기신앙은 생식기 자체를 성신체나 봉헌체로 신앙하는 직접적 계기로 삼거나, 성행위를 신앙 관념으로 수용한 사례를 주대상으로 삼는다. 이러한 성기신앙은 유형적 신체와 의례 형태로 나누거나, 대상물의 소재적 성격 또는 표현 기법이나 의례 방법으로도 나눌 수 있다.

1) 신체(神體) 유형에 따라

이는 신앙 대상인 생식기의 성격에 초점을 두는 것으로, 성기를 어떤 관점에서 신앙하는가 하는 데 그 기준이 있다. 생식기는 성적 주체의 대상신[1]으로 간주하는 성신체와 특정한 신(특히 여성신이 다수임)에게 봉안하는 봉헌체 및 몸에 지니고 다니는 패용체로 나누어진다. 이때 봉헌체는 성신을 위한 제물로 헌납되는 경우를 뜻한다. 대개 봉헌체는 목근을 쓰는데, 강원도 고성군 죽왕면 송암리의 목근은 남성신의 상징인 성신체로 쓰인 점이 다르다.

2) 의례 형태에 따라

성기신앙은 의례 형태에 따라서 나눌 수 있다. 개인 단위로

---

1) 김태곤, 〈성기신앙 연구〉, 《한국종교》 창간호(원광대학교 종교문제연구소, 1971), 24쪽에서 이를 '성신(性神)'이라 하였다.

	성 신 체	봉 헌 체	패 용 체
1	전북 순창군 팔덕면 태천마을 미륵집	삼국시대 고분 부장품(토우)	쇠 도 끼
2	강원도 원주시 소촌동 홍양 여근석	강원도 삼척시 원덕읍 갈남 목근	조선시대 별전(別錢)
3	경남 울산시 울주구 언양읍 대곡 반구대 암각화	조선시대 부근당의 목근	
4	강원도 고성군 죽왕면 송암 목근		
5	강원도 산간의 외양간에 거는 목근		

이루어지는 개별신앙 형태와 마을 단위로 이루어지는 동신신앙(洞神信仰)[2] 및 기존 종교나 신흥종교의 체계와 어우러진 형태로 나뉜다. 개별신앙은 주로 기자(祈子) 목적이 가장 많고, 가정과 개인의 대소사와 관련된 제액초복(除厄招福)을 목적으로 신앙된다.

다음의 전북 고창군 흥덕면 석교리의 사례는 개별신앙의 대표적인 예인데, 개별신앙인 만큼 그 사연도 남다르다.

이 바위는 속칭 ㅈ바위라 하나 선바위 또는 하씨 일가가 위한다 해서 하바위 또는 하씨바위라 부른다. 전북 고창군 흥덕면 소재지에서 선운사로 가는 길목 오른쪽 들판에 서 있는데, 높이 1.6 미터, 둘레 1.2 미터 크기로 약간 굽은 듯하게 다듬은 포경형의 화강석이다.

석교리에 사는 하정길의 증조모가 자손이 없어 백방으로 노력했으나 허사였는데, 이 바위에 치성을 드린 보람으로 대를 있게 되었다. 그 뒤부터 하씨 후손들은 이 바위를 위하고 있다고 하며, 지금도 정월 열나흗날과 칠월 칠석날 밤에 금줄을 치고 황토를 뿌린 뒤

---

2) 김태곤, 《한국민간신앙연구》(서울 : 집문당, 1983), 78쪽.

백설기·삼색실과 등을 차려놓고 제사를 지낸다. 또 하씨 집안에 궂은 일이 생길 적마다 이 바위에 가서 빌기도 한다. 그래서인지 하정길 씨는 이 바위를 '영감님'이라고 높여 불렀다.

석교리 남근은 여근석과 짝을 이루고 있다. 석교리에서 서쪽으로 3킬로미터쯤 떨어진 부안면 상등리의 여근석이 마주보고 있는데, 이런 까닭으로 상등리 사람들과 시비도 잦았다. 상등리 여근석이 남근석을 마주보고 있어 상등리 처녀들이 바람이 난다고 해서 석교리의 남근석을 자주 넘어뜨렸다는 것이다. 그때마다 다시 세우기를 되풀이했는데, 상등리 사람들이 하씨 일가의 정성에 어쩌지 못하고 여근석을 쪼아 버려, 이러한 시비가 끝났다고 한다.

이후 이 바위 때문에 당산신의 심기가 불편해서 사고가 잦다는 석교리 주민들의 성화와 보기에 좋지 않다는 비난에 못 이겨 하정길 씨의 밭으로 옮겼으나, 자리가 적당치 않아 지금은 마을 서북쪽 논 옆에 모셔놓았다. 그러면서 누군가(아마 정원석을 수집하는 이나 골동품 상인일 것이라고 했다)가 이 바위를 팔라고 했으나 거절했다는데, '영감님'을 팔 수는 없는 노릇이라 앞일이 태산 같다는 것이었다. 그래서 생각 같아서는 박물관과 같은 모실 장소에 넘겨주고 싶다고 하였다.[3]

마을 단위의 동신신앙은, 농경과 어업이라는 생산활동의 풍요를 주된 목적으로 한다. 그러나 개별신앙과 동신신앙은 그 대상이 같을 수도 있다. 이는 다만 의례 주체나 참여자에 따라 살펴본 것이다. 기존 종교와 결합된 경우, 불교의 미륵신앙, 삼신신앙의 복합적인 양상을 보인다. 서울 서대문구 홍은동 법성사의 남근 미륵불(1993. 5. 20 조사)이나 경기도 안양시 석수동 삼막사 칠보전(칠성각) 앞에 소재한 남·여근석(1993. 4. 18 조사), 경북 형산

---

3) 필자 조사. 제보자 : 하정길(53세, 남, 농업), 제보자 주소 : 전북 고창군 홍덕면 석교리, 조사일자 : 1991. 4. 24.

옥련사 삼신당의 여근목(女根木) 따위가 대표적인 사례다. 신흥종교의 경우, 불교의 한 종파처럼 명명한 '용화미륵전(龍化彌勒殿)'이 그 예인데, 경기도 가평군 가평읍 승안리의 '미륵님'이 남근석이다(1993. 5. 1 조사). 특히 용화미륵전은 일명 용화교라고도 하는데, '미륵님'이라는 남근석이 용녀·웅녀·단군의 삼위일체를 뜻하는 것으로 믿고 있어, 그 양상은 더욱 복잡하다. 대개의 남근석은 자연석 형태이거나 여러 가지 필연적인 이유에 따라 인위적으로 만든 것이다. 이와는 달리 승안리 미륵불은 자연석도 아니고 인조물도 아니라는 데 일차적인 특징이 있다. 이는 곧 미륵불을 섬기고 있는 박옥자 무녀의 신병과 신비 체험의 과정에서 얻어진 것이기 때문이다. 일반적으로 강신무의 경우, 특정한 신병을 통해 시련을 겪고 그 결과 신비 체험을 한다. 이 과정에서 무구와 같은 신성물을 획득한다. 그런데 흥미로운 것은 박옥자의 경우가 바로 신비 체험의 과정을 겪는 강신무의 경우와 유사하다는 점이다. 이것이 곧 승안리 남근석이 여타의 남근신앙과 다른 점이다.

다음은 박옥자 본인의 진술에 따라 그의 삶과 신비 체험을 정리한 것이다.[4]

> ▶ 6·25전쟁 참전, 김일성고지에서 중상을 입고 제대함.
> ▶ 전신마비 증세로 고생하다 퇴원하여 강원도 약수암에서 수도.
> ▶ 군인과 결혼했으나, 후유증으로 고생함.
> ▶ 24세 때 현몽, 계시에 따라 병을 고침.

옥황상제와 단군국조가 "해 구경, 달 구경 시켜달라"고 함. 또 백

---

4) 필자 조사. 제보자 : 박옥자(65세, 여, 무업), 제보자 주소 : 경기도 가평군 가평읍 승안리, 조사일자 : 1993. 5. 1.

수노인이 나타나 "미륵소를 다섯 길 반낭을 파라. 자축인묘, 12띠가 천지대운을 주겠노라"는 계시에 따라 미륵소를 찾던 중 현 위치까지 오게 됨. 미륵소의 위치를 확인하고 면장·군수·경찰서장을 만나 발굴을 청원함(미륵소 밑바닥 아래에 미륵님과 12지신상이 묻혀 있음). 발굴할 때에 열두 띠돌들이 가운데의 미륵을 중심으로 둘러싸여 붙어 있었음. 미륵불을 꺼낼 때 해가 두 개가 뜨고 하늘로 불덩이가 올라감(이는 태을상제님의 서광이라고 함). 12지신상을 올릴 때 너무 무거워서 남포를 놓고 떼려다가 쥐돌·소돌만 남고 다른 띠석은 깨짐. 현재 남근 미륵님을 시냇가에 세워놓고 수시로 모심. 그런데 이 미륵님은 용녀·단군·웅녀의 삼위가 합쳐진 형태라 함.[5]

  이렇게 본다면 신앙자의 수나 범위에 따라 '개별신앙>동신신앙>여타 종교와 결합된 신앙'으로 확장된 셈이다. 아울러 그 성신체나 봉헌체 및 패용체는 경우에 따라 동일할 수도 있고 다를 수도 있다. 이를테면 강원도 삼척군 원덕읍 갈남리 신남마을의 해신당(海神堂)에서 봉헌하는 의례는 동신신앙에 해당한다.[6] 그러나 필자의 조사에 의하면 인근 마을의 개별신앙자가 남근을 깎아 봉헌한 경우[7]도 있어, 개별신앙과 동신신앙이 서로 넘나든다

---

5) 이러한 양상은 경상남도 남해군 남면 홍현리 가천 마을의 암수바위 유래와 동일하다. 전설에 따르면 1751년(영조 27) 당시 현령의 꿈에 어떤 노인이 나타나 "내가 가천에 묻혔는데, 우마의 통행이 잦아 일신이 불편하여 견디기 어려우니, 나를 일으켜주면 필시 좋은 일이 있을 것이다"고 하였다. 이에 관원을 모아 가천에 가보니, 꿈에 보던 지형과 같은지라 그곳을 파헤치자 지금의 암수바위가 나왔다는 것이다[강용권, 〈동제〉, 《향토문화지》(경상남도), 1989, 375~379쪽]. 이때 ① 물과 관련된 곳에 묻혀 있었다는 점, ② 계시에 따라 출토, 봉안했다는 점, ③ 명칭이 미륵이라는 점 등으로 미루어, '성기신앙+미륵신앙+무속신앙'이 결합된 보편적인 예가 아닌가 한다.
6) 김태곤, 앞의 글(1971), 24~25쪽.
7) 1992년 11월 21일에 필자가 현지를 답사하던 중 해신당 주위의 나뭇가지에 걸린 남근이 해신당에 봉헌되는 남근과는 다른 것을 발견하고 어촌계장

120

는 것을 확인할 수 있다.

  * 개별신앙 : 기자, 개인의 대소사 제액초복
  (1) 서울 서대문구 안산정 남근석(1993. 4. 28 조사)
  (2) 강원도 원주군 소촌면 홍양리 살여울의 여근석(1992. 5. 10 조사)
  (3) 전북 고창군 홍덕면 석교리의 남근석(1991. 4. 24 조사)

  * 동신신앙 : 마을과 주민의 안녕(제액초복), 농업·어업의 풍요
  (1) 강원도 고성군 죽왕면 송암리 서낭제(1993. 8. 17 조사)
  (2) 충북 제천군 송학면 무도리 공알바위(1993. 6. 15 조사)
  (3) 경남 남해군 남면 홍현리 가천마을 암수 미륵
    (1995. 4. 26, 4. 28 정인진 조사)[8]

  * 여타 종교와 결합된 신앙 : 기자, 개인의 대소사 제액초복
  (1) 서울 서대문구 홍은동 법성사의 남근 미륵불
    (1993. 5. 20 조사)
  (2) 경북 형산 옥련사 삼신당 내의 여근목
  (3) 경기도 안양시 석수동 삼막사 칠보전 앞의 남·여근석
    (1993. 4. 18 조사)

3) 대상물의 소재적 성격 또는 표현기법에 따라

성신체·봉헌체·패용체와 같은 성기신앙의 대상체는 무엇으로
되어 있고, 어떻게 만들어졌으며, 아울러 어떻게 표현되어 있는
가 하는 점을 중심으로 나누어진다. 대상체의 시발 측면에서 자
연물과 인공물로, 소재적 측면에서 짚·흙·나무·돌·쇠 등으로 나

  에게 물었더니, 인근에 사는 이들이 해신의 영험함을 믿고 개인적으로 남
  근을 깎아 바치면서 몰래 비는 일이 자주 있다고 하였다.
8) 가천마을의 남근석에 대해 몇 가지 실제 사항의 확인이 필요하여 삼천포
  지방의 민속 연구에 힘쓰고 있는 정인진 선생에게 조사를 의뢰하였다. 이
  자리를 빌려 감사의 뜻을 표한다.

눌 수 있다. 표현기법상으로는 생식기의 사실적 표현과 상징적 표현 및 성행위의 사실적 표현으로 나눌 수 있다.

먼저 성기신앙의 대상체는 자연물일 경우, 주로 암석으로 나타나며, 인공물의 경우 돌·나무·흙·쇠로 구별된다. 이 가운데 봉헌체는 주로 나무로 깎거나 흙으로 빚어 구운 것이 대부분이며, 성신체는 몇몇의 예를 제외하고 주로 돌을 깎거나 조각한 것이다. 패용체는 주로 쇠로 만든다.

　＊ 대상체의 유래
　⑴ 자연물
　⑵ 인공물

　＊ 소재 측면
　⑴ 짚 : 위도 띠뱃놀이의 허수아비
　⑵ 흙 : 삼국시대의 고분 껴묻거리 토우
　⑶ 나무 : 안압지 출토 목근, 신남리의 해당 목근
　⑷ 돌 : 충북 연기군 동면의 남근석
　⑸ 쇠 : 고려시대의 청동거울 무늬

　＊ 표현기법
　⑴ 생식기의 사실적 표현 : 대부분의 남근석
　⑵ 생식기의 상징적 표현 : 조선시대 여성의 패용체(도끼), 경주
　　　금장대, 영일 칠포리, 울산 천전리 암각화 등
　⑶ 성행위의 사실적 표현 : 조선시대 별전의 일부 문양

4) 의례 방법에 따라

이는 일정한 목표를 달성하기 위해 성기 대상체에 대해 어떠한 행위를 수행하는가 하는 것을 중심으로 나눈다. 동신신앙과 같은 의례의 대부분이 유교적 제차에 의해 수행되며, 개인적 의

례는 무속 제의의 비손처럼 간단하게 제물을 진설하여 빌고 절하는 경우와 성행위 모방적 행위를 하는 경우가 있다. '껴안기, 돌을 던져 넣기, 타고 돌기, 동전 붙이기, 주먹돌로 갈기' 등 그 행위는 다양하다.

(1) 껴안기 : 전북 순창군 팔덕면 산동리 팔왕마을의 남근석
(2) 돌을 던져 넣기 : 충북 제천군 송학면 무도리의 공알바위
(3) 타고 돌기 : 서울 서대문구 안산정 말목바위
(4) 동전 붙이기 : 경기도 안양시 석수동 삼막사의 남근석
(5) 주먹돌로 갈기 : 서울 서대문구 봉원사 어구의 붙임바위, 경남 의령군 칠곡면 신포리의 선돌1호

이와 같이 성기신앙의 형태는 그 양상이 매우 다양하다. 그러나 무엇으로 만들었건, 어떻게 표현했건간에 신앙의 지향점이나 추구점이 유사하기 때문에, 개별양상으로 살피는 것보다 상호 결합 양상을 중심으로 살피는 것이 더욱 중요하다고 하겠다. 이를 몇 개의 복합양상으로 정리하면 다음과 같다.

(1) 남녀 성기처럼 생긴 자연암석과 자연지형을 기자, 마을 수호, 비보풍수(裨補風水)의 대상으로 신앙하는 형태(자연물, 성신체)
(2) 암벽이나 바위에 멧돼지의 성교 장면이나 남녀 성기를 조각하여 사냥과 어로의 풍요를 신앙의 대상으로 삼는 형태(인조물, 성신체)
(3) 남녀 성기의 모형을 나무·돌·토기 등으로 만들어 신체로 모시는 신앙형태(인조물, 성신체)
(4) 남녀 성기의 모형을 나무·돌·짚·토기 등으로 만들어 성신(性神)에게 봉납하는 형태(인조물, 봉헌체)
(5) 성기의 상징 모형을 만들거나 성행위 장면을 조각하여 패용하

는 형태(인조물, 패용체) : 이때 후자는 ⑵, ⑸의 결합 형태임
　⑹ 성 상징체를 매개로 한 모방성 성행위의 신앙 형태(자연물, 성
　　신체 — 성행위 상징)

3. 성기신앙의 사적 전개

　성기신앙에 대한 문헌기록이 적기 때문에 성기신앙의 역사적 전개는 결국 현존하는 역사적 유물이나 민속재를 통해서 통시적으로 재구할 수밖에 없다. 역사적 유물의 경우, 나름대로의 편년을 밝힐 수 있어 매우 귀중한 자료가 되며, 민속재의 경우 그 정확한 편년을 밝힐 수가 없다. 아울러 성기신앙이 발생했다고 추정할 수 있는 상고대의 자료 역시 빈한하여 추정으로 그칠 수밖에 없는 한계도 있다.

　성기신앙의 발생에 대한 실마리를 줄 수 있는 자료로, 외국의 경우 1908년 다뉴브강 연안에서 출토된 나체 여인 조각과 매몰된 봄베이에서 출토된 남근 조각품을 들 수 있다. 나체 여인상은 여성기나 유방, 엉덩이를 과장한 것이며, 봄베이 유물은 발기된 남근을 조각한 것 또는 발기된 남근을 타고 앉은 인체 조각이다.[9] 이들은 구석기시대와 1세기경이라는 구체적 편년을 밝힐 수 있어서 귀중한 사료가 된다.

　우리나라의 경우 구체적인 자료는 울주 반구대 암각화를 들 수 있다. 이 암각화에는 수많은 동물상과 몇몇의 인물이 각화(刻畵)되어 있는데, 그 가운데 1.5센티미터 길이의 남근이 강조된 인

---

9)　西岡秀雄,《圖說　性の神神》(東京 : 實業之日本社,　1961),　9~23쪽 ; 김태곤, 앞의 글(1971), 39쪽에서 재인용.

물이 팔을 올리고 예배하는 듯한 모습이 있다. 현재 일본의 내륙 지방에서 산에 들어갈 때, 산을 향해 성기를 꺼내놓고 기원하는 것과 대비되는 암각화다. 이는 수렵의 성공과 신체 안전을 비는 수렵의례의 표현[10]으로 볼 수 있다. 또 교미 자세를 취한 동물도 각화되어 있어 성기신앙의 발생을 구체적으로 짐작할 수 있다. 이 자료는 '윤곽선 파기' 형식으로 각화된 것으로 보아, 그 편년을 신석기시대에서 초기 철기시대에 걸친 청동기시대로 잡을 수 있다.[11] 아울러 영주 가흥동, 안동 한들마을, 경주 금장대, 기계 인비리 등지에서 발견한 바위그림들 가운데 석검과 석촉 및 성혈문양이 비록 상징적인 기법이어서 그 해석이 구구하기는 하나 성신앙을 연구하는 데 참으로 귀중한 자료가 된다. 석검과 석촉은 농경의 풍요와 생산을 기원하는 농경의례의 수단에서 조각한 것[12]이고, 남성이 지닌 내재적인 힘을 표현한 것으로 볼 수 있다.

여성기신앙은 영일 칠포리의 여성기 문양이나 울주 천전리의 보리알곡 형태의 여성 성기 문양, 함안 도항리의 성혈군, 영주 가흥동의 검파형의 여성신상[13] 등을 통해 분명히 확인할 수 있다. 이들은 여근 문양이나 여성신상을 생식력과 번식력을 가진 신적 존재로 인식하여 농경의 풍요와 생산을 기원하는 주술적 의례의 대상[14]이라 하겠다. 이들의 제작 편년 역시 울주 반구대처럼 엇비슷한 시기거나 그 후대로 내려잡을 수 있다.

---

10) 김원룡, 《한국고고학연구》(서울 : 일지사, 1987), 169쪽.
11) 황용훈, 《동북아시아의 암각화》(서울 : 민음사, 1987), 54~56쪽.
12) 송화섭, 〈선사시대 암각화에 나타난 석검·석촉의 양식과 상징〉, 《한국고고학보》 31(한국고고학회, 1994), 64쪽.
13) 송화섭, 〈한반도 선사시대 기하문 암각화의 유형과 성격〉, 《선사와 고대》 5(한국고고학회, 1993), 118~126쪽.
14) 위의 글, 131쪽.

시대적으로 이보다 늦지만 귀중한 사료로 문헌기록을 들 수 있다. 《삼국지》 위지에 기술된 "그 나라 동쪽에 큰 굴이 있는데, 이름을 수혈이라 한다. 시월에 나라에서 큰 모임을 열어 수신을 맞이하였고, 나라의 동쪽에 돌아와 제사를 지냈다. 신좌 위에는 나무로 만든 수신을 모셨다"라는 대목[15]은, 성기신앙의 모습을 추정하는 데 유용한 자료가 된다. 여기서 수신(隧神)의 '수'가 목제 남근으로 해석되는바,[16] 성신체를 중심으로 한 성기신앙을 직접적으로 확인할 수 있다. 특히 《신당서》에 수록된 다음과 같은 기사는 신물의 외형적 상징성이나 의례 행위로 보아 성기신앙의 측면을 더욱 강하게 드러낸다.

성에 주몽의 사당이 있다. 그곳에 쇄갑섬모(鎖甲銛矛 : 쇠사슬로 만든 갑옷과 예리한 창)가 있었는데, 요망되게 말하기를 전연(前燕) 때에 하늘로부터 내려왔다고 한다. 당나라의 포위가 급해지자, 미녀를 치장하여 부신(婦神)으로 삼았다. 무당의 말에 빠진 주몽이 기뻐하여 성이 완전할 것이라고 하였다.[17]

서술자가 중국측이어서인지 서술 내용과 그 시점이 다소 비하적이다. 그러나 문맥만을 취하여 살피건대, 여기서 '쇄갑섬모'란

---

15) 《삼국지》 위지 동이전 고구려조, "其國東有大穴 名隧穴 十月國中大會迎隧神 還於國東上祭之 置木隧於神坐." ; 《후한서》 동이전 고구려조, "其國東有大穴 號襚神 亦以十月迎而祭之."(그 나라 동쪽에 큰 굴이 있어 수신이라 일컫고 시월을 맞아 제사를 지냈다) ; 《신당서》 열전 동이 고구려조, "國左有大穴 曰神隧 每十月 王皆自祭"(나라 왼쪽에 큰 굴이 있으니, 신수라 일컫고 매 시월이면 임금이 친히 제사지냈다).

16) 양주동, 《국문학논고》(서울 : 을유문화사, 1952), 182쪽 ; 김태곤, 앞의 글 (1971), 41쪽.

17) 《신당서》 열전 동이 고구려조, "城有朱蒙祠 祠有鎖甲銛矛 妄言前燕世天所降 方圍急飾美女以婦神 誣言 朱蒙悅城必完."

주몽사당의 성신체를 말한다. 갑옷과 예리한 창이 성신체라는 점이 특이하다. 주몽사당에 바쳐진 치장한 미녀 곧 부신이라는 용어도 성기신앙과 관련이 깊다.

또 《삼국지》 위지 한전에 있는 다음과 같은 기록도 성신앙과 무관하지 않다.

　　또 여러 나라에는 각각 따로 읍을 두었는데, 이를 소도라 한다. 큰 나무를 세우고 거기에 방울과 북을 매달아놓고 귀신을 섬긴다.[18]

그러나 좀더 구체적인 문헌 기술이 이어지지 못한 것은 아쉬운 점이 아닐 수 없다. 이와는 달리 선덕여왕이 옥문지의 개구리 울음을 듣고 적병임을 알아 물리치게 한 사건은 성기신앙과 직접적으로 관련된 것은 아니나, 성기신앙의 신앙성과 그 의식을 살피는 데 매우 유용한 자료다.

　　영묘사 북쪽에서 겨울인데도 개구리가 많이 모여 삼사 일 동안이나 울어댄 일이 있었다. 나라 사람들이 괴상히 여겨 왕에게 물었다. 그러자 왕은 급히 각간 알천과 필탄 등에게 명하여 정병 2천 명을 뽑아 가지고 속히 서쪽의 변두리로 가서 여근곡이 어딘지 찾아가면 적병이 있을 것이니, 엄습해서 죽이라고 하였다. 두 각간이 명령을 받고 각각 군사 1천 명을 거느리고 서쪽 변두리로 가서 물었다. 부산(富山) 아래에 과연 여근곡이 있고 백제 병사 5백 명이 와서 거기에 숨어 있으므로 이들을 모두 죽여버렸다.……개구리가 우는 것으로 병란이 있을 것을 어떻게 알았느냐는 신하의 물음에 개구리가 성난 모양을 하는 것은 병사의 모습이다. 옥문이란 곧 여자의 성기를 뜻하는 것이요, 여자는 음이고 그 빛은 흰데, 흰빛은 서쪽을 뜻한다. 그

---

18) 《삼국지》 위지 한전, "又諸國各有別邑 名之爲蘇塗 立大木 懸鈴鼓 事鬼神."

러므로 군사가 서쪽에 있다는 것을 알았던 것이다. 또 남근이 여근에 들어가면 죽는 법이다. 그래서 잡기가 쉽다는 것을 알 수 있었다.[19]

연못 이름인 옥문지와 지명인 여근곡을 여자의 성기로 보고, 성난 개구리를 병사 곧 남근으로 푼 것은 성 상징을 바탕으로 한 것이다. 여근에 들어간 남근이 종내에 죽듯이, 여근곡에 매복한 백제 병사도 죽을 것이라는 해석은 논리적인 측면에서도 참으로 탁견이다. 이는 물론 기존의 성신앙 내지 성기신앙을 바탕으로 한 것이라 할 수 있다.

이와는 달리 직접적으로 성기신앙을 증명해주고 있는 것으로 삼국시대(6세기경)의 유물인 토우를 들 수 있다. 토우는 고분에서 출토된 껴묻거리(副葬品)로, 이 토우의 일부가 신체의 특정 부위를 과장해서 표현하거나 성행위를 사실적으로 표현하고 있다. 이는 신에 대한 주술적인 희생용이거나 기원·숭배의 대상으로,[20] 또는 성력(性力)에 의한 사자의 재생적 수단[21]으로 쓰였다고 해석된다. 그러나 어느 의미이건간에, 이때 죽음의 세계를 무서운 것으로 인식하고 시신 역시 무서운 존재로 다루어 처리하는 방법이 강구되는 사자의례(死者儀禮, cult of dead)[22]와 관련이 있다. 이

---

19) 《삼국유사》 권 제2, 기이 제2 善德女王知機三事條. “於靈廟寺玉門池 冬月中蛙集鳴三四日 國人怪之 問於王 聞急命各干閼川 弼呑等 鍊精兵二千人 速去西郊問女根谷必有敵兵 掩取殺之 二角干旣受命 各率千人問西郊 富山下 果有女根谷 百濟兵五百名人 來藏於彼 竝取殺之……蛙有怒形 兵士之像玉門者女根也 女爲陰也 各色白 白西方也 故知兵在西方 男根入於女根則必死矣 以是知其易捉.”

20) 이난영, 《신라의 토우》(서울 : 세종대왕기념사업회, 1976), 50쪽.

21) 김태곤, 앞의 글(1971), 45쪽.

22) A.W. Malefijit, *Religion and Culture* (New York : The Macmillan Company, 1968) ; 장철수, 〈한국 상장례의 변천〉, 《민족혼》 5(서울 : 바람과

는 죽은 이와 친밀성을 유지하려는 조상숭배(ancester worship)와
는 달리, 사자를 될 수 있는 대로 이승과 저승을 분리시키려고
한다.[23] 토우들은 바로 이러한 사자의례(死者儀禮)의 수단으로 쓰
였는데, 신라인의 성기신앙적 의식과 함께 성기신앙의 통시적 모
습을 확인할 수 있는 귀중한 사료 구실을 한다. 대표적인 예를
몇 가지 들어보자.

  (1) 벌거벗은 여인상 : 장식 없는 머리와 길게 찢어진 두 눈은 기
이한 모습인데, 덧붙인 유방은 풍만하다. 음부가 지나치게 과
장되어 있다.[24]

  (2) 화곡리 출토 남녀 인물상 : 18.5센티미터 높이의 남자 인물상
으로, 둥글게 상투를 틀고 눈·코·입이 뻥 뚫려 있으며 눈썹은
선으로 새겨 표현하였다. 하체에는 구멍이 뚫려 있고, 그 구멍
안에는 남성 생식기가 달려 있다. 17.8센티미터인 여자상은 맨
머리이며 눈썹은 남자와 마찬가지로 선으로 새겼다. 하체에 구
멍이 뚫려 있고 생식기가 표현되었다.[25]

  (3) 미추왕릉 토우장식 항아리의 배위 체위상 : 미추왕릉 지구에서
출토한 항아리의 장식 부분중 배위(背位) 체위를 한 여성상과
커다란 남근을 내놓은 남자 모습인데, 남자보다 여자 쪽이 훨
씬 크게 빚어져 있다.[26]

  (4) 금령총 출토 배모양 토기 배 젓는 남자상 : 금령총에서 출토한
인물주형 토기의 하나로, 남근을 강조한 벌거벗은 사람이 배를
젓고 있는 모습이다.[27]

물결, 1991), 26쪽에서 재인용.
23) 장철수, 〈의례생활〉, 《한국민속대관》 1 (서울 : 고려대학교 민족문화연구소,
1980), 686쪽.
24) 이난영, 《토우》(서울 : 대원사, 1991), 68쪽.
25) 위의 책, 56~57쪽.
26) 위의 책, 76~77쪽.

⑸ 노동동 고분군 출토 토우장식 항아리의 남근 강조 인물상 : 노
  동동 고분군 8호분에서 출토한 토우장식 항아리에는 한 손에
  막대기를 들고 다른 한 손으로는 커다란 남근을 쥐고 있는 모
  습을 정면으로 하여 목 긴 항아리의 목 부분에 붙여놓았다.[28]

이밖에도 성기만을 강조 과장한 남성이 서 있는 모습이라든가
성기가 다리보다 크게 표현된 남자가 앉아서 배를 젓는 모습, 토
기의 손잡이를 남근으로 표현한 점, 심지어는 남녀 두 인물이 상
대를 껴안고 마주보고 누워 있는 모습[29] 등은, 그에 대한 해석이
어떻든간에 성기신앙의 모습을 확연히 드러내주는 실증적 자료
라 하겠다. 특히 금령총의 배모양 토기에서 보이는 배 젓는 남자
상은, 오늘날의 흑산도 천촌리에서 행해지는 갯제의 허수아비 모
양과 매우 유사하다.[30] 갯제의 허수아비는 남근을 과장해서 만든
뱃사공인데, 형태적으로뿐만 아니라 의례적인 의미의 친연성도
엿보인다.

또 1976년 경주 안압지 발굴조사에서 수집한 2개의 송목제(松
木製) 남근도 당시의 성기신앙을 엿볼 수 있는 귀중한 자료가 된
다. 길이는 각각 13.5센티미터, 17.7센티미터이며, 지름은 4.3센티
미터, 3센티미터이다. 남근의 밑부분에서 위로 갈수록 굵어져 귀
두 부분은 4.5센티미터나 된다. 이러한 나무로 만든 남근의 용도
가 자위용[31]인지 의례용인지 확인할 길은 없지만, 일본 나라(奈

---

27) 이난영, 앞의 책(1976), 57쪽.
28) 이난영, 앞의 책(1991), 70쪽.
29) 위의 책, 77쪽.
30) 국립광주박물관, 《한국의 성신앙 현지 조사》, 1984, 76쪽.
31) 궁중의 나인들이 자위용으로 쓰던 각신(角身)과 유사하다. 각신은 나무를
    성기모양으로 깎아 가죽을 들씌운 것이다. 최래옥, 〈한국의 민속과 성〉,
    (1994년 동계 비교민속학 연구발표회 발표요지, 1994. 12. 26~12. 29). 그러

良)시대의 궁궐 우물에서 출토된 남근과 흡사하다[32]는 점에서 물과 관련된 의례용품으로 봄이 타당한 듯하다.

고려시대의 유물로는 개성 근교에서 출토된 청동거울(고려경)의 문양을 들 수 있다. 두께가 0.6센티미터이고, 지름이 9.1센티미터인 동경에는 남녀 성교 장면을 새겨놓았는데, 장식용인지 아니면 아들 낳기를 바라거나 부부화합을 비는 부적 같은 유물인지 또는 주술 종교적인 신앙 의기인지는 불불명하다.[33] 다만 이는 조선시대 별전에 양각된 성행위의 모습과 상통한다.

조선시대의 별전은 화폐로 유통되는 엽전과는 달리 엽전의 뒷면에 주조한 것이다.

조선시대에 발행되었던 약 4,500여 종의 본위화인 상평통보와는 달리 별전은 '별돈'으로 불려진 일종의 기념화였다. 약 450종 정도가 발행되었는데, 조선후기의 정교예악(政敎禮樂)과 생활풍습 등을 잘 나타내고 있다. 별전의 문양은 중국 별전의 영향을 받아 용을 주요 소재로 삼기도 하였으나, 당초·연화와 같은 식물형 무늬와 박쥐·나비·학·봉황 등 동물형 무늬 및 십장생도와 같은 고유의 전통무늬를 주 소재로 삼았다. 아울러 '임금의 장수를 빌고 비바람이 골고루 내리기를 비는(聖數萬年 雨順風調) 어구'나 자손 창성의 의지를 새겨놓았다.[34]

그러나 이러한 충효사상, 수복강녕부귀, 자손창성 및 태평성대

나 이는 형태상의 유사함일 뿐이므로, 각신과 남근의 용도에 대해 좀더 세밀한 연구를 필요로 한다.

32) 국립광주박물관, 앞의 책, 77쪽.

33) 위와 같음.

34) 원주호, 〈별전에 담긴 정취〉, 《민학회보》 16(서울 : 민학회, 1987. 9), 24~26쪽.

를 기원하는 별전과는 달리 성애의 모습을 양각한 별전이 있어 주목된다.

별전의 앞면은 여느 별전과 같은 문구들을 적은 반면 뒷면의 네 방향에 네 종류의 구체적인 성체위 모습을 새겨놓았다.[35] 상기한 별전들이 기념용이나 장식용이라 한다면, 이러한 성 별전은 주로 성유희의 수단이나 성교육의 도구로 쓰였다. 주로 친정어머니가 시집가는 딸에게 이 별전을 주거나 혼수품 가운데 '개짐'에 싸서 보내어 신방에서 오는 성적 충격에서 벗어나도록 배려하였다.

조선시대 여러 문헌에 나타나는 '부근당'에 목제 남근을 봉헌하는 기록은, 성기신앙이 얼마나 뿌리깊게 자리잡았는가를 실증적으로 제시해준다. 사직신을 위한 의례에서 목제 남근을 깎아 붉은 칠을 하고 푸른 글씨를 써서 봉납했다는 부근 풍습의 기록이나, 부군당에 관한 기록들이 그것이다.《조선왕조실록》중종 12년 8월조, 이수광《지봉유설》, 이규경의《오주연문장전산고》등의 다음과 같은 기사는, 부근신앙을 역사적으로 살필 수 있는 중요한 실증이 된다.

《중종실록》

나라 풍속에 각 관청 안에 모두 '부근'이란 귀신을 만들어놓고 오랫동안 제사를 지내왔지만, 누구도 없애는 사람이 없었다. 이때에 사헌부에서 선참으로 종이돈을 불태워 버리고, 각 관청에 공문을 띄워 모조리 불태우게 하는 동시에 제사 지내는 것을 금지시켰으므로 많은 사람들이 시원하게 여겼다.[36]

---

35) 박민일(강원대학교 국어국문학과 교수) 소장품.

36)《조선왕조실록》123,《중종실록》제29권, 중종 12년 8월 병진일조(서울 : 여강출판사, 1993).

《패관잡기》

나의 증조부 문효공(어효첨)은 요괴를 믿지 않았고, 무당을 금하였으므로 그 집에는 들어오지 못하였다. 경태(景泰) 경오년에 사헌부의 집의(執義)가 되었을 때, 부(府) 안에 조그만 집이 있어 지전을 총총 걸어두고 그것을 부군이라 부르며, 서로 모여 제사를 지내는데, 새로 임명된 관리는 반드시 제사 올리기를 더욱 정성들여 하였다. 공이 그 지전을 거두어 불살라 버리게 하고, 엄하게 그 제사를 금지시키고는 말하기를, "어찌 사헌부가 이름도 없는 귀신에게 제사를 지낼 수 있겠는가" 하였다. 그 뒤부터는 그가 역임하는 관청의 부군사당은 모두 불사르고 헐어버렸다.[37]

《지봉유설》

요즈음 아문에 의례히 기도하는 곳을 두었는데, 이를 부군이라 하였다. 새로 부임하는 관원이 치제(治祭)할 때 반드시 복을 빌었는데 이것은 대개 무격에서 나온 것이다. 옛날 이효첨이 부군의 사당을 모조리 불태워 버렸어도 벼슬이 일품 지위에 올랐으며, 그의 아들 어세겸이 또한 정승에 올랐으니, 어찌 기도의 효과가 있다고 하

---

37) 《국역 대동야승》 1, 《고전국역총서》 49, 《패관잡기》, 439쪽. 이는 어효첨에 관한 일화인데, 이와 유사한 내용이 《용재총화》, 《연려실기술》에 수록되어 전한다. 이로 보아 동일한 일화가 전해지면서 여러 문헌에 흩어져 수록된 듯하다.
《국역 대동야승》 1, 《고전국역총서》 49, 《용재총화》 9권, 232쪽. 공(어효첨)이 형조 참판이 되어 관아에 나간 날에, 어떤 아전이 부근(府根)의 제수(祭需)를 찾으니, 공이 말하기를, "부근은 무슨 물건이냐. 부근을 가져오너라" 하였다. 아전은 부득이 지전을 거두고 절하면서, "이것은 저의 과실이 아니라 어참판의 과실입니다" 하나, 공이 곧 이것을 태워버렸다.
《국역 연려실기술》 1, 《고전국역총서》 1, 문종조 《고사본말》 어효첨조, 서울 안에 있는 관청에는 의례히 작은 집 하나를 설치해두고 지전을 총총 걸어두어 그것을 부군이라 부르며 서로 모여서 제사를 지냈는데, 새로 임명된 관원은 반드시 제사 올리기를 더욱 정성들여 하였고, 비록 법사(法司)에서라도 그와 같이 하였다. 공이 집의(執義)가 되었을 때 아랫사람이 고사(故事)가 그렇다고 하니, 공은 "부군이란 어떻게 되어 먹은 물건이냐" 하면서, 지전을 거둬 불살랐다. 전후에 걸쳐서 공이 역임한 관청의 부군을 모신 집은 모두 불사르고 헐어버렸다.

겠는가.[38]

《오주연문장전산고》

　서울의 각 관청에 신사를 두었는데, 이름을 부군당이라 한다. 한
번 제를 지내는 데 드는 비용이 수백 금에 이른다. 혹 부근이라 하
는데 이는 곧 송씨 낭자[39]가 실린 것이다. 네 벽에 나무로 만든 수
많은 경물을 걸어두었는데, 심히 음설하였다. 외읍 역시 이를 숭상
하다가 중종 기묘년(1559)에 각사의 부군신사를 혁파하였다.[40]

《증보문헌비고》

　본조의 국속으로는 도하(都下) 관부에 의례히 소우총사(小宇叢祠)
를 두어 지전을 걸어놓고 부군이라 호칭하면서 서로 모여 독사(瀆
祠)하였다. 새로 부임한 관원은 반드시 삼가 제사를 지냈고 법사에
서도 역시 마찬가지였는데 어효첨이 집의가 되었을 때, 하인들이 여
기에서 제사 지낼 것을 아뢰었다. 어효첨은 “부군이란 도대체 무슨
물건이냐” 하면서 지전을 불태워 버리고 관부의 부군을 모두 없애
버렸다.[41]

　각 관청에 공문을 띄워 부군을 모조리 불태우게 하는 동시에
제사지내는 것을 금지시켰다는 《중종실록》의 기록이나, 어효첨
이 부임하는 관청마다 각 관청의 부군당을 모두 불사르고 헐어
버렸다는 《패관잡기》의 기록 및 관청의 부군을 모신 집을 모두

---

38) 이능화,《조선무속고》영인본(한국학연구소, 1977), 62쪽.

39) 위의 책, 제18장 京城巫風及神祠 付根堂條, 62쪽에서는 송씨저를 ‘손각씨
　　(孫閣氏)’를 말하는 것으로 보고 세속에서 처녀가 시집을 못가고 죽은 것
　　을 손각씨라 한다고 하였다(cf. 그러나 무속신앙에서 송씨저를 단종비로 보
　　기도 하는바, 양자에 대한 정확한 고증이 있어야 하겠다).

40) 이규경,《오주연문장전산고》 華東淫祀辨證說條. “今京師各司有神祠　名曰
　　付根堂　一祀所費　至於累百金　或曰付根　乃宋氏姐所接　四壁多作木莖物以掛
　　之　甚淫褻不經(或曰付根者　旣爲官司之根　其懸木莖者　以寓人之根爲腎莖　故
　　作莖物以象之也)外邑亦祀之　中宗己巳革各司付根神祠.”

41)《증보문헌비고》; 이능화, 앞의 책, 62쪽에서 재인용.

불사르고 헐어버렸다는 《연려실기술》의 기록들을 보건대, 부근 신앙 곧 성기신앙이 널리 퍼져 있었고 뿌리가 깊었음을 알 수 있다. 아울러 이와 같은 신앙이 관청을 중심으로 이루어졌다는 것도 조선시대 성기신앙의 큰 특징이라 하겠다.[42]

또 불사의 종교적 관행이었던 속리산 법주사의 '송이놀이'에서도 목제 남근을 봉헌했다는데, 이때의 송이가 곧 남근을 가리킨다. 이러한 놀이는 《신증동국여지승람》 보은현조(報恩縣條)의 기록과도 관련이 깊다.

　대자재천왕사(大自在天王祠)는 속리산 마루에 있다. 그 신이 매년 10월 인일(寅日)에 법주사에 내려오면, 산중 사람들이 풍류를 베풀고 신을 맞아다가 제사 지내는데, 신은 45일을 머무르다 돌아간다고 한다.[43]

그러나 이능화의 조사 내용을 참조한다면, 《신증동국여지승람》과는 달리 성기신앙의 풍속이 구체적으로 행해졌음을 알 수 있다.

　절의 무리들이 대회를 열어 제사를 행하였다. 나무막대를 많이 써서 양경모양(목제 남근)을 만들어 붉은 칠을 하고는 한바탕 작희

---

42) 위와 같음. 부근신앙과 부군신앙이 뒤섞여 있고, 부근당(付根堂)이 부군당(府君堂)의 와전이라는 이능화의 소론을 참고한다면, 관청의 모든 신위가 부근만은 아닌 듯싶다. 이를테면 형조의 부군은 손각씨 부인이고, 전옥(典獄)의 부군은 동명왕이며, 기타는 제갈무후나 문천상(文天祥) 등의 신이며, 고려 공민왕을 신봉하는 자도 많았다(김태곤, 《한국민간신앙연구》(서울 : 집문당, 1983, 158쪽). 부군(府君)·부근(付根)·부군(附君)·부강(富降) 등의 명칭이 글자의 뜻에 관계없는 한자의 음을 따온 것에 불과하고, 따라서 부군당 역시 성신(性神)을 봉안한 신당이라는 김태곤의 주장에 주목해야 할 것이다.

43) 《신증동국여지승람》 권 16 보은현조. "大自在天王祠在俗離山頂 其神每年十月寅日下降于法住寺 山中人設樂 迎神以祠之 留四十五日而還."

하여 그 신을 편안하게 하였다. 그러나 그렇지 않으면 절에 화재가 일어났다.[44]

　이렇게 보면 목제 남근을 봉헌체로 사용한 의례는 광범위하게 퍼져 있었고, 그 유래 또한 매우 길다고 하겠다.

　이밖에 민속재로 잔존하는 선돌·고인돌·묘전석주(墓前石柱)·장승·미륵신앙물들도 이러저런 양상으로 성기신앙과 관련이 있다. 선돌(menhir)과 고인돌은 고고학적으로 신석기시대부터 청동기시대에 걸쳐 이루어진 거석문화로서, 성기신앙과도 다분히 관련이 있다. 물론 후대로 내려오면서 의인화나 신격화를 통해 마을의 수호신 또는 기자암으로 변모했을지라도, 전국에 걸쳐 있는 암석신앙의 한 측면이라는 점에서 더욱 그렇다. 사실 선돌의 일부분은 '칠성바위' 등으로 불리는 동시에 성 상징체로서의 기능을 수행하고 있는 실정이다(경남 의령군 칠곡면 신포리 선돌). 특히 이들 넓은 바위에 수많은 구멍이 뚫려 있는데, 이를 '알석'이라 부른다. 고인돌의 덮개돌에 뚫려 있는 성혈(性穴, cupmark)과 유사하다고 볼 수 있다. 이들 역시 선사 암각화의 상징과 공통점이 있어 앞으로의 연구에 주목되는 자료라 하겠다.

4. 성기신앙의 신앙적 성격

　성기신앙은 여러 민속재와 결합하여 복합적인 신앙 형태로 존

---

44) 이능화, 앞의 책, 제19장 地方巫風及神祠 報恩俗離山大自在天王神條, 79쪽. "寺衆大會行祠 自在天王神祠 多用木棒 造陽莖形 塗以朱漆 一場作戲 以妥其神 不則寺有災亂."

속한다. 따라서 성기신앙 자체만을 떼어서 논의한다는 것은 의미가 적다. 성기신앙이 애초부터 암석을 신령한 것으로 보는 거석문화를 기반으로 하여 발생했다고 볼 수 있는데, 그 예로 선돌·고인돌의 고고학적 자료를 비롯하여 묘전석주·장승·미륵신앙물과 같은 석제물을 들 수 있다. 아울러 울주 반구대 암각화와 같은 청동기 유물·유적도 성기신앙의 성격을 규명할 수 있는 자료가 된다. 또 후대로 이르러 인위적인 축탑 양식에 의해 이루어진 '축탑신앙'도 성기신앙의 성격을 강하게 드러낸다. 이른바 '할아버지탑·할머니탑'이라는 명칭이 그렇고, 축탑의 형태 역시 남녀의 성을 상징하기 때문이다.

> 마을 어귀 좌우측에 쌓아올린 탑을 흔히 할아버지탑·할머니탑이라 한다. 돌을 모아 쌓아올렸기에 적석탑이라고도 하는데, 서낭당이나 몽고의 오보와도 관련이 있다. 이 탑의 명칭이 암시하듯, 할아버지탑은 상층부가 외형상 남성기를 닮았고 할머니탑은 상층부가 여성기를 닮았다. 따라서 이들은 남녀근석을 각각 상징하는데, 마을의 안녕이나 농사의 풍년, 가축의 번창 등을 위해 모셔진다. 이를 탑제라 하는데, 정월 열나흗날에 한다.[45]

이러한 석탑 성기신앙의 연원은 삼한시대의 소도와도 관련이 있다. "소도를 세우고 큰 나무를 세워서 방울과 북을 매달아 귀신을 섬겼다"[46]는 《후한서》의 기사에 그 연원을 둘 수 있다. 이 기사에서 소도가 무엇을 뜻하는가에 대해서는 여러 학설이 있기는 하나, 다음과 같은 내용은 시사하는 바가 크다.

---

45) 필자 조사, 제보자 : 김태식(70세, 남, 중졸, 농업), 제보자 주소 : 충남 연기군 금남면 호탄리 149, 조사일자 : 1990. 1. 15.
46) 《후한서》 동이전 한조. "又立蘇塗 建大木 以縣鈴鼓 事鬼神."

소도는 부도(浮塗)와 비슷한 점이 있다. 생각건대 이 부도(浮塗)는 곧 부도(浮圖)이며, 부도(浮圖)는 곧 탑이라 하겠다.[47]

그렇다면 당시의 축탑 기술 등을 고려할 때, 오늘날에 전승하는 탑제의 탑신앙과 친연성이 크다고 하겠다.

이렇게 본다면 성기신앙은, 1) 암석신앙 2) 동제신앙 3) 불교신앙(특히 삼신각, 미륵신앙) 4) 풍수신앙 등과의 유기적인 관련 속에서 거론되어야 할 것이다.

1) 암석신앙

암석신앙은 암각화를 비롯한 거석문화 및 잔존하는 민속재의 자료에서 그 모습을 살필 수 있다. 특히 민속재의 경우, 그 형태의 차이를 떠나서 '기자암(祈子岩)·출산암·생산풍요암'과 같은 성격[48]을 지닌 바위가 실제적인 의미를 갖고 신앙되고 있는 실정이다. 이는 역사적 변모과정과 그 의미 분화를 검토해야 할 당위성을 뜻한다. 암각화시대의 종교의례에서 오늘의 의례에 이르기까지 암석을 중심으로 한 신앙의례가 삶을 구속하고, 또 한편으로는 암석신앙을 중심으로 한 성기신앙으로 고정된 의미도 중요한 관심사로 남는다. 생생력(fertility)을 지닌 바위에 대한 고대의 관념과 생식기가 지닌 성력(性力)이 합쳐지면서 일부는 묘전석주와 관계를 맺고, 일부는 장승·미륵신앙물과 그 의미를 같이한다고

---

47) 程大昌, 演繁露 蘇塗條. "通典 東夷馬韓 祭鬼神立蘇塗建大木以垂鈴鼓 注 蘇塗有似浮塗 案浮塗即浮圖 浮圖即塔也."; 손진태, 《민속학논고》(서울 : 민학사, 1975), 102쪽에서 재인용.

48) 유증선, 〈암석신앙전설 — 경북지방을 중심으로〉, 《한국민속학》 2(서울 : 민속학회, 1970) ; 《한국민속학총서》 1 설화(서울 : 교문사, 1989), 322쪽에 재수록.

볼 수 있다. 아울러 축탑 신앙과 같은 인위적인 축조물을 마을 어귀에 세움으로써, 마을의 안녕과 평안, 풍수적 비보, 벽사초복(壁邪招福), 기자 등의 목적을 달성하는 신앙대상으로 삼았다. 이런 의미에서 현존하는 민속재는 어느 한 분야만으로 해석될 수 없는, 복합적인 양상을 지닌다고 하겠다. 성기신앙도 이런 차원에서 이해가 가능하다.

2) 동신신앙

마을의 수호신[洞神]을 중심으로 행해지는 동신신앙의 일부분도 성기신앙과 밀접한 관계가 있다. 신당의 여러 형태 가운데 남녀근석을 상징하는 신체를 모시는 경우, 성기신앙과의 친연성이 매우 크다. 강원도 안인진이나 갈남리 및 강원도 송암리의 사례에서 보듯, 해당 마을의 동신신앙은 성기신앙을 주축으로 이루어진다. 또한 서울 지역의 부근당 신앙 역시 성기신앙의 단적인 사례로 봄이 타당하다. 따라서, 성기신앙을 고찰하는 데 동신신앙의 사례들은 중요한 계기가 된다.

3) 불교신앙

불교의 경우 여타의 종교사상과 타협적이었다는 점에서, 민속신앙과 친연적이다. 특히 삼신각·칠보전·삼신당으로 표현되는 불사의 한 의례소는, 전통의 삼신신앙이 만난 곳이다. 이때 삼신각에서 모시는 남녀근석 내지 남녀근 상징체는 성기신앙의 대상물이 된다. 경북 형산 옥련사 삼신당 내에 봉안하고 있는 생나무 뿌리로 된 여근목이나, 경기도 안양시 석수동 삼막사 칠보전 앞에 자연석으로 놓여 있는 남·여근석, 그리고 서울 법성사의 남근석은 성기신앙을 사찰이라는 특정 종교에 끌어온 것이다. 특히 속리산 법주사에서 있었다는 송이놀이는, 단순히 성기신앙만이 아닌 불교와의 맥락 속에서 이해되어야 한다. 또한 가평 승안의 용화미륵전의 경우는, 남근석을 매개로 한 종파를 이룬 경우인데, 미륵과 남근과의 종교적 의미는 더욱 규명되어야 할 것이다. 이런 점에서 남근석의 명칭이 '미륵' 또는 '미륵님'으로 나타나는 현상도 동일하다고 하겠다. 아울러 무속신을 모시는 강신무의 경우, 미륵으로 불리는 신앙체가 봉안되는 현상[49]은 '불교+무속+성기신앙'이라는 복합 양상으로 이해된다. 이는 성기신앙이 중생구제의 미래불인 미륵불을 수용하여 성신체로 승화시킨 것이라 할 수 있다.

4) 풍수신앙

풍수신앙은 명당을 매개로 한 신앙인데, 종종 남·여근석과 맥락을 같이하며 신앙된다. 물론 풍수신앙이 원시시대의 성기신앙으로부터 분화 발전되어 온 것이라는 견해[50]도 있지만, 풍수신앙에서 지향하는 일련의 목적에서 성기신앙이 응용되었을 개연성이 크다. 풍수신앙에서 논하는 음양사상의 기본원리에 따라 지형이 지닌 승허(勝虛)를 남·여근석으로 진압 비보하는 경우가 많다. 이를테면 남근석을 이용하여 지세가 승한 곳은 진압하고 허한 곳은 비보함으로써 조화를 꾀한다. 이는 성기신앙 이전에 이미 풍수신앙을 기본원리로 하고 있다.

정읍 원백암의 경우, 여근석은 원백암의 남근석 북동쪽 500여 미터의 전방 산세와 관련이 있다. 산세가 여자의 하체와 비슷하

---

49) 필자 조사, 제보자 : 신명기(43세, 여, 무업, 대졸), 제보자 주소 : 서울 성북구 정릉동 266-501. 조사일자 : 1995. 4. 1.
50) 김태곤, 앞의 글(1971), 46~47쪽.

며 산의 계곡 지형 자체가 여음 형상인데, 이는 풍수지리적인 측
면에서 지세의 기를 진압하기 위해 남근석을 세운 것이다.[51] 이
렇게 본다면 성기신앙이 지닌 풍요다산의 생산 주술과는 양상이
다소 다르다. 따라서 성기신앙이 풍수신앙과 어떤 관계를 갖느냐
하는 원리에 대해서는 좀더 천착되어야 할 것이다. 그러나 한편
으로 음이 강한 곳을 상극적인 양이 상쇄작용을 함으로써 보편
적인 조화를 꾀한다는 것은, 성기신앙 측면에서나 풍수신앙 측면
에서도 가능한 원리다. 바꿔 말하면 풍수신앙이 지향하는 바와
성기신앙이 지향하는 바가 동일하다는 점에서, 이와 같은 신앙성
이 가능하다고 볼 수 있다. 그러므로 양자의 친연성은 여러 자료
를 바탕으로 좀더 깊게 연구되어야 할 것이다.

　이와 같은 맥락에서 성기신앙의 성격은 그 자체만을 탐구하기
보다는 다각적인 측면이 고려될 때 분명하게 드러날 것이다. 암
각화·고인돌·입석과 같은 암석신앙을 비롯하여 동제신앙과 불교
신앙(특히 삼신각, 미륵신앙) 및 풍수신앙까지 복합적으로 이해될
때 올바른 이해가 가능하리라 본다.

5. 성기신앙의 본질적 의미

　성기신앙의 본질은 성력과 그것에 감응(感應)하는 것이라는 기
본원리를 바탕으로 한다. 남녀라는 양성의 분화는 태초의 카오스
에서의 미분화 상태와는 차이가 있다. 태고에 서로 분리되지 않
은 기가 움직여 음양으로 분리되고, 청탁(淸濁)과 생물이 생기고

---

51) 송화섭, 〈정읍 원백암 당제에 대한 소고〉, 《한국민속학》 19(서울 : 민속학
　　회, 1986), 255쪽.

여기에 생로병사의 현상이 나타난다고 하는 《청오경》[52]의 풍수 논리와도 상통한다. 그렇다면 음양으로 분리되기 이전의 상태는 양성이 결합된 상태를 말하며, 이 원초적인 결합상태에서는 생로병사도 없는 셈이다. 그러나 인간의 존재양태는 양성이 분리되어, 생로병사의 분화된 상태이다. 여기에서 원래의 성이 지닌 상태를 갈망하고, 또는 원초적인 힘을 수용하고자 하는 일련의 의식과 의례가 발생한다. 이것이 바로 성기신앙이다.

성기신앙은 단순한 생식적 도구로서의 신앙이 아니라 그 이면에 내재한 주체적 본질인 성의 생식력 곧 성력을 신앙한다.[53] 따라서 성기신앙은 성신체나 봉헌체, 패용체가 지닌 생생력을 기본으로 하며, 그것에 대한 특정 행위를 수반하여 그 힘을 받고 일련의 목적을 얻으려는 신앙형태이다.

성신체·봉헌체·패용체는 그 신앙의 사상(事象)은 다를지라도 성신체가 지닌 원래의 의미 곧 성력이나 생생력이라는 측면에서는 동일하다. 성기신앙은 바로 이들이 지닌 힘을 유감주술적 사고를 바탕으로 하여 그대로 수용하고자 한다. 그러나 수용 양상은 성체의 유형에 따라 다소 다르다.

봉헌체는 음양이 분화된 상태(분화된 성)를 해소하고 인위적으로 결합시켜 합일된 상태를 만들고, 그 상태에서 나오는 현현(顯現)한 힘을 얻으려 한다. 패용체의 경우는 남성기를 상징하는 성신체를 몸에 지님으로써 성신과의 합일을 꾀한다. 성신체의 경우, 성신이 지닌 생생력을 비롯한 성력을 받아 각각 소기의 목적을 달성하려 한다. 이때 봉헌하는 것이나 패용하는 것은 일종의

---

52) 곽박, 《金囊經》(규장각 본).
53) 김태곤, 앞의 글(1971), 44쪽.

성적 모방행위에 해당한다. 성체의 경우도, 특정한 행위를 하는데, 이 역시 성적 모방행위에 해당한다. 신성체를 '껴안거나 어루만지거나 문지르거나 동전을 붙이거나 돌을 던지거나' 하는 일련의 행위가 성적 결합을 상징하기 때문이다. 이렇게 본다면 성기신앙은 분화된 성을 미분화의 상태, 곧 원초적인 본래의 양태로 바꾸는 의례가 된다.

분화된 성을 합일된 상태로, 나아가 미분화된 원초적 상징 상태는 천지가 분화되기 이전의 상황을 뜻한다. 이는 고대의 신화에서 자주 등장하는 개념인데, 이를 지향함으로써 충일된 힘을 받고자 함이 성기신앙 의례의 본질이다. 성기신앙이 양성 결합의 상징의례[54]이며, 그것을 통해 생산 주술적 의미를 부여했다는 점에서, 생식의례[生殖祭儀]가 된다[55]

성기신앙이 생식의례라는 점에서, 그것이 생산 주술적 대상이 되는 대지의 생산물일 때, 일차적으로 풍요와 다산을 원칙으로 한다. 이것은 성기신앙이 갖는 일차적인 의미다. 이는 대지가 지닌 지모신적 힘과도 일치하는 원리이다.

인지가 발달하지 못했던 고대사회, 특히 농경사회에서는 그들이 처한 여러 상황을 해결하기 위해 행했던 이러한 신앙의례는, 특히 실재적이고 본질적 의미를 띤다. 이러한 성기신앙이 인간 존재의 개인적인 문제로 전이할 때, 아들 낳기 곧 기자가 본질적인 의례 목적이 된다. 수복강녕·부귀다남의 통속적 복 관념에서 보듯, 인간의 복 관념은 여러 가지지만 실상은 자손의 문제가 가장 중차대한 사항이다. 그러므로 성기신앙은 바로 성신체가 지닌

---

54) 김명자, 〈민속에 있어서의 성의 의미〉, 《정신건강연구》 3(한양대학교 정신건강연구소, 1985), 44쪽.
55) M. Eliade, *Cosmos and History*, New York : Harper & Row, 1959.

현현력을 빌려 인간 존재의 문제를 해결하려는 데 또 하나의 의미를 둔다. 그러나 이 역시 풍요와 다산이라는 넓은 의미에서는 일차적인 의미와 동일한 범주에 속한다. 또 나아가 개인적인 대소사에서 벽사초복의 문제나 개인적 욕망의 문제로 전이한다. 이것은 개인적인 삶과 관련된 3차적인 의미다.

이와는 달리 집단적으로는 풍렵·풍어·풍농이라는 기풍(祈豊)이 주된 관심사다. 이것은 앞서 논의한 바대로 성기신앙의 일차적인 의미에 속한다. 여기에서 전이한 목적 가운데 하나가 마을의 안녕과 평안이며, 나아가서는 마을의 승허를 압승 비보(壓勝裨補)하는 의미로의 확충이다. 이는 풍수신앙에서 지향하는 가치와 크게 벗어나지 않는다.

이렇게 본다면 성기신앙은 그 의미의 질량 문제를 떠나서 풍요·다산을 중심개념으로 한 기풍을 1차적인 의미로 구현한다. 이 1차적인 의미에서 인간의 존재 지속 문제로 구현된 것이 기자 의미다. 이는 물론 1차적인 의미에 수렴될 수 있으나, 인간의 문제를 대지의 생산성과 구별한다는 뜻에서 기자를 성기신앙의 2차적인 의미로 보고자 한다.

또 여기서 더 나아가 개별적으로는 개인 대소사에서 구현하고자 하는 벽사초복의 문제나 개인적인 욕망의 문제가 있는 반면, 집단적으로는 마을의 안녕과 평안 및 마을의 승허를 진압 비보하려는 욕망까지 두루 포함되는 3차적인 의미 구현이 있다.

6. 맺음말

성기신앙은 '성신앙'에 대한 협의의 개념으로, 남성 성기나 여성 성기를 성신체나 봉헌체 또는 패용체로 삼아 일련의 목적을 달성하고자 하는 신앙을 말한다. 이러한 개념을 가지고, 지금까지 논의한 내용을 요약 정리하여 결론으로 삼고자 한다.

첫째, 성기신앙은 ① 신체(神體)의 유형 ② 의례의 형태 ③ 대상물의 소재적 성격 또는 표현기법 ④ 의례 방법에 따라 나뉜다. 신체의 유형에 의해서는 성신체·봉헌체·패용체로 구분되며, 신체의 유형에 따라서는 개별신앙, 동신신앙 및 여타의 종교와 결합된 복합적 신앙 형태로 구분된다. 그리고 대상물의 표현기법에 의해서 생식기의 사실적 표현이나 상징적 표현, 성행위의 사실적 표현으로 나뉘며, 의례 방법에 따라서는 유교적 제차(祭次)를 비롯하여 개인의 비손행위 및 성행위의 모방적 행위까지 두루 나타난다. 그러나 이들은 개별 양상으로 존재하는 것이 아니라 상호 결합하여 복합적인 양상을 띤다.

둘째, 성기신앙에 대한 문헌기록이 적고 자료 또한 여러 신앙 형태로 변용되어 있기 때문에 성기신앙의 사적 흐름을 기술하기란 참으로 어려운 실정이다. 따라서 현존하는 단편적인 문헌기록과 역사유물 및 현존 민속재를 통해서 읽어낼 수밖에 없다. 그 결과 통시적으로 성기신앙의 유구한 역사적 맥락을 확인할 수 있었고, 공시적으로는 강인한 생명력을 바탕으로 한 신앙성을 재확인할 수 있었다.

셋째, 이러한 성기신앙은 독립적인 신앙으로 존재하기보다는 암석신앙을 비롯하여 동신신앙·불교신앙과 관련을 맺고 있으며 나아가서는 풍수신앙과의 밀접한 맥락 속에서 복합적인 신앙체계를 형성하고 있다.

끝으로, 성기신앙은 생식의례라는 측면에서 일차적으로 풍요와 다산의 원리를 원칙으로 하며, 2차적으로 인간 존재의 문제로 전이하여 기자 의례가 본질적인 의례로 자리잡아 그 목적을 수행한다. 아울러 개별적으로는 개인 대소사의 벽사초복과 욕망의 문제를, 집단적으로는 마을의 안녕과 평안 및 마을의 승허를 진압 비보하려는 욕망까지 두루 해결하려는 데에 성기신앙의 목적을 둔다. 이런 점에서 성기신앙은 사회 여건이 어떻게 변화든간에 인간사의 모든 문제에 두루 관여할 수 있는 개연성이 그 어느 신앙보다 크다고 하겠다.

그러나 성을 유희적 가치로만 보려는 현대의 세속적 인식에서, 성신앙은 외형상으로는 위축될 수밖에 없다. 종래의 성을 생산성을 바탕으로 한 관념, 곧 성의 신성 가치에 대한 종교적 심성이 점점 희박해지고 있기 때문이다. 한 마디로 성이 생물학적인 성 상식에 머물거나 오히려 놀이로서의 성관념이 지배적이다. 그러므로 생산과 풍요의 신성 가치를 몰각한 성은 성(聖)이 아니라 단순한 성(性)일 따름이고, 생산적 가치보다 유희적 가치나 교환적 가치에 중점을 두는 매스 소사이어티(mass society)를 지탱하는 하나의 은밀한 도구일 뿐이다. 이 점에 대해서는 다른 기회로 미룬다.

세시놀이의 성 상징체계

윤 광 봉

1. 머 리 말

세시놀이란 일 년중 시절에 따라 반복해서 행해지는 놀이를 말한다. 사람이면 누구나 일 년을 탈없이 보내고자 하는 욕구가 있게 마련이다. 그것은 바로 개인의 건강과 모두를 위한 풍요이다. 따라서 이러한 욕구의 한 방편으로 액을 떨어버리고 복을 비는 의식이 거행되는데 그것이 각 절기마다 행해지는 제의(祭儀) 의식이다. 놀이는 바로 이러한 의식 속에 깃들인 신성과 즐김 그리고 예술의 종합물이라 할 수 있다.

의식의 흠향을 받고자 하는 신들은 대체로 무엇인가 행동으로 그러한 모습이 실연(實演)되기를 요구한다. 〈구지가〉에서 우리는 그러한 모습을 확인할 수 있다. "하늘에서 내가 내려갈 테니 나를 맞이하는 의식을 거행하라"는 명령이 그것이다. 그런데 이러한 의식의 절차들은 모두가 놀이로 이루어진다.

레오 프로베니우스에 의하면,[1] 고대인들은 자기 의식 속에 새겨진 자연의 질서를 놀이화했다고 한다. 그들은 맨 처음엔 동물과 식물세계의 현상을 의식 속에 받아들였고, 그 다음엔 시간과 공간의 질서에 대한 관념, 그리고 태양과 달의 운행에 대한 관념을 갖게 되었다. 그들은 성스러운 놀이 속에서 존재의 위대한 진행 질서를 놀이화하고 이 놀이 속에서 재현된 사건들을 새로이 현실화 창조화함으로써 우주질서의 유지를 돕는다는 것이다.

이러한 놀이들은 대체로 집단적 유희로 표현되는데 여기엔 반드시 대립성을 동반하게 된다. 놀이의 희(戱)자를 보면 호랑이가 창을 들고 춤을 추며 대결하는 양상이다. 따라서 그 속엔 갈등의식이 개입되게 마련인데, 이러한 대립의 놀이에는 긴장과 불안을 함축하게 되는 것이다. 이때 행동은 대개 주술로 나타난다. 주술이란 곧 일상의 경험을 초월한 세계에 대한 순응방법이다.

그리고 보면 놀이의 원천은 제의에서 출발됨을 알 수 있다. 제의란 달력과 결부되기 때문에 자연의 모든 사물은 유기체와 자연환경의 리듬 사이의 공시적인 동조에서 생성된다. 그러면서 끊임없이 반복을 시도하는 것이다. 반복은 노드럽 프라이에 의하면 순환원리이다.

그는 일 년의 주기를 봄·여름·가을·겨울로, 하루의 주기를 아침·오후·저녁·밤, 그리고 물의 주기를 비·샘·강·바다로, 삶의 주기를 청년·장년·노년·죽음으로 나누었다.[2] 이것은 그야말로 자연의 위대한 진행 질서이며, 이와 같은 현상 자체가 놀이라 할 수 있다.

세시가 달과 태양의 운행 관계에서 이루어짐을 생각할 때 이

---

1) J. 호이징하, 김윤수 역, 《호모루덴스》(서울 : 까치, 1981).
2) N. 프라이 저, 임철규 역, 《비평의 해부》(서울 : 한길사, 1982).

를 바탕으로 한 세시놀이가 제의에서 출발하여 갈등과 대립으로 이어지고 다시 해소되는 반복의 논리임은 자명해진다. 이 글은 바로 이러한 논리 아래에 시행되는 세시놀이를 중심으로 그 속에 숨겨져 있는 상징체계를 프라이의 신화 구조를 바탕으로 추출하고자 한다.

그러나 문학 텍스트를 중심으로 논의된 이 이론에 놀이를 투입시켜 논의한다는 자체가 무리임을 감안하지 않을 수 없다. 따라서 이를 위해 동양의 주역 원리를 원용해 약간의 변칙을 보이게 될 것이다. 특히 놀이 속에 나타난 성의 연관성은 이미 확인되어 보편화되었지만 왜 그렇게 되는 것인가에 대한 구체적인 논의는 아직 확장되지 않았다.

따라서 이 글에서는 이러한 점을 감안하여 자연의 변화와 놀이 관계가 어떠한 연관이 있는가를 확인하려고 한다.

2. 노드럽 프라이의 신화 구조

노드럽 프라이는 순환의 신화적 혹은 추상적인 구조 원리를 하나의 생명이 태어나서 죽고, 죽은 생명이 다시 태어나고 하는 동일한 반복으로 확장되는 논리라고 규정했다.

이러한 순환적인 상징은 전언한바 4개의 주된 양상으로 나타난다. 이것을 사시(四時)를 중심으로 도표로 보인 것이 다음과 같은 순환원리이다.

도표 1[3]은 신화 연구에 관심이 있는 사람이면 매우 익숙한 그

---

3) 도표 1에서 희극적 움직임은 찬미적이고 목가적이며, 희극은 풍자와 어울리면서 동시에 로만스와 어울린다. 로만스는 자연의 정령들로 가득찬 물

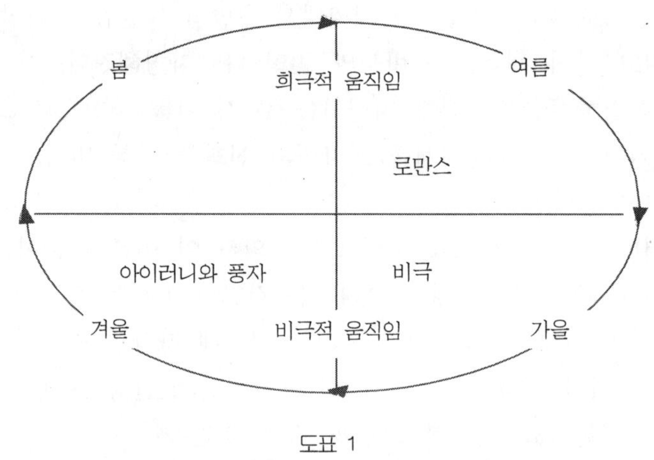

도표 1

림이다. 보다시피 도표 1의 체계는 시계 방향으로 흘러가는 순환적 구조를 보이고 있다. 봄이 오면 여름이 오고 여름이 가면 가을이 오는 것은 자연의 순리이다. 그러나 순리라고는 하지만 여기엔 보이지 않는 갈등과 대립이 내재하고 있어 이것이 순환을 돕는 모체가 되고 있음을 상기할 필요가 있다. 이것이 이른바 프라이가 논의한 미토스(Mythos)의 순환적 변증법적 패턴이라 할 수 있다.

프라이는 위에서 자연의 주기에 있어 위의 절반을 로만스의 세계와 순진무구의 아날로지로 규정하고, 아래 절반은 리얼리즘의 세계이며 경험의 아날로지로 규정했다. 미토스란 플롯의 유형을 말하는데, 이는 두 개의 상반되는 짝을 만들어 서로 대립하는 구조를 보인다. 프라이는 봄의 미토스를 희극, 여름의 미토스를 로

활론적 세계이다. 또한 비극은 무엇이 일어나며 무엇이 받아들여지지 않으면 안 되는가에 대한 하나의 비전이다. 자신의 욕망을 방해하는 것에 대한 노여움을 도덕적으로 해결하는 것이다.

만스, 가을의 미토스를 비극, 겨울의 미토스를 아이러니와 풍자로 보았다.[4]

위의 현상은 결코 문학작품에만 나타나는 현상은 아니다. 대립구조를 가진 대상은 모두 이러한 것에 해당된다. 따라서 특히 대립과 갈등이 심한 놀이구조에서는 더 그 정황이 잘 들어맞을 수가 있다.

먼저 도표 1에서 희극의 움직임은 어떤 한 현상으로부터 다른 현상으로 움직이는 것이다. 이것은 천체의 주체인 태양이 여명을 헤치고 서쪽으로 달려가는 우주의 한 단면이라 할 수 있다. 여기서는 사시의 상징으로서 봄에서 여름으로 넘어가는 움직임을 보이고 있다. 봄에서 여름으로 이동하는 것은 수평운동으로서 하나의 생명이 태어나 성숙단계로 가는 과정이다. 그래서 찬미적이며 목가적이라는 것이다.

또한 여름에서 가을로 이동하는 것은 하강운동으로서 성숙의 단계를 지나 열매를 맺는 과정이다. 그리고 가을에서 겨울로 이동하는 것은 수평운동으로서 잠재기의 과정이다. 다시 겨울에서 봄으로 이동하는 것은 상승운동으로서 새로운 탄생을 의미하며 새로운 시작을 알리는 과정이다. 결국은 이러한 과정을 계속 되풀이하게 되는 것이 순환의 원리라 할 수 있다.

세시행사란 신년제를 시작으로 섣달 그믐날의 제의를 치를 때까지의 갖가지 반복되는 행사를 말한다. 1월이 지나면 2월이 오고, 11월이 지나면 12월이 오고 다시 1월이 오는 똑같은 내용이 주기적으로 반복된다는 것은 어쩌면 지루하기조차 한 진부한 것인지도 모른다. 그럼에도 불구하고 왜 지금까지 많은 행사들이

---

4) N. 프라이, 앞의 책, 226~227쪽.

이 절차에 따라 치뤄지고 있는 것일까. 이러한 상황을 동양의 역의 원리를 적용해보자.

동양은 음양의 원리로서 모든 것이 이뤄지는데 역(易)을 보면 '양과 음'으로 구성되어 있다. 이것이 이른바 양의(兩儀)이다. 이 표시의 근본이 무엇인지는 알 수 없지만 이것을 남녀의 생식기로 보는 견해가 있어 흥미롭다. 그런데 이 두 종류의 부호를 하나씩 쓴 두 개의 조합은 네 가지의 변화를 일으킨다. 이것이 우리가 잘 아는 사상(四象)이라는 것이다. 다시 여기에 한 개를 보태서 변화를 보이면 여덟 가지의 변화를 보이게 되는데 이 변화 속에서 가장 중요한 것이 하늘[天]과 땅[地] 같은 자연현상이다.

태양과 달은 사계절을 한 치의 차이도 없이 같은 길을 회전하고 있는 존재이다. 따라서 그 기질이 목(木)·화(火)·토(土)·금(金)·수(水)와 같은 것으로 여겨 그 빛의 열도에 따라 천지 자연의 모든 생물이 태양과 같이 오행으로 변화해갈 수 있다는 것이다.[5]

먼저 역(易)에서는 동쪽이 목(木)과 봄의 의미이고 동물로서 용(龍)을 뜻한다. 서쪽은 금(金)이라 하고 양을 뜻하며, 가을의 뜻이 있다. 남쪽은 화(火)라고 하며, 여름과 치(稚)의 의미, 북쪽은 수(水)와 겨울 그리고 돼지를 상징한다. 이것을 프라이의 도표에 적용하면 도표 2와 같다.

도표 2[6]는 낙서구궁(洛書九宮)의 방위표로 아래 위를 가리킬 때

---

5) 김성호 외, 《음양오행통변보감》(서울 : 남산당, 1993).

6) 도표 2에서 먼저 이괘(離卦)와 감괘(坎卦)는 좌우의 중앙으로서 상하로 대를 이루면서 종의 축을 이룬다. 수(水)·화(火)의 성질을 미루어보면 상하에 위치하는 것이 타당하다. 진(震)은 목(木)의 상승 기운을 의미한다. 이(離)는 음효가 중앙에 있고 양효가 바깥에 있는 것으로, 위치는 앞쪽이면서 여름이고 낮이다. 태(兌)는 양기의 하강으로서 보름 다음을 의미한다. 감(坎)은 가운데 양효가 있고 바깥에 음효가 있어 외유내강을 뜻한다. 물의 성질은 가운데로 모이고 아래로 흐른다. 아래란 지구의 중앙으로서 물은

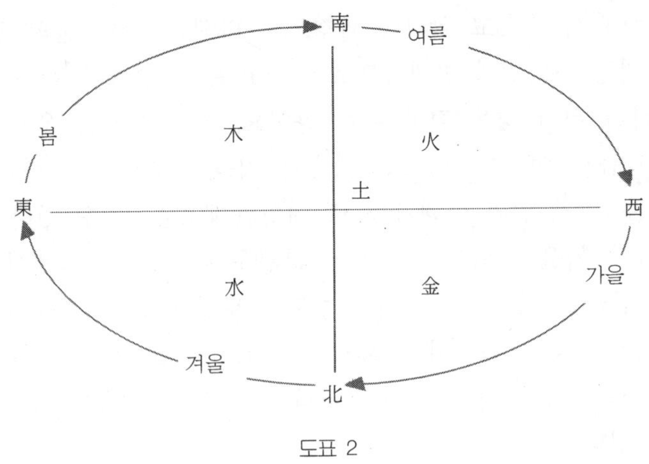

도표 2

는 밝은 머리 쪽이 위쪽인 남(南)이 되고 오행에서 화(火)가 된
다. 이것은 프라이의 순환구조에도 그대로 적용됨을 알 수 있다.
그런데 보다시피 위에서는 오행 가운데 조화의 상징인 토(土)가
가운데 자리잡고 있다. 토는 동·서·남·북을 가리는 데 근본인
중심이다. 흙[土]은 곡식이나 초목을 심는 만상의 터전이다. 이
터전 위에 나무를 심으면 뜨거운 태양열을 받아 열매가 성숙해
지고 다시 떨어지고 잠재기에 들어가는 것이다. 이것은 그대로
순환원리이다.

나무[木]에서 불[火]이 나는 것은 상생(相生)의 원리로서 서로
살리고 돕는 과정이다. 살리는 과정은 양성이다. 또한 불은 쇠
[金]를 녹이므로 서로 죽이는 상극(相剋)관계이다. 따라서 여름에
서 가을로 가는 과정은 대립과 갈등관계임을 알 수 있다.[7] 그러
나 다시 가을에서 겨울로 가는 과정은 쇠를 녹이면 액체[水]로

중심 쪽으로 침투하여 모인다.
7) 김성호 외, 앞의 책, 159~161쪽.

변하듯이 서로 돕고 살리는 과정으로 바뀐다. 특히 물의 경우는 흙을 바탕으로 밑에 존재하므로 어둡고 추울 수밖에 없다.

따라서 위의 경우 절반 위는 양이요, 절반 아래는 음이다. 이는 곧 봄과 여름이 양이요, 가을과 겨울은 음이라는 얘기이다. 이로 보아 곧 위와 아래가 서로 대칭관계임을 알 수 있다. 또한 여름에서 가을로 넘어가는 것은 하강운동으로서 오행에서 상극이다. 상극은 서로 대립관계이며 갈등양상을 띤다. 봄에서 여름으로 가는 것은 프라이의 희극적 구조로서 로만스에 해당되며, 가을에서 겨울로 가는 것은 비극적 구조로서 아이러니와 풍자가 될 수 있다.

문학에서 로만스는 이상화된 세계로서 주인공들은 용감하며 아름답다. 그들이 행하는 모든 일이 순조로우며 이른바 순진무구의 아날로지(analogy)로 대치된다. 이에 비해 가을에서 겨울로 가는 것은 자신의 욕망을 방해하는 모든 것에 대한 노여움을 도덕적으로 그럴 듯하게 전위시키는 것이다.

이러한 상황은 앞으로 논의될 세시놀이의 성 상징체계를 이해하는 데 도움이 된다. 이를 적용하기 위해 세시놀이 가운데 특히 줄다리기와 놋다리밟기, 동채놀이, 그리고 탈춤의 경우를 살펴보기로 한다.

3. 줄다리기의 상징체계

세시풍속이란 주지하다시피 농경의례와 밀접한 관계가 있다. 농사는 자연의 변화와 직결되기 때문에 자연에 대한 경건한 마음은 늘 지니게 마련이다. 바로 이를 바탕으로 일년 내내 여러 행사가 벌어지는데, 그 가운데에서도 정이월에 행해지는 행사가 가장 두드러진다는 것이 일반적인 견해이다. 그런데 그 가운데 상원일(上元日)은 두드러진 날로서 이 날은 가장 많은 놀이가 행해지며 농사를 관장하는 신과 달에게 풍년을 빌고 농사의 풍흉을 점친다.

상원일 행사를 위한 출발은 미리 시작된다. 지방에 따라 조금씩 다르지만 《동국세시기》를 중심으로 보면 다음과 같다.

(1) 13일이 되면, 이 날 아침 여자들이 산에 가서 소나무나 엄나무같이 가시 돋힌 나무를 꺾어다가 지붕이나 담장에 꽂고 그 나뭇가지에 목화 송이나 솜을 걸어놓는다. 사실 이 날을 기해 달은 서서히 만월로 가는 초입으로 보름달을 잉태하게 된다. 또 이 날부터 15일의 행사인 달집태우기를 위해 달집을 만들기 시작한다.

(2) 14일은 누더름날이라고 하는데, 이는 늦더위를 뜻하니 아직 여름의 뜻이 있음을 알겠다. 새벽에 닭이 울면 퇴비를 논에 갖다 둔다. 이 날의 달은 더욱더 둥글어 완전 보름달 직전이다. 이 날 저녁 제웅(짚으로 만든 사람의 형상)을 만들어 길에 버린다.

(3) 15일은 완전히 만월이 되어 풍만한 열매를 맺어 풍성함을 상징한다. 과일나무 시집보내기도 이때 한다.

(4) 16일은 서서히 달이 기울고 점차 스러져간다.[8]

(1)의 모습에서 나무를 꺾어다 지붕이나 담장에 꽂는 행위는 산의 정령을 모셔 그 정령의 힘 속에 들어 있는 복을 간직하기 위해서이다. 바로 신이 깃든 그 나무에다 솜을 얹는다는 것은 목

---

8) 홍석모, 《동국세시기》.

화의 풍요를 기원하는 데 있다. 이것은 물론 하나의 엄숙한 의식의 시작이다. 계절로 치자면 사시의 시초인 봄에 해당한다.

14일은 아예 누더름날이라 하여 더위가 기승을 부리는 여름임을 부각시켰다. 달이 차는 15일은 열매가 보름달처럼 풍성해지는 날이다. 따라서 열매를 따기 위해 보름달을 모시고 본격적으로 소원을 비는 싸움놀이를 한다. 싸움은 화해를 향한 전단계이다. 16일은 승부가 난 뒤 서로 화해하며 액을 떨어 버리고 새로운 날을 기약한다.

이처럼 15일을 전후로 한 여러 형상은 순환의 원리를 담고 있다. 둥근달을 향해 이루어지는 여러 행사가 그것이다. 이것은 이러한 원리에 따라 행해지는 세시놀이의 경우에도 마찬가지이다. 이 날 벌어지는 줄다리기 등의 행사도 바로 그러한 것 가운데 하나이다. 줄다리기의 주술 종교적 모티프는 주지하다시피 모의 성행위이다.

지금까지 전국에서 행해지는 줄다리기는 지방에 따라서 그 행하는 방법이 조금씩 다르다. 그동안에 채록된 줄다리기의 내용을 종합 서술하면 다음과 같다.[9]

  (1) 먼저 정월 초하루부터 보름까지 아이들은 징이나 양동이를 두드리며 "짚이나 새끼 주세요" 하고 돌아다닌다. 그리고 이것으로 줄을 만들어 자기들끼리 줄다리기를 한다.

---

9) 이장섭, 〈촌락사회의 줄당기기 연구〉(영남대학교 석사학위논문, 1983) ; 오병수, 〈영산줄다리기〉, 《전통문화》 1985년 4월호 ; 장주근, 〈한국의 세시풍속과 민속놀이〉, 《새벗문고》, 1974 ; 한양명, 〈한국대동놀이연구〉(중앙대학교 박사학위논문, 1993) ; 최인학, 〈줄다리기에 관하여〉, 《한국민속학》 6집, 1973.

⑵ 그 다음 큰 길이나 개천을 사이에 두고 동서로 나누어 편을
 짠다. 동부를 남자편 서부를 여자편, 또는 위쪽이 남자편이라면
 아래쪽이 여자편이다. 이들은 저마다 자기편이 이기기를 기원
 하나 대체로 여성편이 이기기를 바란다.

⑶ 암줄은 머리를 동쪽으로 향하고 숫줄은 서편으로 향해 있다.

⑷ 진행본부 사람들에 의해 암줄의 목줄 고리에 숫줄의 목줄을
 집어넣고 그 사이에 비녀목을 꽂기까지 진땀을 흘린다. 이때
 줄이 가까워졌다가는 잡아당기고 들어갔다가는 빠지고 하는 동
 작을 되풀이한다.

⑸ 준비가 완료되고 실전이 시작되면 양쪽 응원의 농악소리, 구
 경꾼들의 고함소리, 줄꾼들의 함성으로 천지가 진동한다.

⑹ 줄다리기가 끝나는 경우 대체로 동부가 이긴다. 그렇지 않은
 경우도 물론 있다.

⑺ 이긴 편의 줄은 좋다고 해서 소먹이로 쓰고 거름으로도 사용
 한다. 거름으로 사용하면 풍작이 되고 짚을 지붕 위에 올려놓
 으면 집안일이 잘 되어 돈도 많이 벌게 된다고 한다.

위에서 ⑴은 줄다리기를 하기 위한 전초전에 해당한다. 마치
열매를 맺기 위해 땅을 다시 갈고 씨를 뿌리는 것처럼 성숙된
본격적인 줄다리기 시합을 하기 위해 준비를 하는 것이다. 계절
로 말하자면 봄이라 할 수 있다.

⑵에서 ⑸는 줄다리기 실전을 위한 반복 연습이다. 실전을 위
해 서로 줄(암·숫줄)을 맞대고 비비적거리다 암줄과 숫줄을 삽입
시킨다. 이것은 동물들의 성행위와 똑같다. 그러한 가운데 열심
히 당기는 얼굴마다 땀이 어리고 줄을 당기는 그 양상이 마치
열매를 맺기 위한 식물의 성장을 보는 듯하다. 열기가 대단한 여
름의 모습이다.

⑹은 그 결과 승부(농경으로 따지자면 풍·흉년)가 나게 되는 것

줄다리기. 양 줄이 서로 이어진 모양

이다. 따라서 가을이 되면 풍·흉작의 결과가 나오듯이 모의적인 행위가 이어진다.

(7)은 모든 것이 끝나고 잠재기에 들어가 새로운 생명을 위한 단계에 들어선다. (1)에서 (5)가 계절적으로 양이라면 (6)과 (7)은 음에 해당한다.

이처럼 하나의 집단놀이는 음양이 교차하며 자연의 질서를 그대로 답습하고 있다. 이것을 도표 2를 보며 정리해보자.

먼저 동에서 대칭되는 것은 서쪽이며, 남에서 대칭되는 것은 북쪽이다. 이는 각각 양과 음의 대칭으로서 동이 남성이라면 서는 여성이 된다. 그런데 실제 줄다리기 모습은 편을 가르되 동편

과 서편으로 가른다. 그리고 동편은 남자, 서편은 여자로 대신한
다. 그리고 싸우되 반드시 여성편이 이겨야 한다는 것이다. 이
논리는 오행상으로 볼 때 당연한 귀결임이 확인된다.

즉 오행으로 볼 때, 동은 목(木)이요, 서는 금(金)이다. 목과 금
이 서로 대결하면 목은 쇳덩어리인 금에게 잘리게 된다. 따라서
여성편인 서쪽이 당연히 이길 수밖에 없다. 이것은 양성을 의미
하는 남(南)과 음성을 의미하는 북(北)의 경우도 마찬가지이다.
남은 오행에서 화(火)를 나타내고, 북(北)은 수(水)를 나타낸다. 따
라서 둘이 서로 대결을 하게 되면 당연히 물로서 불을 끄기 때
문에 북쪽이 이기게 되어 있다. 주지하다시피 물은 생생력의 상
징이며, 만물을 낳게 하는 근원이다.

위의 (3), (4)는 남성과 여성의 대결로서 풍요와 건강을 낳기 위
한 성 상징의 모습이다. 이는 풍요를 위한 음양 결합의 구체적인
모습이다. 풍요는 프라이의 문학논리에 의하면 빵과 포도주, 살
과 피, 남녀의 결합을 의미한다. 이것은 이른바 황무지에 대한
풍요의 승리라는 편력(遍歷) 로만스로 나타난다.

위의 경우 음양이 결합할 때는 암줄이 그 두경을 높이 올렸다
가 뒤로 발딱 젖혀놓으면 숫줄이 그 대형 두경을 높이 번쩍 들
어서 끼운다. 이때 사람들마다 흘리는 땀이 마치 성적 마찰에 의
한 분비물과 같아 이것이 곧 전언한바 생생력과 연결된다.

이로 볼 때 (1)에서 (5)는 (6)의 결과를 위한 프라이의 희극적
움직임이라 할 수 있다. 여성편이 이기기 위해, 사람들은 경건하
고 설레는 마음으로 준비를 하며, 즐겁게 숫줄과 암줄을 맞닥뜨
린다. 여기에는 순수 이상의 아무것도 없다.

순진무구 세계의 불은 보통 정화의 상징이며, 순결한 자들만이
통과할 수 있는 불꽃의 세계이다. 그래서 줄다리기에 참여하는

사람들은 줄의 신성성과 함께 밤새도록 부정을 막기 위해 줄을 지키고, 또한 격렬한 싸움이 되어도 마음 속의 순수한 마음은 애써 지키려 하는 것이다. 따라서 이 세계는 자연의 정령들로 가득 찬 물활론적인 세계이다. 앞의 도표에서 화(火)는 여름의 상징임을 주시할 것이다. 천체의 모든 발광체 가운데 가장 차갑고 순결한 달은 이 세계에서는 특히 중요하다.

줄다리기는 일 년 가운데 가장 밝은 첫번째 보름날을 택하여 다투기를 하는 놀이이다. 달은 천체에서 해의 대칭이 되는 음성에 해당된다. 바로 이 음성의 달을 하늘에 모셔놓고 하는 경기이니 힘은 벌써 여성으로 기울어질 수밖에 없다.

또한 동물들 가운데 가장 뚜렷한 것은 목가적인 양과 새끼양이다. 양은 오행에서 서쪽을 의미한다. 그런데 여기서 모순된 점이 보인다. 그것은 동을 상징하는 용과 서를 상징하는 양의 싸움이다. 상식적으로 생각할 때 둘의 다툼에서 변화무쌍한 용이 이기는 것은 당연함에도 불구하고 양이 이기게 되어 있다. 이것은 역시 양의 순수한 이미지를 부각시킨 것이다. 줄의 모습이 용이나 뱀의 모습을 닮았다고 한다면 이미 이 자체는 양의 성질을 지닌 물체를 갖고 하는 놀이이기에 오히려 이를 누르고 이기게끔 하려는 우리 조상들의 지혜가 담긴 것이 아닌가 생각할 수도 있다.

그러나 이러한 경우 동과 남이 한편인 양과 서와 북이 한편이 된 음의 대결로 봐야 한다. 용은 동편의 상징인 동물인데 물이 없으면 기를 펼 수 없는 것이 용의 속성이다. 따라서 용을 용답게 하는 것은 겨울을 표징하는 물이라는 것이 확인된다. 그리고 보니 용보다는 물이 한 수 위임을 알겠다.

이로 볼 때 서편인 물이 용을 죽이고 살리는 역할을 하게 되니

서편이 이겨야 한다는 것은 당연한 논리이다. 또한 이긴 편의 줄은 좋다고 해서 소먹이로 쓰고 거름으로도 사용하며 이 거름은 풍요의 바탕을 이루게 된다. 이것은 격렬한 싸움 끝에 오는 화해의 즐거움으로써 자연질서 속의 순환운동이라 할 수 있다.

양성의 로만스가 편력함으로써 얻어지는 최종적인 단계는 재생이다. 이 재생은 중심축인 대지[土]에 뿌리를 내리고 있는데 이 대지에 물을 적시면 대지가 소생되어 다시 봄을 맞이하게 되는 것이다.

위 줄다리기의 경우 경기 끝에 줄을 끊어 풍요와 건강을 기원하기까지의 과정은 결국 이러한 상황들이 고리로 이어져 행해지고 있음을 다시 한번 확인하게 된다. 여기서 우리는 놀이 하나하나마다 보이지 않는 체계가 유지되고 있으며, 특히 점세를 위한 대동놀이의 경우 정확한 성 상징체계로 오행에 따른 행위가 엄격히 유지되고 있음을 확인할 수 있다.

4. 여성만의 놀이인 놋다리밟기

세시에 따라 여성들이 집단적으로 하는 놀이 가운데 안동의 '놋다리밟기', 전라도 일대의 '강강술래', 영덕지방에 '월월이 청청' 등이 있다.

그 가운데에서 놋다리밟기는 이미 지적됐듯이 성 상징체계를 잘 지니고 있다. 우선 남자들이 끼지 않은 여성들만의 놀이라는 것만으로도 흥미를 끌기에 충분하다. 더구나 휘영청 달 밝은 밤에 여성들끼리 손에 손을 마주 잡고 휘도는 모습이란 생각만 해도 상큼한 것이다. 보름은 달이 가장 풍만할 때이므로 풍요를 상징한다는 것은 상식이다. 게다가 달은 음양으로 보아 음의 속성인 여성을 나타내니 이 놀이 자체가 여성들만이 한다는 것은 달의 생력주기가 여성의 생리주기와 일치한다는 것을 감안하면 더욱 재미있는 놀이이다.

특히 이들 놀이는 하나같이 원무(圓舞)와 함께 노래를 부르며 소원을 비는 것이다. 그런데 원무의 형태는 그대로 보름달의 모습이다. 손을 잡고 좌우로 흔들면서 내닫는 동작을 하며 원을 그려나가는 것은 그 자체가 달의 순행원리를 그대로 닮고자 하는 것이다. 보름달만큼 풍성해지고 싶은 알뜰한 마음이 그 속에 은근히 간직되어 있다.

안동의 성밖놋다리의 경우, 동부는 초당집 서부는 잿집 마당에 집결하여 공주를 선출하고 둥둥데미를 시작한다. 둥둥데미는 손을 잡고 돌아가는 데 변화를 준 춤이다. 임재해는 이때 추는 원무를 세 가지로 나누어 살폈는데 원무 1, 2, 3이 그것이다. 이 가운데 원무 2와 3을 종합해보면 다음과 같은 춤의 모습을 볼 수 있다.[10]

⑴ 먼저 원형으로 앉은 상태에서 앞사람이 뒷사람과 잡은 손을 타넘으면서 나선형 모양으로 원을 그린다.
⑵ 그러다 선두가 원 안으로 감겨 들어가서 이 동작을 끝내게 되면 또아리 모양을 이루게 된다.
⑶ 다시 반대 방향으로 또아리를 풀어내면 차오른 보름달 모양을 이룬다.

춤은 원래 신을 위해 생긴 것이다. 비일상의 시간과 공간 속에

---

10) 임재해, 《한국민속과 전통의 세계》(서울 : 지식산업사, 1991), 221~245쪽.

서 사람들은 바로 이 신을 위해 가장 근원적인 삶의 의미를 음미하면서 서서히 그 형태를 만들어간다. 하늘 가운데 달을 모셔 놓고 그를 위해 분장을 하고, 화려한 의상과 함께 가면을 쓰고 달의 모습을 그려가는 것이다.

원래 우주는 혼돈과 암흑의 존재였다. 보이지 않는 신들은 바로 이러한 속에서 태어났다. 따라서 그 신들의 모습을 나타내기 위해 갖가지 색채와 형태가 동원되는 것이다. 달 밝은 밤 월신(月神)을 기리기 위해 곱게 단장한 여인들이 갖가지 모습에서 이러한 것을 확인할 수 있다. 서서히 움직이는 몸의 자세는 바로 자연을 바탕으로 한 것이다.

미야오(宮尾慈良)는 인간의 신체 움직임은 자연의 영향을 받고 자연이 지닌 에너지가 인간 신체 기능에 뚜렷이 호응하여 모습을 나타내는 것이라 했다.[11]

위의 경우 이 춤을 원만히 끝나기 위해서 동서부로 나눠 공주를 뽑는 의식을 거행한다. 이것은 놀이 전체를 위한 시발로서 하늘의 기운을 몸에 스미게 해 앞으로 추게 될 춤의 율동을 돕기 위한 것이라 할 수 있다. 이러한 에너지가 모아져 위의 (1)에서 (3)의 행위가 자연스럽게 이루어진다. 달이 차차 떠오르면서 만월이 되었다가 다시 기울어지는 달의 주기적 변화, 이것이 우리 인간으로 하여금 달의 모습을 모방하게 하는 것이다. 이때에 사람과 신이 하나가 되는 세계이다. 이는 곧 우주 자연의 리듬에 따라 조절이 된다.

어쨌든 위의 장면은 우주의 본체인 달을 향한 엄숙한 의식임에 틀림없다. 그런데 그 행위 하나하나가 동양의 역의 원리로 보

---

11) 宮尾慈良, 《아시아 무용의 인류학》(日本 parco 出版局, 1992).

면 음양의 순환체계로 이루어지고 있음을 알 수 있다.

(1)에서 잡은 손을 타고 넘어 (2)에서 감겨 들어가 또아리 모양을 만드는 것은 성행위를 그대로 모방한 것으로 생산을 위한 모의행위임을 알 수 있다.

이 원무가 끝나고 줄놋다리가 놓여지는데 이 줄놋다리를 남성생식기로 보고 이 위를 소녀나 소년이 밟아오도록 하는 것이다.

그런데 금소동 놋다리밟기를 보면 보름날 마을 부녀들이 몇 사람씩 어울려서 "어화루여 놋다리야" 하며 마을의 골목을 돌아다니면서 점차 큰 행렬을 이룬다. 1, 2동의 부녀가 제각기 원을 그리고 돌다가 헤어진다. 16일에 다시 안텃논에 모여서 꼬깨싸움을 한다.

이것은 소녀를 어깨 위에 놓고 끌어내리기 싸움을 하는 것이다. 이때 각기 "동부야 이겨라 서부야 이겨라" 한다. 그런데 이곳에서는 동부가 이겨야 풍년이 든다고 한다.

이는 음양오행상 동이 용을 상징하므로 서의 양을 이기는 본래 모습을 그대로 적용한 듯싶다. 동은 분명 음양으로는 양이기 때문에 지금까지의 관례로 볼 때 특이한 현상이라 할 수 있다. 이 외의 구무다리에서 동서부가 각각 만나 싸우는 모습에서 또 한번 성행위의 모습을 보게 된다. 구무는 구멍으로서 여성을 나타내며 다리 위에서 싸운다는 자체가 다리 사이에 있는 생식기임을 상징한다.

이로 볼 때 여성끼리 모여 노는 놀이에도 단순히 즐기며 노는 놀이가 아니라 엄연히 그 가운데 보이지 않는 자연의 순환체계가 이루어지고 있음을 알 수 있다. 특히 성행위의 모습에서 그러한 점을 발견하게 된다.

다음은 남성들만이 하는 동채놀이를 보자.

5. 동채놀이의 경우

놋다리밟기와는 달리 동채싸움은 남성들만이 하는 대동놀이이다. 전자가 달밤에 하는 여성적 음의 놀이라면 후자는 대낮에 하는 남성적 양의 놀이라 할 수 있다.

동채란 수레바퀴라는 경북 안동지방의 사투리이다. 수레바퀴의 형태란 그 자체가 불교의 윤회사상과 연결되는 것으로 놀이 제목 자체가 순환원리에 근거함을 알 수 있다. 이 놀이 또한 음력 대보름날에 거행한다. 수천 명이 참가하는 이 놀이는 읍내 남자 청장년들은 다 참가하게 된다. 따라서 승부가 바로 나는 것도 아니고 낮에 시작해서 밤까지 계속된다. 규모로 보나 모든 것이 줄다리기와 비슷하다. 그리고 보면 이 놀이도 한판의 승부를 내기 위해서 오랜 준비가 필요하다. 다음을 보자.

먼저 가을철 수확이 끝나면 내년 봄에 동채싸움을 하기로 결정한다. 그러면 동채를 만들 나무를 깊은 산속에 들어가서 선택한다. 먼저 2, 3명이 산속에 가서 큰 나무를 골라놓고 그 나무에 왼새끼줄을 둘러놓는다. 이것은 이 나무가 신성한 나무라는 뜻이다. 그 다음 인부들이 목욕재계하고 산신께 고사를 지낸 다음 나무를 베어온다. 이 사이에 여러 가지 금기사항을 지켜야 한다.

길이 10센티미터 지름 15센티미터 내외의 단단한 나무 2개를 다듬어 A자형으로 연결하고 삼끈·말총·머리칼 등을 섞어서 세 가닥의 줄을 꼬아 지름 1미터쯤의 둥근 방석을 만들어놓는다. 머리 부분도 이것으로 단단히 졸라맨다.

싸움날 정한 시간이 되면 양편의 수많은 청년들이 동채를 어깨에 메고 나온다. 동채 위에서 대장이 지휘를 한다. 동채 앞의 머리꾼들을 잘 살펴 후퇴 전진을 한다. 응원 군중은 "동부야 이겨라 서부야 이겨라" 흥분의 도가니이다.

승부가 끝나면 이긴 편은 신이 나서 짚신을 모두 벗어서 하늘 높이 던지고 상대방 방석을 뜯어서 하늘에 던진다. 이긴 편은 풍년이 든다고 좋아한다. 마을에 단결심과 아울러 평화가 깃든다.[12]

위를 다시 보면 제의·싸움·화해로 요약될 수 있다. 프라이가 주장하는 로만스의 완벽한 형식은 편력을 성공적으로 끝마치게 하는 것이다. 따라서 여기엔 위험한 여행과 준비단계의 소모험, 생명을 건 투쟁, 주인공의 개선 등 세 단계가 이어진다. 이 세 단계는 문학 형식에서 욕구 충족을 위한 꿈의 환상이라 할 수 있다. 이는 또한 문학뿐만 아니라 세시놀이에서도 위의 세 단계는 바로 놀이가 추구하는 목적을 위해 필요한 것이다.

이처럼 로만스가 세 구조의 거듭된 반복으로 이루어지듯이, 위 동채싸움의 경우도 이러한 상황은 마찬가지이다. 먼저 승부를 내기 위한 전단계로서 엄숙한 제의과정이 필요하다. 이것은 꽃을 피우기 위한 잠재기로서 겨울과 봄에 해당된다. 이는 물론 프라이의 형식으로 말하자면 위험한 여행과 준비단계의 소모험이라 할 수 있다. 험한 산속, 큰 나무, 왼새끼줄, 목욕재계, 고사를 지내는 모습이 바로 그것이다.

이러한 엄숙한 의식을 거쳐 투쟁의 날이 돌아오면 대장의 지휘 아래 치열한 싸움이 전개된다. 이 싸움에서 지면 흉년이 들고 마을 사람들의 친화에도 문제가 있다. 그래서 머리가 터져라 상대방을 윽박지르는 것이다. 동부야 이겨라! 서부야 이겨라! 마치 한 여름의 작열하는 태양 열기처럼 온 마을이 목적 달성을 위해 열이 올랐다.

---

12) 장주근, 앞의 책, 48~53쪽.

그런데 이 싸움에서는 다른 놀이처럼 반드시 서부가 이겨야 한다는 규칙이 없다. 이겨서 싸운 팀은 풍년이 들고 안녕이 오는 것이다. 이러한 경우는 이미 동부가 남성이고 서부가 여성이라는 구별된 성 개념보다는 토닥거리며 다투는 남녀 즉 음양의 조화가 더 중요하다. 따라서 더 굳건한 화해를 위해 화끈한 싸움이 있을 뿐이다.

그리하여 싸움 끝에 승부가 나고 한쪽이 이기면 개선장군 모양 지휘자를 중심으로 동네를 한바퀴 돌고 함께 풍년을 기약하며 즐거워한다. 그야말로 풍년과 안녕을 위한 고된 편력을 성공적으로 끝마치게 되는 것이다. 그리고는 다시 내년을 기약하고 잠재기로 들어가는 것이다. 이처럼 동채놀이는 특히 프라이의 로만스 구조를 잘 그리고 있다. 이것은 곧 봄·여름·가을·겨울의 순환처럼 화끈한 여름의 싸움과 화해를 거친 잠재기 겨울의 순환과도 연계된다.

그리고 보면 이 놀이 속에도 엄연한 자연의 순리 원칙이 진하게 배어 있다 할 것이다.

6. 수영야유의 경우

탈놀이란 주지하다시피 탈놀이만 하는 것이 아니라 그 이전에 길놀이부터 시작된다. 길놀이는 탈춤의 본격적인 놀이를 위해 구경꾼을 끌기 위한 준비단계에 불과하다. 싱싱한 열매의 상징인 탈춤의 진수를 위해 마른 땅에 물을 주고 씨를 심는 봄의 의미가 있다.

원래 농촌에서 농민들이 놀던 탈놀음은 도시에서 놀던 상업성이 있는 놀이와는 다르다. 큰 시장바닥을 중심으로 직업적인 놀이로 행해질 때는 이미 내용도 달라지고 모든 행위가 달라질 수밖에 없다. 수영야유는 음력 정초에 수영야유계(水營野遊契)가 주동이 되어 지신밟기로 시작되는 전형적인 농촌 탈춤이다. 그 놀이의 절차를 보면 다음과 같다.[13]

⑴ 수영야유계가 지신밟기를 하며 걸립(乞粒)을 한다. 이것은 연희 비용을 충당하기 위한 것이며 수양반이 중심이 되어 성주풀이부터 시작하여 대문풀이까지 행한 다음 그 마당에서 한판 노는 주신(酒神)풀이로 끝을 맺는다.

⑵ 탈과 등의 제작 준비가 끝나면 가까운 동네의 농악대가 합세하여 길놀이가 시작된다. 선두에 소등대(小燈隊), 풍악대, 길군악대, 팔선녀, 말을 탄 수양반, 난봉가패 순서로 이어진다. 이러한 대열이 즉흥적인 놀음놀이로 변하여 마을 사람들과 같이 즐긴다.

⑶ 저녁나절 수영장터에 이르러 밤이 깊어 탈놀이를 하게 된다. 탈놀음의 순서는 양반마당, 영노마당, 할미영감마당, 사자춤마당으로 이어진다.

⑷ 마지막으로 줄다리기를 함으로써 대동놀음 전부가 끝난다.

본 야유의 과정은 탈춤만이 모든 것인 양 부각시키는 탈춤광들에게는 좋은 일깨움이 된다. 보다시피 위 ⑶의 탈놀이는 야유 전체 놀이에서 볼 때 그 일부분에 지나지 않음을 알 수 있다.

야유는 지신밟기를 시작으로 길놀이·탈놀이로 이어져 줄다리기로 끝나는 풍농을 위한 정월 세시놀이이다. 위 네 단계의 순서는 곧 자연순환의 원리를 그대로 답습하고 있음을 확인할 수 있

---

13) 심우성, 《한국의 민속극》(서울 : 창작과비평사, 1977), 25쪽.

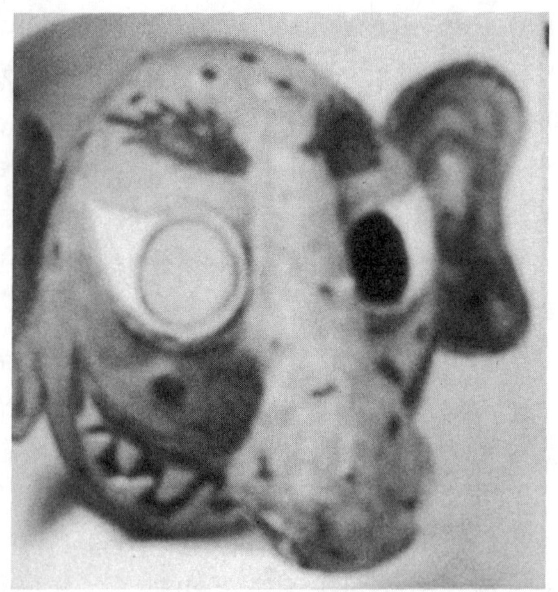

말뚝이

다. 이 경우 지신밟기는 봄, 길놀이는 여름, 탈놀이는 가을, 줄다
리기는 겨울로 대치할 수 있다.

야유 자체가 마을의 안녕과 풍년을 기원하기 위한 세시놀이로
규정할 때 이것은 결코 억지나 우연으로만 생각할 수 없다. 위
경우에 지신밟기는 야유 전체를 위한 서곡으로 일종의 신이 내
려 풍물잡이를 앞세우고 춤추며 돌아다니면, 풍년과 번영이 도래
한다는 삶의 약동을 확인하는 행위라 할 수 있다. 이것은 겨울의
억압에서 벗어나서 봄을 맞이하는 기쁨의 상징적 표현이다.

그래서 이러한 행위는 그 다음 단계로 마을 사람 전체가 어울
려 노는 길놀이의 활력소 역할을 한다. 이것은 한 현상으로부터
다른 현상으로 움직이는 프라이의 희극적 움직임이며 동시에 역

의 원리인 생(生)과 장(長)의 성질을 지닌 춘하(春夏)의 모습이다. 그래서 이 활력소는 불의 성질을 지닌 여름의 성격이 강하다.

이 단계가 지나가면 놀이마당을 재정비하고 전문 탈꾼들이 본격적인 탈놀음을 전개하며 잠시 숙연해진다. 이것은 프라이의 비극적 움직임으로서 역(易)의 금(金)과 수(水)의 성품을 지닌 음의 모습이다. 여기엔 흩어졌던 마음을 다시 정비하고 하나로 정신을 집중시키는 가을의 성품이 있다.

그리고 다시 여러 사람이 마음을 합쳐 편을 짜 열심히 땀을 흘리는 줄다리기를 하게 되는데 이것은 마을 전체의 안녕과 풍년을 위한 수(收)와 장(藏)의 뜻을 지니고 있다. 이 줄다리기가 끝나면 수영야유는 끝이 나고 앞으로 일 년 동안은 겨울잠을 자듯 깊은 동면에 들어가게 된다. 그리고 다시 다음해 정월이 되면 지신밟기부터 새 출발을 하게 되는 것이다.

이렇듯 탈춤이 낀 야유놀이도 엄숙한 자연의 질서인 음양의 원리로 진행되고 있음을 알 수 있다. 탈춤만 따로 논의해 겨울과 여름의 싸움을 상징한다는 종래의 논의[14]도 바로 이러한 자연순환의 원리로 이어지고 있음을 다시 확인하게 된다.

7. 맺음말

지금까지 세시놀이에 나타난 성 상징체계를 노드럽 프라이의 순환원리와 동양의 역의 원리를 원용해 고구해보았다.

세시놀이란 일 년중 시절에 따라 반복해서 행해지는 놀이를 말

---

14) 조동일, 《탈춤의 역사와 원리》(서울 : 홍성사, 1979), 248쪽.

한다. 고대인들은 자기 의식 속에 새겨진 자연의 질서를 놀이화했는데 이것은 우주의 질서를 돕는 하나의 방편으로 여겼다. 따라서 이에 부합된 모방행위를 함으로써 자기의 위안을 삼은 것이다.

프라이는 바로 이러한 자연의 질서를 원용해 문학이론으로 정립했는데, 그 방법의 하나가 신화의 순환원리였다. 그에 의하면 봄·여름·가을·겨울의 순환이 작품의 여러 현상에 적용됨을 증명하기 위해 봄·여름의 희극적 움직임과 가을과 겨울의 비극적 움직임으로 나눠 설명을 했다. 그래서 자연적 주기에서 위의 절반을 로만스의 세계와 순진무구의 아날로지로 규정하고, 아래 절반은 리얼리즘의 세계와 경험의 아날로지로 규정했다. 그러나 세시놀이를 규명하기 위한 방편으로는 역시 역의 원리가 첨가되어야 올바른 성 상징체계가 정립될 수 있다. 그래서 이러한 현상들을 동양의 역의 원리 즉 음양오행의 변화를 보충시켜 고구했다.

그러나 줄다리기의 경우는 위의 상황들이 어느 정도 맞아떨어지나 동채놀이의 경우는 이보다는 프라이의 희극적 움직임의 상황에서 더 잘 들어맞는다. 이로 보아 대비하는 데 약간의 문제점도 드러나는 것 같다. 이것은 아무래도 문학형식에서만 적용될 수 있는 신화의 원리를 놀이 쪽까지 끌어오는 데서 오는 약간의 무리인 줄 안다.

하지만 위에서 보듯 줄다리기와 함께 놋다리밟기는 음양의 성격과 함께 자연의 순환원리를 그대로 본받은 듯 성 상징체계에서 가장 적절한 대비사항이라 할 수 있다. 이를테면 춤을 원만하게 끝내기 위해 공주를 뽑는 의식을 거행한다든가 춤의 여러 형상이 달의 주기적 변화를 그대로 모의하고 있다는 것이 그러한 예이다.

전언한바 동채놀이는 특히 프라이의 로만스 편력과 일치함을 보였는데 여기엔 위험한 여행과 준비단계의 소모험, 생명을 건

투쟁, 주인공의 개선 등 세 단계가 그대로 이어지고 있음을 볼 수 있었다. 그리고 끝으로 수영야유는 지신밟기를 시작으로 길놀이·탈놀이·줄다리기로 끝나는 풍농을 정월 세시놀이이다. 위 네 단계의 순서는 곧 자연순환의 원리로 지신밟기는 봄, 길놀이는 여름, 탈놀이는 가을, 줄다리기는 겨울로 대치될 수 있다.

결국 세시가 달과 태양의 운행 관계에서 이루어짐을 생각할 때 이를 바탕으로 한 세시놀이가 앞에서 기술한 여러 갈등과 대립이 다시 해소되는 반복의 논리임이 자명해진다.

춘화의 예술사적 전개와 의의

·

김 헌 선

1. 춘화 어떻게 접근할 것인가?

이 글은 한국의 전반적인 성관념을 체계적으로 접근하기 위해
마련된 것이다. 기왕에 필자는 몇 가지 글을 통해서 한국인의 성
의식이 빚어낸 유형과 무형의 성관념 형상을 검토한 바 있다.[1]
논의의 초점은 한국인의 성의식을 구체적으로 논의하기 위해서
예술사적 접근이 반드시 요청되며, 신앙, 구비 전승, 물질 전승을
포괄하는 문화사적 접근 또한 요청된다고 진술한 바 있다. 정작
이 논의도 이와 같은 시각과 궤를 같이하면서도, 다소 변별되는
특징을 지닌다. 지금까지 이 글에서 다루고자 하는 춘화류에 대
해서는 도덕적 잣대나 불필요한 선입견에 사로잡혀서 논의가 불
가능하였을 뿐만 아니라, 다루고자 하는 시각도 호사가의 취미에

---

1) 김헌선, 〈18세기 예술에 구현된 성의 의미〉, 미발표 원고(1992) ; 김헌선,
　〈구비전승과 기물타령의 기능〉, 《민속문학과 육당》(1996년 하계 민속학 연
　구 발표대회, 1996).

그쳐서 전격적 접근이 불가능했다고 보는 것이 정확하다. 춘화에 나타난 성적 호기심이나 형상에서 벗어나 춘화가 지니는 값진 예술사회학적 접근이 진실로 필요하다.

춘화는 성의식에서 비롯된 그림이다. 성의식은 유형과 무형의 문화를 축적하였는데, 춘화는 성의식이 산출한 유형의 산물이라는 점에서 일단의 주목이 요청된다. 성은 생식의 기본이 되면서도 문화의 저변을 확고하게 마련해준 기본적 상징이다. 통시적으로 볼 때 성관념은 성적 상징물이나 제의 및 신화 등이 서로 분리되지 않는 유기체적 연관을 갖고 있었다. 그런데 후대에 이르러 성관념은 특정 종교의 관념에 예속되면서 점차로 억압되고 분화되기에 이르렀다. 엄격한 금욕주의와 도덕주의는 철저하게 성의식을 배제하다가 자연스러운 인간성이 재발견되고 진정한 생의 궁극성을 제고하면서 다시금 유형과 무형의 예술품을 통해서 성의식을 지향하고 추구하기에 이르렀다. 춘화는 중세적 억압에서 벗어나 자연스러운 성적 호기심을 표현했다는 점에서 중요한 유산이라고 생각한다. 우리나라에도 춘화가 적지 않게 남아 있다.

춘화는 우리 조상들의 성적 관심이나 성문화의 표현일 뿐만 아니라, 그것이 하나의 그림으로 여겨졌기 때문에 예술사 일반의 흐름과 그 궤를 같이한다. 또한 작자와 수용자가 소비유통의 구조를 창출하면서 일정한 흐름을 겨냥한다는 점에서 각별한 의미를 갖는다. 춘화는 자족적 소비형태에 머무르지 않고, 소비사회가 요구하는 소비자 내지 수용자 욕구의 대상이 된다. 이것은 사용가치를 넘어서는 교환가치의 대상물로 춘화가 의미 변질을 겪었다는 뜻이다. 따라서 단순한 성적 자극이나 최음의 목적으로 춘화를 바라보는 시각은 시정되어야 마땅하다.

이 글에서 특히 주목하고자 하는 것은 기왕의 견해 가운데 토쉬타인 베블렌이나 장 보들리야르류의 사회학적 논의를 유념하면서도 서구에서 이루어진 에드아르트 푹스나 반 홀릭의 성풍속사적 시각도 참조하고자 한다.[2] 베블렌과 보들리야르의 견해는 소비사회의 기틀을 이해함에서 아주 유용한 분석의 틀을 제시하고 있으며, 푹스나 홀릭의 견해는 성풍속 자체가 일반적인 역사의 흐름에 어긋나지 않는다고 하는 가설을 세우는 데 매우 유용한 척도를 제공해준다. 그러나 이들의 논의가 이 글에 절대적인 분석의 틀을 제공한 것은 아니다. 오히려 논의의 자극은 되었을지언정 이 글의 논의는 우리 자료에 기초한 독자적 접근이 필요하게 되었다.

이 미흡한 논의가 춘화 자료가 공개되면서 튼실한 후속 연구로 이어지기를 기대한다. 이제 본격적인 논의를 하기 전에 춘화에 대한 예비적 논의를 하기로 한다.

1) 춘화의 개념

춘화는 홍선표에 의하면, 남녀의 직접적인 성풍속 장면을 소재로 그린 그림이라 정의하고, 남녀교합지상(男女交合之狀)이나 남녀상교지형(男女相交之形)을 노골적이고 선정적으로 묘사하여 춘흥을 즐기거나 성욕을 촉진시키는 최음을 목적으로 그려진 것이라고 하였다.[3] 춘화라는 용어는 다소 거부감이 있는 것이나,

---

2) 베블렌, 《유한계층론》(서울 : 양영각, 1989) ; 장 보들리야르, 《소비의 사회》
(서울 : 문예출판사, 1992) ; 에드아르트 푹스, 《풍속의 역사》 1~4(서울 : 까
치, 1988~1992) ; 반 홀릭, 《중국성풍속사》(서울 : 까치, 1992).
3) 홍선표, 〈춘화〉, 《한국민족문화대백과사전》 22(성남 : 한국정신문화연구원,
1991), 605쪽.

과거 이래의 자료에서 지속적으로 거론되었으므로 이 용어는 그다지 잘못된 것이 아니다. 따라서 춘화라는 용어는 그대로 사용하기로 한다. 이 논의는 춘화의 실상을 접하고 규정한 것이어서 어느 정도 실질적인 내용을 갖춘 것이라고 할 수 있다. 이를 다시 재론하면 남녀교합지상은 실제로 남자와 여자의 성결합 장면이 성기를 노출한 채 노골적인 것이라면, 남녀상교지형은 성결합을 암시하는 것이면서도 남녀가 만나는 즐거움 자체를 더욱 소중하게 여기는 것이다. 전자는 직접적 성희를 소재로 하는 것이고, 후자는 직접적 성희를 하기 위한 전단계의 만남을 은밀하게 노출한 것이다. 이 두 단계의 그림을 합쳐서 춘화라 통칭한다.

춘화는 몇 가지 이칭이 존재한다. 춘의도(春意圖), 운우도(雲雨圖), 성희도(性戱圖) 등이 그것이다. 이 가운데 특별한 설명을 요하는 것은 운우도이다. 운우도는 운우지정(雲雨之情)이니 운우지락(雲雨之樂)이라고 해서 이미 국문학 작품에서는 아주 익숙한 용어이다. 그러나 이 말의 본디 의미는 밝혀진 것 같지 않다. '운'은 여성의 질에서 나오는 분비물을 뜻하고, '우'는 남자의 성기에서 나오는 분비물과 정액을 의미한다.[4] 과연 이러한 용어가 그렇게 사용되었는지 준신(準信)할 일은 되지 못하나, 도가 계통의 서적이나 방중술에서 어느 정도 타당하게 쓰인다고 할 수 있다.

춘화의 문헌적 전거(典據)는 드문 편이다. 춘화의 전거를 찾기 힘들다는 말은 두 가지 각도에서 되새겨 음미할 만하다. 하나는 춘화의 실상이나 유통에 대한 가치 평가를 하는 것이 찾기 힘들

---

4) 반 훌릭, 앞의 책, 55쪽.

다는 것이다. 워낙 호사가의 기호 아래 은밀하게 유통되어서 그 구체적 실상을 접하기 어렵다. 또한 엄격한 도덕적 잣대에 입각해서 망실되었을 가능성도 있다. 실제로 모 인사의 경우에 은밀하게 보관해오던 신윤복의 춘화를 책갈피에 넣어두었다가 그 부인이 이를 발견해서 망측하다고 하여 불살랐다는 이야기가 야담처럼 전해지기도 한다.

다른 하나는 예술사나 회화사에서 거론한 자료가 존재하지 않는다는 말이다. 작품의 존재가 있기는 하지만 이를 본격적으로 공개해 다루지 않음으로써 자료 자체를 인멸시킨 경우도 있다. 그러나 다행스럽게도 몇몇 자료는 춘화의 지내온 내력이나 유통을 미흡하나마 전해주기도 한다. 예컨대 박양한의 《매옹한록(梅翁閑錄)》과 이규경의 《오주연문장전산고》 및 여항시인의 춘화 제시가 그에 적절한 사례이다. 이들 자료는 단편적이기는 하지만, 춘화의 유통을 짐작하는 데에 매우 소중한 국면을 제공해주는 자료이다.

박양한은 1677년부터 1746년까지 살았던 인물이다. 그가 남긴 《매옹한록》은 야담집으로 인조·효종·현종·숙종시대의 시사를 기록한 것으로 자료적 가치가 매우 높은 것이다. 《매옹한록》에 아주 음미할 만한 대목이 있으니 이를 소개하면 다음과 같다.

명나라 말기에 음탕스러운 풍기가 나날이 더욱 심해졌다. 남녀의 교합하는 상을 혹은 새기기도 하고 혹은 그림으로 그리기도 하였다. 그림을 그리는 것은 춘화라고 지칭하고, 새기는 것은 춘의라고 일컫는다. 점잖은 벼슬아치가 이를 완상하고 즐기면서도 수치스러움을 알지 못한다.

인조 때에 모문룡이 가도에 있으면서 우리나라와 더불어 통신사를 주고받았는데, 통신사가 와서 예물을 바쳤다. 그 가운데 상아로 만든 춘의 일습이 있었다. 인조가 벼슬아치들에게 하사하여 상아로 새겨 만든 남녀의 형상을 눈으로 감상하게 하였다. 우리나라 사람들은 오히려 아직 보지 못한 것이라 모두 모문룡이 이것으로써 욕되게 하는 것이라 여기고, 달리 당인들의 기호품임을 알지 못하였다.

인조가 마침내 명하여 춘의를 깨트렸다. 이때 조정 대신이 이를 수집하고, 완상하는 자는 이것으로써 벼슬길을 막겠다는 의론이 있었다. 이로써 보건대 우리나라 풍속이 청결했음을 가히 알겠다.

옛날에 삼괴 신종호가 기방 상림춘의 문에 시를 적었으니 다음과 같다.

> 다섯 번째 다리 머리 위에 수양버들 휘늘어졌는데
> 느지막에 스며드는 바람과 날씨 점차 맑고 다사롭네
> 열두 겹 상념 속에 사람이 옥과 같이 있고
> 대궐 안 사신이 말발길 따라왔네.

이것은 가히 풍류와 아취가 있음을 일컫는 것이다. 오히려 이것으로써 벼슬길에 장해가 오래도록 있었다.……그 부류에서 알 수 있다.

지금은 춘화 등속이 연경으로부터 유포되어 사대부들이 많이 보면서 가히 수치스러움을 알지 못한다. 당시에 시 한 수로 벼슬길이 막혔던 것을 보면 지금은 어떠한가?[5]

박양한의 《매옹한록》에서 뽑은 이 자료는 매우 소중한 것이 아닐 수 없다. 이 자료는 네 가지 측면에서 중요한 근거를 제공한다.

첫째, 우리나라에 춘화가 전래된 것이 인조 때라는 사실이다. 과연 사실과 부합되는지 정밀한 검토가 요청되나 명말 청초에 유행한 중국의 춘화가 등장하게 된 시기를 분명하게 가늠해주는

---

5) 김기동, 《한국문헌설화전집》 8(동국대학교 한국문학연구소, 1981), 581쪽.

자료라 하겠다. 그러나 공식적인 경로 외에도 이와 유사한 자료의 유입이 이루어졌음은 인용한 문면의 다음 대목에서 개인적인 수집가가 존재했음을 통해서 확인할 수 있는 바이다.

둘째, 춘화와 춘의의 엄격한 구분이 존재했다는 사실이다. 지금까지 이 대목에서 춘화와 춘의도가 구분되지 않았다. 그 점이 이 자료에 의해 밝혀졌다. 춘화는 남녀의 교합지상을 그림으로 그리는 것을 의미하고, 춘의는 그것을 조각이나 상아에 새긴 것을 의미한다는 점이다. 그러나 과연 이 사실이 적실한 것인지 이 역시 자세한 검토가 요청되나, 이 자료의 신뢰성에 비추어보건대, 춘화와 춘의의 구분이 이루어졌음을 알 수 있다.

셋째, 이 춘화가 박양한이 생존한 시기에도 거듭 수입되었음을 알 수 있다는 점이다. 연경으로부터 춘화 등속이 전해져서 사대부들에게 널리 유행하고 있음을 마지막 부분에서 지적하고 있다. 중국의 성문화가 조선조 당시에 여러 가지 유통경로를 거쳐서 들어왔다고 생각한다.

넷째, 이 문면은 매우 경직된 유교 이념을 시사한다. 저자 박양한은 당파 가운데 소론의 처지를 나타내는데, 저자를 위시한 일부 양반계층에서 상당히 배타적인 입장을 취하고 있음을 말해 준다. 그래서 겉으로는 유교적 명분론을 내세워 조선조 성문화의 타락을 강력하게 비판한다.

박양한의 《매옹한록》에 나타난 태도는 이규경의 《오주연문장전산고》에 그대로 가감 없이 수용된다. 이규경은 중국과 우리나라의 기생 원류를 고증하는 대목에서 이와 같이 인용하였다.[6] 아무튼 필자가 확인한 범위에서 박양한과 이규경의 자료는 독자

---

6) 이규경, 《오주연문장전산고》 11(서울 : 민족문화추진회, 1981), 113쪽.

적인 것으로 보이고, 이후에 나온 여항시인의 춘화 제시는 많이
존재한다고 말하나 겨를이 없어서 찾지를 못했다.

2) 춘화에 대한 기존 시각

우리는 위에서 확인할 수 있는 것은 고금에 걸쳐 춘화를 바라
보는 관점이 상당히 경직되어 있다는 것이다. 이러한 태도는 엄
격한 도덕률이나 윤리관에 근거한 것으로 나름대로 타당한 값어
치를 지닌다. 그러나 이때문에 춘화가 지니는 본질적 측면이 평
가절하될 수는 없다. 당대의 풍속이 지니는 실체성은 물론이고,
성적 관습이나 이론적 성과학을 이해하는 데에 표피적이고 자극
적인 측면을 배제하고 춘화의 본질에 대한 접근이 시급히 요청
된다. 춘화가 발생하게 된 사회적 단층이나 소비적 욕구를 좀더
진지하게 이해하여야 하기 때문이다. 춘화의 분석은 적나라한 성
적 실체는 물론이거니와 진전된 인간의 욕망이나 인식의 틀을
해명하기 위해 반드시 요청되는 작업이 된다.

춘화가 무가치한 것이라고 말하는 비판자는 다음과 같은 물음
에 답변을 하여야 한다.

첫째, 춘화의 소재와 동일한 내용이 사설시조나 휘몰이잡가에
등장하는 것도 몰가치적이라는 동일한 가치평가에 답해야 한다.
사설시조·판소리·탈춤·춘화의 성적 소재는 전달매체를 달리했을
따름이지 기실 동일한 시대정신의 소산임에 의문의 여지가 없다.
서로 맞물려 있는 조선후기의 예술사를 해명하기 위해서 어느
한쪽도 소홀히 할 수 없는 다면적이고 입체적인 소재로서 성이
활용되었음을 부인할 수 없겠다. 따라서 이에 대한 포괄적 접근
이 요청되고, 춘화 자체에 경직된 태도를 보이는 것은 온당하지
못할 뿐만 아니라, 편향된 태도라 할 수 있다.

둘째, 조선후기의 경우에 성적 소재로 표현된 인간 주체 정신의 근대성을 발현한 적절한 범례이다. 진정한 자기 발견에서 가장 눈에 띄는 것은 성에 대한 재인식이고 성적 가치에 대한 발흥이다. 엄격한 중세적 질곡이 이완되면서 인간 자체가 발견되고, 그 가운데서도 성의 실현으로 참다운 자기 발견이 이루어졌기 때문이다. 이와 같은 양태로써 춘화는 아주 요긴하고 적절한 사례가 아닐 수 없다. 게다가 중국의 춘화를 그대로 복제한 것이 아니고 한국의 실경을 바탕으로 한국의 성풍속이 발현되는 예술사적 전환이 한국의 춘화를 통해서 18세기에 이루어진다.

셋째, 동아시아 춘화의 흐름이 한·중·일을 놓고 볼 때에 정체되느냐 진전되느냐 하는 가치판단의 시기가 바로 조선후기였다는 점에 주목해야 한다. 중국과 일본에서 춘화가 왕성하게 제작되어 보편화되던 단계임에 비해서 한국은 일차적인 소비형태로 머물고 있었다. 특히 일본은 우키요에(浮世繪)라는 독자적 회화양식이 에도(江戶)시대를 기점으로 마련되고, 갖가지 형태로 시험되다가 마침내 판화의 형태로 서양에 전래되는 행운을 얻게 된다. 그 결과 반 고호나 폴 고갱을 위시한 후기인상파 회화의 저층 노릇을 했던 점에 유념할 필요가 있다. 동서양의 회화사가 춘화 내지 풍속화를 매개삼아 만나게 되는 기록적인 사건이라 하겠다. 춘화 자체를 결코 좌시할 수 없는 긴요한 회화사의 동서양 주고받기를 했음을 알 수 있다. 회화 자체에 머무르지 않고 공예품으로까지 확장되는 과정에서 일본 문화에 대한 정서적 친밀감을 고취시켰다는 점에서 일본의 우키요에는 매우 긴요한 구실을 한 것으로 보인다. 따라서 이와 같은 시각에서 춘화가 주요 사조로 됨을 확인하게 된다. 이에 비해서 우리 춘화에 대한 홀대가 춘화의 몰락을 가져왔다. 한국 춘화의 몰락이 문화전략적 차원에서 우리 예술의 입지를 약화시켰다는 판단 또한 적절한 것이다. 이러한 흐름에 어떻게 대응하게 될지 자못 궁금하다. 아직까지 춘화를 평가절하한다는 것은 이러한 뜻에서 무모하다.

따라서 춘화의 무가치론은 이제 마땅히 배격되어야 한다. 정작 필요한 그림이 애호가나 비장가의 수중에서 완상되고 보존되는 동안에 참다운 논의가 이루어지지 않은 것은 불행한 일이다. 성적 행복은 공유되어야 마땅하다. 춘화의 예술사적 논의를 위해서 진정한 우리 예술의 절실함을 맛보고, 이를 이해할 수 있는 새로운 관점이 요청된다고 하겠다.

3) 새로운 접근방법

춘화는 미적 가치와 시대적 가치를 동시에 지닌다. 춘화의 미적 가치는 우리가 누리는 일상적 성을 소재로 해서 우리 회화 기법에 의존하여 춘화를 완성시켰다는 점이다. 이러한 미적 가치는 겸재류의 진경산수화나 단원·혜원의 풍속화류와 동일한 시대정신의 발현이다. 예술적 자아의 발견이 18세기에 동시대적 전체성으로 나타난다. 한국인의 자아의식이 동일하게 작용하여 18세기 예술사에 걸출한 진경산수화·풍속화·춘화에까지 구현된 것이다. 이러한 미적 가치를 간과하여서는 안 되겠다.

춘화의 시대적 가치는 두 가지 측면으로 나누어 설명할 수 있다. 첫째는 춘화의 내적 흐름에 근거한 시대적 가치로 일컬을 수 있는 것으로 좁혀 말한다면 '신윤복 춘화류의 유행'이라는 회화 사조적 흐름을 지적하는 것이다. 어떠한 형태의 예술이든 하루아침에 하늘에서 뚝 떨어지는 것은 결코 아니다. 반드시 한 흐름을 탄생시키기 위한 전단계의 예고편이 있고, 몇 명의 걸출한 천재 예술가에 의해서 구체적인 창작시기가 있고, 다음에 기법적 구조

적으로 이를 유행하고 모방하는 단계의 흐름이 반드시 속출하게
된다. 우리 회화사에서 은밀하게 진행된 '신윤복 춘화류의 유행'
이 이에 적절한 범례이다.

둘째는 춘화를 둘러싸고 있는 시대적 가치이다. 전 세계 회화
사에서뿐만 아니라 동아시아의 경우에 춘화의 등장이 곧 근대적
의미의 소비형태로 이어지는 특이한 현상을 보여준다. 상업적 이
득으로 환원될 수 있는 그림의 형태에서 나타나는 초보적이고도
원천적인 증후가 곧 춘화의 등장으로 나타난다. 신윤복의 사례로
보건대 춘화를 그려 도화서에서 쫓겨났다고 하는 일화는 바로
그러한 방증에 해당한다. 도화서의 화가이기보다는 직업적 화가
로 전환하여 영리를 추구할 수 있었던 것이다. 비슷한 현상으로
문학계에서 필사본의 형태가 방각본이나 세책가의 형태로 발전
하는 것과 비교된다. 관의 주도에 얽매이지 않고 생산자의 임의
대로 상업성을 지향하면서 자유분방한 주제를 택할 수 있었던
것이다. 그러나 문학작품의 인쇄 유통과 회화의 수작업적 특징은
그 차이점이 뚜렷하다. 인쇄 유통은 상업 유통의 질적 변환을 가
져왔으나, 회화의 경우는 그렇지 못했다.

물론 이밖에도 더 다양한 소비사회적 움직임이 다면적으로 진
행되었을 것으로 짐작된다. 조선후기에 창작된 많은 화가의 전기
가 이를 방증한다.[7] 이들 화가나 예능인의 일생을 검토해보면 예
술창작에서 이들의 생애에 패트런(patron)이나 상업성이 얼마나
중요한 것인지 실감하게 된다.

춘화에 대한 접근은 이와 같은 가치를 제고하면서 모색되어야

---

7) 박희병, 〈조선후기 예술가의 문학적 초상〉, 《한국고전인물전연구》(서울 :
   한길사, 1992).

하겠다. 미적 가치와 시대적 가치가 색다른 것이 아니기에 동전의 양면처럼 양측면을 춘화 자체가 모두 지니고 있기에 이에 근거해서 논의를 펴야 마땅하다. 그래야 춘화의 가치가 온전히 논의될 수 있기 때문이다.

4) 춘화 자료와 실상소개

본격적인 논의에 앞서서 지금까지 필자가 구입한 슬라이드나 사진 형태로 있는 춘화의 실상을 있는 대로 소개하기로 하겠다. 다만 아쉬운 점이 있다면, 이밖에도 여러 자료가 있을 것이나, 구체적 소장자나 자료의 전모가 파악되지 않아서 안타까울 따름이다. 지금까지 파악된 자료를 소개하면 다음과 같다.

    ⑴ 김홍도, 〈사계춘화첩〉(《조선시대서화명품도록》, 덕원미술관 소장)
    ⑵ 신윤복, 일련의 〈춘화〉(간송미술관 소장)
    ⑶ 신윤복, 《속화첩》 10점(인우회 전시)
    ⑶ 전(前)신윤복, 《춘화첩》(사진 소장)
    ⑷ 최우석, 〈운우도〉(원동석 제공 자료)
    ⑸ 〈춘화〉(전남대 박물관 소장)
    ⑹ 〈일소도〉(《한국의 성》에 소재)
    ⑻ 〈춘화〉(작자 미상)
    ⑼ 《간염록》(국립중앙박물관 소장)
    ⑽ 〈춘화〉 등속(작자 미상)

⑴은 1992년에 공개된 것이다. 그러나 이 그림 역시 암암리에 세상에 슬라이드나 사진 형태로 유통되던 것인데, 이제서야 그 전모를 나타냈다. 봄·여름·가을·겨울 등 사계절을 배경으로 남녀의 성행위 과정을 묘사한 것이다. 이 작품은 실제 그림에서 확인할 수 있듯이 섬세한 필치와 실경산수의 배경이 탁월하게 묘사

되어 있다. 이 작품이 단원 김홍도의 것으로 보이는 이유는 봄 장면에서 단원이라는 낙관이 양각되어 있고, 여름 장면에서 김홍도라는 낙관이 음각되어 찍혀 있다. 가을 장면에서는 김홍도라는 낙관이 음각되어 있고, 겨울 장면에서는 단원이라는 낙관이 양각되어 찍혀 있다.

이 김홍도의 춘화는 장면 설정이 탁월하다는 점에서 일단 주목되지만, 더욱 주목되는 점은 홍선표의 주장대로 단원과 혜원의 사승관계를 입증하는 유력한 증좌가 된다는 사실이다.[8] 실경산수·설채·담채 등의 기법이 혜원 신윤복의 그것과 매우 흡사하기 때문이다. 신윤복의 그림이 우연히 탄생된 것이 아니고, 오래전부터 준비되었고 그 교량적 구실을 한 이가 곧 김홍도이고, 그 실례가 곧 김홍도의 《사계춘화첩》인 셈이다. 신윤복이 산수의 빼어난 풍광과 경치 가운데 봄의 진달래를 즐겨 그렸는데, 김홍도의 봄 장면에 여실하게 나타나 있다. 또한 남녀가 농도 짙은 밀애를 하는 것도 신윤복 그림에 자주 보이는 것이다.

단원의 《사계춘화첩》은 성행위의 과정과 밀도가 각기 다르게 구현되었다. 봄 장면에서는 남자의 무릎 위에 여자가 걸터앉은 형국이다. 여름 장면에서는 남녀가 각기 서로의 성기를 손으로 애무하는 장면이다. 익살스러운 것은 여성의 웃저고리는 벗겨지지 않았다는 사실이다. 가을 장면에서는 전라의 남녀가 등장하는데, 여성이 누운 자세로 양다리를 남자 허리에 감은 채 남자의 성기가 여성의 성기에 삽입되어 있는 장면이다. 겨울 장면에서는 유독 야외의 실경이 거세되고 추운 날씨 탓인지 실내로 설정되

---

8) 홍선표, 〈단원 김홍도의 사계춘화첩〉, 《조선시대서화명품도록》(서울 : 덕원미술관, 1992), 105쪽.

었다. 남자가 성욕에 발흥된 탓인지 미처 문도 닫지 않고 의장을 풀고, 자리에 누운 여성을 향해 덤벼드는 찰나를 옮겨 놓았다. 겨울 장면은 김홍도 그림의 순간포착적 기법이 어김없이 드러나 있다. 실경이 사라지자 본디 김홍도 그림의 맛이 살아난다. 긴 장죽을 물고 있는 천연덕스러운 여성과 화급한 남성이 좋은 대조를 보인다. 아무튼 이 자료는 우리 춘화의 전통을 캘 수 있는 소중한 것이다.

(2)는 지금까지 알려진 혜원 신윤복의 그림을 총칭한다. 신윤복의 그림은 은밀하고도 직접적으로 모두 춘의를 함축하고 있다. 혜원 그림이 모두 40여 점이며, 간송미술관에 혜원전신(蕙園傳神)으로 된 것이 거개 이에 속한다. 얼마 남지 않은 그림이 모두 춘의를 머금고 있으므로 매우 인상적이라 하겠다. 그런데 왜 모두 이러한 그림만 남게 되었는지 미술사의 지난한 과제이다. 혜원 신윤복의 춘화는 본격적으로 등장하지 않았으나, 직접적 원인을 제공한 장본인이다. 혜원 춘화 유행을 창시했기 때문이다. 또한 혜원 그림은 간접적 춘화이기에 이를 주목할 필요가 있겠다.

이 가운데 〈단오풍정〉은 혜원 신윤복의 익살끼가 담뿍 배어 있고, 설채나 구도가 한층 뛰어난 작품이다. 아마 단오날 그네를 뛰는 아낙네의 모임이 있었을 성싶은데, 머리 감고 웃통을 벗어 젖힌 장면을 까까머리 중이 훔쳐보고 있다. 밖에서 그림을 완상하는 이와 훔쳐보는 동자승의 시선이 한 곳에 집중되도록 하는 묘한 입체감을 자아낸다. 게다가 그네를 매고 막 타려는 여성의 자태와 고목에 새겨진 여성의 성기는 한층 색다른 대조를 보이고 있다. 혜원 그림은 시선의 미묘한 처리와 밖에서 보는 이를 대신해서 훔쳐보는 이의 시선이 함께 어울리도록 해서 그림의 농밀함과 입체감을 자아낸다.

(3)은 최근에 발견되고 공개된 신윤복의 그림이다. 진위 시비에 걸려서 한바탕 몸살을 앓은 작품이나, 혜원 신윤복의 초기작으로 보인다. 그림에서 모두 농밀한 성적 장면과 성희의 순간을 포착하고 있는 것이어서 주목된다. (2)의 그림보다 더욱 밀도 높은 성희가 추구되고 있는 점에 주목해야 한다. 이후에 그려지는 방(倣)신윤복 그림이나 임(臨)신윤복 그림의 실체를 이 부류의 《속화첩》에서 찾을 수 있다.[9] 실제로 잃어버린 고장을 찾듯이 후대에 거듭 그려진 그림의 원천을 찾을 수 있게 되어 다행스럽다. 또한 (2)와 (3)의 구도나 기법이 일치하는 것이 적지 않아서 신윤복의 기법이 지니는 지속성과 변화성을 동시에 입증할 수 있는 자료이기도 하다.

(4)는 신윤복이 그렸다고 전해지는 그림이다. 필자가 개인적으로 소장한 자료이면서 동시에 《한국의 성》에서도 공개된 자료이기도 하다.[10]

모두 15장으로 되어 있다. 자료의 세부적인 내용은 뒤에 논의되므로 그때 자세히 언급하기로 한다. 다만 설채·구도가 빼어나고 필치나 묘사력이 신윤복에게 결코 뒤지지 않는다. 그림의 맵씨 있고 날렵한 맛은 사라졌으나, 신윤복의 그림을 방불케 한다. 신윤복의 그림과 구도가 일치하는 것이 적지 않다. 방신윤복의 적절한 사례이다.

(5)는 정재 최우석이 남긴 화첩이다. 이 〈운우도〉는 경오년 하일이라는 낙관으로 미루어 1930년에 그려진 것이나 작품의 전체가 온전히 전하지 않는다. 지나치게 노골적으로 묘사된 부분은

---

9) 허영환, 〈조선시대의 중국화 모방작들〉, 《한벽문총》 제 3 호(동방예술연구회, 1994).

10) 윤형노, 《한국의 성》(태백의 책, 1993).

잘라 버렸기 때문이다. 그러나 적어도 남아 있는 몇몇 자료를 통해서 (4)의 신윤복 그림을 그대로 본뜬 흔적이 역력하고, 방신윤복화의 구도가 고스란히 차용되고 있음을 실감하게 된다. 최우석은 서울 태생의 한국화가이다. 그는 일제시대에 활약한 인물로 선전에도 입선한 작가이며, 주요 관심사항이 춘화 제작이던 작가이기도 했다. 그가 남긴 〈운우도〉는 정평이 나 있다.

(6)은 전남대 박물관에 소장된 것이다. 근대화에서 탄생된 춘화로 모두 일제시대의 자료이다. 자료가 있다는 말을 듣고 여러 경로를 통해서 확인하였으나, 아직 그 실체를 접하지 못했다. 근래에 그려진 조잡한 춘화라 할 수 있겠다.

(7)은 〈일소도(一笑圖)〉라고 된 것이다. 이 자료는 《한국의 성》속에 삽입된 것이다. 자료의 지내온 내력은 확인되지 않았으나, 한번 웃음거리라는 제목으로 미루어 매우 체계적인 화집으로 보인다. 대부분 신윤복의 그림을 모방한 것으로 구도 및 필치는 사뭇 뒤떨어진다. 그러나 (6)보다는 앞선 시기에 제작되었을 가능성이 높다.

(8)은 단편적으로 전하는 것으로 비교적 근세에 그려진 그림이다. 또는 조선시대에 그려진 것도 있다. 이들 자료는 모두 《한국의 성》에 수록되어 있거나, 부분적으로 개인이 소장하고 있는 자료가 대부분이다.

(9)와 (10)은 최근에 입수된 것이다. (9)는 제목이 《간염록(看厭錄)》, 곧 보기에 싫증나지 않는 책이다. 장면 설정이 다양하고, 여러 유형의 춘화가 기록되어 있으니 매우 소중하다. 그런데 이 자료를 직접 구입하지 못하고 사진으로 얼핏 그 면모를 구경했을 따름이다. 화풍은 일본풍이어서 아마 구한말 무렵에 그려진 것이 아닌가 싶다. (10)은 사진 자료로 구입한 것이다. 채색은 물론, 성

교합 양상 또한 매우 조잡해서 일제시대에 그려졌을 가능성이 매우 높다. 그러나 등장인물의 옷이나 배경은 조선시대이다.

그림이 (1)에서 ⑽까지 후대로 올수록 그림의 수준이 현저하게 떨어지고 세련된 맛이 없다. 단지 자극적인 장면을 삽입하고 특정 부위만을 확대해서 그림으로써 일본 우키요에의 영향을 확인할 수 있다. 전통적인 춘화가 단절되고 왜색과 잡스러운 기법이 도입되는 시기의 그림들로 추정된다.

우리는 이상의 그림을 검토하면서 앞서 언급한 것처럼 신윤복을 전후로 하는 춘화 회화의 사조를 읽어낼 수 있다. 어떤 그림을 두고서 모방이니 모작이니 논의하는 것도 예술의 유일성·개별성·독창성을 입증하는 방법일 수 있다. 그러나 춘화의 경우에 이러한 잣대를 적용해서 논의하는 것은 바람직하지 못하다. 예술의 창조성을 뛰어넘는 일정한 사조적 흐름이 관통하기에 이 흐름을 중심으로 춘화의 복제와 유행이 갖는 의미를 되새겨 볼 만하다. 신윤복 춘화류의 과거와 현재 및 미래를 점검하면서 시대적 가치를 내세울 필요가 있겠다. 그러한 관점에서 신윤복을 전후로 이상의 자료를 재배열하면 다음과 같은 결과가 나온다.

I. 전신윤복 ⟶ II. 신윤복 ⟶ III. 후신윤복
　(1)　　　　　　　　(3)
　　　　　　　　　　(2)　　　　　　(4)
　　　　　　　　　　　　　　　　　(7)
　　　　　　　　　　　　　　　　　　(5)
　　　　　　　　　　　　　　　　　　　(9)
　　　　　　　　　　　　　　　　　　　　⑽

이상과 같은 신윤복 춘화의 유행을 구실삼아 논의를 진전시키기로 하겠다.

2. 신윤복 춘화류의 유행 사조

1) 전신윤복의 춘화

전신윤복이라는 개념은 신윤복의 그림을 가능케 하는 전단계의 회화적 흐름을 지칭하는 용어이다. 지금까지 도화서 화원이라는 교조적 접근에서 벗어나 신윤복의 그림이 가능하도록 만들었던 사승관계나 신윤복 이전의 회화적 실체를 검토하기로 한다. 그러한 검토의 초점은 부친인 신한평과 김홍도이다. 지금까지 막연하게 신한평의 존재가 논의되었다. 실제로 집안의 신분 처지로 본다면, 그 부친의 영향은 절대적이었으리라 짐작되나 구체적으로 확인되지 않는다. 아마도 이것은 체득된 소질에 가까운 것으로 치부해야 한다.

대신에 김홍도의 경우에는 풍속화 몇 점과 춘화가 있어서 신윤복 그림의 체본 구실을 했을 가능성이 높다. 김홍도는 김득신의 그림을 이해하는 데에 절대적인 기준이 된다. 김득신 역시 신윤복의 경우처럼 김홍도의 풍속도첩을 그대로 수용하고 있기 때문이다.

김홍도와 신윤복의 그림이 일치되는 경우를 예로 들면 다음과 같다.

비교하고자 하는 그림은 김홍도의 '빨래터'이다. 부채로 얼굴을 가린 양반이 구석에 숨어서 네 명의 아낙네를 훔쳐보고 있다. 두 아낙네는 열심히 방망이질을 하고 있고, 한 아낙네는 속곳을 걷고 빨래를 짜고 있다. 왼쪽 위의 아낙네는 머리를 감고서 참빗질을 하며 머리를 땋고 있다. 아랫도리를 활딱 벗은 아이가 어머니의 젖을 물고자 달려든다. 은밀한 아낙네들의 동정을 몰래 훔쳐보고 있는 것이 매우 인상적이다.

비교하고자 하는 또 하나의 그림은 같은 빨래터를 배경으로 하는 신윤복의 그림이다. 구도가 김홍도의 그것과는 반대로 뒤집혀 있고, 실경이 첨가된 점이 특징적이나 화의는 거의 일치한다. 방망이질을 하는 두 아낙네의 곁에서 앳된 처녀가 머리를 양쪽으로 늘이고 땋고 있다. 그 뒤에는 속곳을 올리고 젖가슴을 드러낸 채 마전하는 아낙네가 있다. 이 장면을 대담하게 바라보는 선비는 잠깐 활을 들고 사냥을 다녀오는 모양이다. 부채로 얼굴을 가렸던 데서 일탈하여 곁으로 슬쩍 쳐다보는 시선이 사뭇 흥미롭다.신윤복의 그림에서 빨래터를 훔쳐보는 장면은 남다르게 부각된다. 앞에서 언급한 바와 같이 〈단오풍정〉에서도 이러한 구도는 동일하게 반복된다. 이처럼 신윤복의 그림에 영향을 준 것은 김홍도이다. 전신윤복으로서의 김홍도는 회화사의 각별한 의미를 갖는다 하겠다.

실제로 춘화의 세부적인 문면에서도 신윤복의 그림으로 전수되는 장면이 적지 않다. 《사계춘화첩》에서 봄 장면의 농밀한 장면은 신윤복의 유명한 〈청금상련〉의 한 쪽을 예고한다. 신윤복의 그림은 김홍도의 춘화를 실제로 계승하였을 가능성이 매우 높다. 그러한 가능성이 이제 거의 굳어지게 된 것이다.

그러나 여기서 잊지 말아야 할 사실은 외발적 요인이다. 신윤복의 전단계에서 중국의 춘화나 춘의가 결정적 계기를 부여했을 가능성이 높기 때문이다.

2) 신윤복의 춘화

신윤복의 춘화는 지금까지 전모가 파악되지 않으나, 약 40여 점을 대상으로 하면 크게 두 종류로 나뉜다. 하나는 일반 풍속을 배경으로 하면서 여인의 자태를 훔쳐보거나 눈을 마주치는 것이다. 섬세한 필치로 뛰어난 심리와 성적 움직임을 묘사하고 있다 하겠다. 다른 하나는 기방 여인과 더불어 풍류를 즐기는 것이다. 이 두 유형의 그림 속에서 팽팽한 긴장미를 자아내는 것은 역시 전자이다.

대표적인 그림 두 편을 통해서 신윤복의 긴장된 시선을 살펴보도록 하겠다.

우리가 잘 아는 〈무녀도〉이다. 이 그림은 굿하는 장면을 그린 것인데, 아마도 무꾸리를 하는 모양이다. 그런데 장옷을 걸치고 나온 새며늘아기는 담장 밖의 웬 사내와 눈을 맞추고 있다. 굿판에서 눈을 맞추고 어떻게 하겠다는 심사가 그득히 배어 나온다. 굿판의 생리가 시어머니와 시누이는 죽이 맞고, 며느리는 남이라고 하듯이 그 점을 여실하게 입증한다.

신윤복의 〈야삼경〉은 밀회하는 장면을 훔쳐보고 있는 것이다. 담벼락 하나를 사이에 두고 잔뜩 일을 벌이려는 장교와 아낙네를 한켠에서 예리하게 바라본다. 앞의 그림에서 보이는 눈 맞추기와 또 다르게 이 장면을 보는 이들이 훔쳐보기라도 하듯이 바튼 조바심과 긴장미를 자아낸다고 하겠다. 신윤복은 동일한 구도로 훔쳐보는 시선을 거세한 채 그리기도 하였다.

아무튼 이 자리에서는 신윤복 그림의 전반적 유형에만 관심을 갖도록 한다. 최근에 발견된 《속화첩》 역시 이 범주를 벗어나지 않는다.

3) 후신윤복의 춘화

이 대목에서는 춘화의 스타일이 적어도 신윤복의 것에 가깝거나 신윤복의 그림이라 전해지는 것에 한정해서 논의를 편다. 논의의 신뢰도를 높이기 위해서 신윤복의 그림을 여섯 점 더해서 논의를 진행하기로 한다. 우선 대상이 되는 그림을 간단한 설명과 함께 제시하기로 한다.

⑴ 진달래꽃이 핀 야외에서 기생과 한량의 밀애(《김홍도춘화첩》, 《전통문화》 1986년 3월호, 봄과 구도 일치)

⑵ 술집 풍경(《전통문화》 1986년 3월호)

⑶ 글공부하는 총각과 나물 캐러 나온 처녀의 농도 짙은 밀애, 성결합(《전통문화》 1986년 3월호)

⑷ 여인을 방 안으로 끌어들이는 장면(《전통문화》 1986년 3월호)

⑸ 기방무사

⑹ 이부탐춘

⑺ 대청마루에서 양반과 몸종의 성교합, 이를 훔쳐보는 여자

⑻ 여염집 여인과 중의 성교합, 문 밖에서 훔쳐보는 여자

⑼ 기방무사와 같은 구도, 남자의 성기를 잡고 있는 기생, 이를 쳐다보는 밖의 여성

⑽ 봉당에서 성결합을 시도하는 남자와 여자

⑾ 안방에서 이불을 펴놓은 채 성결합

⑿ 책방에서 성결합을 시도하는 총각과 처녀

⒀ 의자에 양다리를 걸터앉은 여인과 남자

⒁ 허름한 여염집 마루에서 쓸쓸히 성기를 내놓은 노인과 노파의 성결합

⒂ 절구질을 하다가 성결합하고 있는 총각과 처녀(정상 체위가 아니다)

⒃ 방안에서 69자세로 컨닝링구스(cunninglingus)하고 있는 늙은 이와 남자의 성기를 잡고 있는 처녀

⒄ 정자에 돗자리를 깔고 두 여인이 레즈비언 섹스를 하는데, 남성이 뒤에서 공략하는 장면(여인 2명과 남자 1명, 정상 체위가 아니다)

⒅ 이부탐춘과 같은 구도의 그림

(19) 들에서 나물 캐러 나온 어린 처녀를 겁탈하고 있는 머슴(특이 한 체위)
(20) 나무 그늘과 바위 아래서 나물 캐러 와 만난 여인과 성결합 (정상 체위가 아니다)
(21) 소나무 그늘 아래서 소풍을 와서 성결합 하고 있는 장면(정상 체위가 아니다)

우선 이 그림들은 신윤복의 춘화와 너무도 흡사하다. 이 문제는 다른 글에서 논의하기로 하고, 여기서는 성적 특징을 파악하기 위해서 몇 가지 분류를 시도하기로 한다.

우선 성결합이나 그림의 구도가 잡히는 장소를 중심으로 분류하면 다음과 같다.

야 외	방 안	마 루	봉 당	집 안
(1), (3), (16), (17) (19), (20), (21)	(4), (5), (8), (9) (11), (12), (13), (14)	(2), (7)	(10)	(6), (8), (15), (18)

장소를 중심으로 해서 볼 때에, 야외나 방 안이 압도적으로 많음을 알 수 있다. 마루나 봉당 및 집 안도 적지 않게 쓰였다. 야외에서 구도를 잡을 경우에 정상적인 체위는 배제되고, 여자를 엎드리게 하고 남자가 뒤에서 공략하는 체위가 압도적으로 많음을 알 수 있다. 방 안에서도 좀더 과감한 체위가 연출되는데, (16) 같은 경우가 대표적이다.

이밖에도 그림에 구현된 신분계층은 매우 파격적이다. 중과 유부녀, 주인과 여종, 머슴과 주인집 처녀 등의 파격적 관계가 제시되고, 일남이녀의 혼교도 있어서 매우 충격을 준다. 정상적인 남녀 관계에서 일탈하여 비범한 화의를 부추겨서 최음을 북돋았기 때문으로 보인다.

이와는 다르게 성행위를 중심으로 하는 것과 이에서 일탈한 시선 처리를 살펴보아도 춘화의 다양한 특징을 밝힐 수 있겠다. 다음과 같은 분류가 그것이다.

성 행 위	훔쳐보기	지켜보기	훔쳐보기 + 지켜보기	성행위 + 훔쳐보기
(1), (3), (4), (10), (11), (12), (13), (14), (15), (16), (17), (18), (19), (20), (21)	(2)	(6), (18)	(5), (9)	(7), (8)

성행위 자체를 충실하게 그리고 있으면서도, 시점을 복합화하는 그림의 양상도 함께 제시되고 있음을 알 수 있다. 그림을 다양하게 그리면서 입체적으로 표현하려는 방법이 동원된 결과라 할 수 있겠는데 이것은 김홍도와 신윤복의 독자적 특징이라고 하겠다.

이러한 특징은 〈일소도〉나 〈운우도〉에서 대거 사라지고 구도 그 자체의 반복에 머무른다. 〈일소도〉의 경우에는 신윤복이 구도를 강하게 지향하지만, 〈운우도〉는 영낙없는 재현에 그치고 만다.

이상으로 신윤복 춘화의 유행 과정을 살펴보았다. 한결같이 신윤복의 춘화를 지향한 것은 예술사적 조류로 파악해도 무방하다. 동일하게 구도를 활용하면서도 색채를 달리하거나 기법을 달리한 그림도 적지 않았다. 마치 판화를 제작하듯이 신윤복의 그림이 생성되고 수용된 것은 중요한 의미를 지닌다. 더불어서 최근에 발견된 혜원의 《속화첩》과 최우석의 〈운우도〉가 일치하는 것도 특이하다. 이것은 혜원 신윤복의 춘화가 금세기까지 절대적인 영향을 미치고 있었음을 시사한다 하겠다.

　그렇다면 혜원 신윤복 춘화의 사조적 흐름을 어떻게 이해할 것인가 하는 문제가 남는다. 혜원 춘화는 그 준비단계·향유단계·모방단계라고 하는 단계별 변화의 증후를 함축하고 있다. 이러한 사조적 흐름이 가능하게 되었던 것은 결국 소비사회의 구조적 변화가 돌출하게 되었기 때문이다. 성적 호기심이 춘화의 유행을 가져왔다 그런데 춘화의 유행은 유한계층의 소비 욕구가 없이는 성립이 불가능하다. 그것을 즐기고 사는 계층이 출현하면서 당연히 그러한 예술사적 흐름이 형성되었을 것으로 짐작된다. 물론 향락적이고 퇴폐적인 유흥문화의 경향으로 춘화를 꼽는 것은 그다지 잘못되지 않았다. 그럼에도 불구하고 인간의 내적 발흥과 외적 요건이 맞물려서 신윤복이 출현한 것은 매우 주목할 만한 예술사의 변화이다. 그러나 신윤복 춘화를 모방하면서 신윤복 춘화류가 성행한 것은 어찌보면 예술사의 퇴조라고 할 수도 있겠다. 그나마 이러한 신윤복 춘화의 등장은 열악한 이 영역에서도 다행스러운 조짐이었다고 보아도 잘못이 아니다.

3. 신윤복 춘화류의 예술사적 검토

1) 사설시조·휘몰이잡가·판소리의 비교

　특정한 갈래에 국한시켜 예술 사조를 점검하는 것은 바람직하지 않다. 여러 갈래에 걸쳐서 동시다발적으로 동일한 주제나 제재 및 예술적 흐름이 형성되는 것은 예술사 일반의 법칙이기 때문이다. 문학·음악·미술의 미학적 기저나 흐름이 함께 점검되어서 동일한 결과가 산출된다면 예술사의 합법칙성을 확인할 수 있을 것이다.

　신윤복을 위시한 몇몇 작자의 춘화류는 결코 회화사의 독자적인 흐름으로 지속되지 않았다. 오히려 동시대에 존재한 유형·무형의 다른 갈래의 예술작품과 밀착된 시대정신이 동시에 발현되었다고 보는 것이 더욱 타당하다. 따라서 성적 소재를 공유하고 있는 예술작품과 춘화를 비교하는 것이 매우 긴요한 작업이다. 여기서는 우선 조선후기에 활기를 띤 사설시조·휘몰이잡가·판소리에서 이 점을 확인하고자 한다. 사설시조·휘몰이잡가·판소리는 전대에 이룩된 갖가지 예능 갈래를 일거에 혁신시켰다는 점에서도 매우 중요한 갈래이지만, 더욱 주목되는 사실은 이들이 소재에서 공통점을 함축하고 있다는 점이다. 이 공통점은 결코 우연한 현상이 아니라는 점에서 주목된다.

우선 세 작품을 가려 뽑아서 사실 확인부터 하도록 하겠다.

⑴ 드립더 ᄇ득 안으니 세허리지 즉늑즉늑
　　紅裳을 거두치니 雪膚之豊肥ᄒ고 擧脚준坐ᄒ니 半開한 紅牡丹
　　이 發郁於春風이로다
　　進進코 又退退ᄒ니 茂林山中에 水龍聲인가 ᄒ노라
⑵ 니느랴 보쟈 니르랴 보쟈 내 아니 니르랴 네 남진ᄃᆞ려
　　거즛거스로 물깃는 체ᄒ고 통으란 ᄂᆞ리와 우물전에 노코 쏘아
　　리 버서 통조지에 걸고 건너집 쟈근 金書房을 눈기야 불러내
　　여 두 손목 마조 덤셕쥐고 슈근슈근 말ᄒ다가 삼밧트로 드러
　　가셔 브스일 ᄒ던지 존삼은 쓰러지고 굴근삼대ᄭᅵ만 나마 우즑
　　우즑 ᄒ더라 ᄒ고 내 아니 니르랴 네 잠진다려 져아희 입이
　　보도라와 거즛말 마라스라
　　우리는 ᄆᆞ을 지서미라 실상 죠곰 키더니라
⑶ 慕華館 芳松里 李周明네 집 마당가의
　　밋테 밍공이 아구 무겁다 밍공 허니
　　윗 밍공이는 뭣시 무거우냐 장간 차마라
　　작갑시럽다 군말 된다 허구 밍공
　　그 中의 어느 놈이 상시럽구 밍낭시러운 수밍공이냐

(4) 방자야 예환장이 있너냐 예 잇소 불너야 예 불너왓소 화장이
올나보온 이 너 그이야 무어실 그이야오 되야지을 그이오 가
야지을 그이야오 우리믹화을 그이야 환장이 듸답히되 믜화을
보지 못ᄒ야싯이 어지 그이니가 우이 믹화 너 아이 보야난야
니가 으지 거그이야 그여야 그여야 우이 믹화 크도 젓도 아이
ᄒ고 훤칠ᄒ지 장인저집 타도도 조건 이와 민도이도 조던이야
그여야 머리는 감짜갓고다 이마전은 톡진덧 ᄒ고 눈썹은 슈나
부 안진덧ᄒ고 눈은 사별멀가고 코은 마을쪽 겨구로 세운덧ᄒ
고 어가은 자바다 일푼이오 허이은 줌반 으오 ᄒ고 궁둥이은
매작 갓고 다이은 초듸 갓고 발싯은 외싯 갓고 두구 머이은
겨안 갓고 거그은 그졔그졔 꾸단지만치 그어야 눈을 부듸 잘
그이랴 예날의 王昭君도 눈 한번 잘못 글어 원한이 도어싯이
다 시눈 ○ 잘 근예랴 환장이 다담ᄒ고 박릉화지 편재들고 즁
산 兎셔 초필을 반즁동 험벅 풀어 둘루둘루 무채들고 이니
저이 그일저긔

위에 예시한 작품은 조선후기에 가장 인기를 모았던 연행물이
다. (1)과 (2)는 사설시조이다. (1)은 직접 성행위를 하기 전의 전
희 과정, 성기 묘사, 성행위를 매우 우회적으로 묘사한 작품이다.
초장에서는 성행위가 이루어지기 전에 허리를 세게 감는 것을
묘사했다. 언어의 묘미가 실감나게 구현되면서도 마치 그 실제
장면을 보기라도 하듯이 자늑자늑한 노곤함이 농밀하게 묘사되
었다. 중장에서는 남성이 여성의 치마와 속곳을 들추어서 흰눈결
같이 풍만한 다리를 보고, 다리를 들고 걸터앉아 성행위를 하기
에 성기를 보니, 마치 춘풍에 발화한 모란꽃이라고 비유한다. 중
장은 남성의 시선으로 여성의 성기를 묘파하는 대목이다. 종장에
서는 야외에서 벌이는 성행위를 물방아에 비유한 것이다. 중장의
시각적 이미지와 종장의 청각적 이미지가 교묘하게 접합되면서

바야흐로 무르녹는 성행위의 핍진함을 드러낸다. 작품의 전편이 탁월한 감각적 이미지로 연결되어서 촉각·시각·청각의 변화무쌍한 변화가 줄곧 성적 흥취를 자아낸다. 이 작품은 춘화의 한 장면을 연상하듯이 핍진한 성을 소재로 한다.

　더욱 흥미로운 작품은 (2)이다. 이 작품에서는 밀애를 즐기는 장면을 훔쳐본 여성 화자와 이를 듣고 시치미를 뚝 떼는 밀애 당사자인 여성이 서로 대화를 나누는 작품이다. 밀애 장면을 보고 이를 남편에게 이르겠다고 하면서 엮어나가는 묘사가 탁월하다. 삼대밭에서 이루어지는 농밀한 성적 행위가 잔 삼과 굵은 삼대의 형체로서 적출되었다 하겠다. 이 작품은 신윤복의 춘화에서 발견되는 시선의 복합화와 긴밀하게 맞닿아 있다.[11] 실제 성행위를 벌이는 김서방과 아낙네의 만남이 제시되고, 이를 훔쳐본 여성의 시선이 동시에 구현되었기 때문이다. 신윤복의 〈밀회〉가 떠오른다.

　(3)은 휘몰이잡가 〈맹꽁이타령〉의 두 번째 대목이다. 맹꽁이를 내세워 의인화한 작품이면서도 성행위를 드러내고 있어서 흥미롭다. 중국 사신을 영접하는 모화관의 앞마당에서 참을 것을 요구하는 숫맹꽁이를 질타하고 있는 작품이다. 겉과 속이 다른 맹꽁이를 내세워 잔악한 인간의 본성을 풍자한 작품이다. 이미 춘화의 한 대목에서 분별없이 성행위를 하는 인간의 모습을 그린 것과 상통한다.

　(4)는 최근에 공개된 〈강릉매화타령〉의 한 대목이다.[12] 골생원이

---

11) 김홍규, 〈사설시조의 시적 시선 유형과 그 변모〉, 《한국학보》 제68호(서울 : 일지사, 1992). 김홍규가 말한 시적 시선 유형과 다르다. 소설·그림에서 나타나는 시점을 말하기 때문이다.

12) 김헌선, 〈강릉매화타령 발견의 의의〉, 《국어국문학》 제109호(국어국문학

매화를 잃고 속절없이 지내다가 화공으로 하여금 매화의 나체도를 그리게 하는 대목이다. 골생원이 말로 묘사하는 것을 화공이 그림으로 그리는 주문 제작의 현장을 우리는 만나게 된다. 〈수궁가〉의 토끼화상 대목에서도 그러한 실상을 만날 수 있으나, 그림의 내용이 우선 질적으로 다르다. 화공이 수요자의 요청에 의해서 춘화를 그리는 실제 모습을 〈강릉매화타령〉을 통해서 직접 확인하게 된다. 따라서 이 문면은 조선후기 춘화의 제작과정을 이해할 수 있는 방증이 된다.

요컨대 춘화와 소재를 공유하는 작품이 곧 사설시조·휘몰이잡가·판소리 등이다. 이들 작품의 동일한 성적 소재가 동시다발적으로 형상화된 것은 조선후기의 성적 자각과 발현이 우연한 현상이 아니었음을 설명한다.[13] 따라서 이에 대한 본격적 논의를 위해서는 조선후기의 전반적인 변화를 입체적으로 논증할 필요가 있겠다.

2) 성의 주체적 인식과 발현

조선후기는 인간의 의식이 내면과 외면으로 동시에 확장되던 시기였다. 인간의식의 내면적 접근과 외면적 접근이 결코 분리되어 설명될 수 있는 것은 아니지만, 서로 맞물려 있는 부분을 분할해서 논의할 필요가 있다. 우선 내면적 인식 가운데 가장 적절한 것은 성에 대한 자각이다. 여지껏 윤리적 규범이나 도덕률에

회, 1993).

13) 정병욱, 〈한국 문학사에 있어서의 근대 문학의 성립 과정〉, 《한국고전의 재인식》(서울 : 기린원, 1988). 일찍이 정병욱은 회화·음악·사설시조·가사·판소리를 들어서 이 점을 논증한 바 있다. 다각도의 논의가 여러 모로 필요하나, 소중한 지침이 된다.

얽매여 있던 인간의 본성이 재인식되면서 성에 대한 구체적 인식이나 예술적 형상화가 자연스럽게 나타난다. 이와는 다르게 인간을 둘러싼 자연이나 산수에 대한 재인식이 이루어진다. 조선후기에 여행이나 금강산 구경이 동시에 이루어진 것은 이를 증거한다. 이 인식의 변화가 예술사의 흐름에 집중적으로 나타난다.

회화사에서도 이와 같은 것으로 인해서 세 방향의 변화가 집중적으로 이루어진다. 인간의 본성, 인간의 삶, 산수가 곧 그 대상이 된다. 이러한 소재가 엄격하게 구분되는 것은 아니지만, 서로 겹쳐지면서 춘화·풍속화·진경산수화가 동시에 등장하게 된 배경이 되었다. 따라서 춘화·풍속화·진경산수화는 서로 개별적 출발을 이룩하였지만, 도달점은 '우리 것, 우리 나라, 우리'라는 것이었다.

성에 대한 주체적 인식이 곧 춘화의 등장을 가속화시킨 것이다. 중국의 춘화와 상이한 흐름을 지니면서 우리 인물이 우리의 실경을 배경삼아 성적 결합을 하는 것은 곧 우리 것에 대한 인식의 발로이다.

조선후기 문화는 상이한 경향에도 불구하고 다면적이고 입체적인 전개를 통해서 공통점을 지향한다. 그것은 기왕에 산만하게 논의되었으나, 그 결과만을 이 자리에서 논의하여 집약할 필요가 있다. 문학에서는 한글을 매체로 한 한글 문학이 왕성하게 성립되어 한국인을 주인공으로 하는 작품이 등장한다. 음악에서는 우리 음악 어법을 기초로 한 판소리·휘몰이잡가·사설시조 등이 돌출하게 된다. 학문에서는 화이론을 극복하는 호락(湖洛) 시비가 거듭 진통을 겪다가, 인물성인기동론(人物性因氣同論)이라는 파격적 결론에 도달해서 기철학을 수립하게 된다. 이와는 다르게 실학이 출현해서 실제 학문의 위세를 드러낸다. 결국 이렇게 상이한 경향에도 불구하고, 한국적 특성을 표방하는 자아의식이 싹트고 나의 정체성에 대한 뚜렷한 인식이 이루어진다.

이와 더불어서 예술적 환경이 자못 달라진 점도 특기할 만하다. 생산과 소비가 원초적인 단계에 머무르지 않고, 교환가치를 내세우는 새로운 단계의 상품경제체제로 들어서게 된 것도 특이하다 하겠다. 곧 다수의 독자와 청자를 겨냥해서 새로운 제작방식이 도입된 점도 흥미로운 변화이다. 예컨대 방각본의 출현이나 다수의 청중을 겨냥한 광대의 등장이 자족적 예술 형태의 변화를 예고한다. 곧 이득을 남기고 장사하는 상업적 이윤의 본격적 변화를 예고한다. 그 가운데서도 탈춤과 판소리가 일거에 비약하게 된 것은 우리 예술사의 커다란 진전이다.

이에 반해서 회회사의 몰락은 참으로 안타까운 일이다. 그것은 이미 여러 논자에 의해서 지적된 사실이지만, 완당을 위시한 복고적 문인화의 회귀가 암시하듯이 다면적 발전을 억제하는 경향이 등장한 것이다. 또한 회화가 소수의 중인층이나 사대부에 의해서 기호품으로 전락한 일도 우리의 회화 환경이 갖는 열악함이다.

일본의 우키요에는 거듭 발전을 해서 단색판화·다색판화·인쇄판화로 나아가는 질적 비약을 꾀한다. 뛰어난 색채 감각이 바탕이 되어 다른 나라에까지 이어지는 공예 문화의 개가를 이룬다. 판화나 공예는 현대의 산업에도 압도적 영향을 끼쳐 서구권에 일본 문화에 대한 거부감을 없애 무역에 적지 않은 혜택을 주었던 점을 명심해야 한다.

순식간에 우리의 춘화는 몰락해서 공예나 현대산업으로 이어지지 못하였다. 그 점이 뼈아픈 사실이나 어찌할 수 없다. 조선 후기 미술 문화의 정점이 회화라고 할 수 있는데 그것이 오늘날에 이어지지 못한 것이 안타깝다. 깊은 정신적 각성이 필요하며, 그 점에서 춘화에 대한 재인식이 반드시 요청된다.

4. 춘화의 예술미학적 전망

춘화는 성을 소재로 한 실제적 그림이다. 부적이나 기복적 특성을 드러내는 춘화와는 구별되는 회화사의 정점에 해당된다. 이밖에도 회화의 전통에서 비대하게 그려진 신선의 머리나 손에 쥔 복숭아의 상징은 서로 은유하는 바가 동일한 그림이다. 곧 상징적 춘화는 본격적으로 이 자리에서 논의되지 않았다. 여기서 드러내고자 한 춘화는 실제적 성결합을 하는 대상으로만 한정하였다.

춘화의 체계적 연구는 구상, 상징, 신앙적 소재를 아우르는 데서 출발해야 한다. 지금까지 자료의 전모가 파악되지 않고 있어서 이를 다루는 어려움이 있다. 또한 전국에 널리 분포하는 성신앙의 자료나 암각화·조각품 등이 한자리에 일관되게 수집되었을 때에 본격적 연구가 가능하리라 믿는다.[14]

춘화 연구는 예술미학적 전망에 의해서 더욱 세련된 깊이를 갖출 수 있겠다. 춘화의 민속적 기반을 깊이 있게 검토하고, 다른 예술 갈래에 나타난 성적 소재를 차원 높게 해명하게 될 때에 비로소 춘화 연구는 본 궤도에 이를 것이다.

아울러서 한국·중국·일본의 춘화가 비교되어야 마땅하다. 춘화의 작품수준 순서는 한국 > 중국 > 일본이 된다. 그러나 상품화 순서는 역순이 된다. 예술사의 전파론적 전제가 아니라, 이들 세 나라가 공유한 성적 소재, 형상화, 유통단계의 공통점과 차이점을 확연하게 비교하자는 것이다. 그렇게 되었을 때만이 진정한 우리 것에 대한 변별력이 생기게 되기 때문이다.

---

14) 이종철 외, 《한국의 성신앙 현지 조사》(광주 : 국립광주박물관, 1984).

이 글은 사정상 춘화를 직접 제시하지 못했다. 도판 자료가 너무 많아서 도판을 함께 제시하지 못한 안타까움이 있고, 춘화의 실상을 정면에서 소개하기가 어렵기 때문에 더욱 함께 제시하지 못했다. 자료의 실상이 낱낱이 공개되고 본격적인 연구의 기틀이 되었으면 하는 바람이 곧 실현되기를 기대한다.

※ 이 글은 발표된 지 오래되어 묵은 글이 되었다. 이 글을 쓴 것이 1995년도이니 정보가치가 매우 떨어졌다. 그 사이에 여러 가지 자료를 접할 수 있었고, 특히 몇몇 선생님의 노력으로 회화사에서 춘화가 차지하는 위치가 명료해졌기 때문에 본격적인 논의가 이제 불가피하다. 춘화에 대한 본격적인 글은 별도로 준비중이니 자세한 논의는 그 쪽으로 돌린다. 다만 이 글은 터무니없는 착상에서 생긴 것이 아니고, 예술사적 안목에서 춘화를 바라보아야 진정한 가치가 있다고 믿었던 열망의 소산물이다. 미숙한 점이 많지만 그대로 싣기로 한다.(1997. 8. 18)

한국 구전외설의 개괄

최 인 학

1. 머 리 말

외설(猥褻)은 아직까지 학술용어로 통일된 바가 없고 여러 명칭으로 사용되어 오고 있다. 그 가운데 지금까지 일반에서 널리 사용되어 온 명칭으로는 다음과 같은 것들이 있다.

외설(猥褻) : 남녀간의 색정에 관하여 언어 행동이 난잡함
외담(猥談) : 남녀간의 색정에 관한 이야기
육담(肉談) : 음담 등과 같이 야비하고 품격이 낮은 말이나 이야기
음담(淫談) : 색에 관한 음탕한 이야기
패설(悖說) : 이치에 맞지 않는 궤변
음 담 패 설 : 음탕하고 덕의에 벗어나는 상스러운 이야기
상말(쌍말) : 점잖지 못하고 상스러운 말

일찍이 손진태는 《명엽지해(蓂葉志諧)》 또는 《속지해(續志諧)》라는 명칭을 외설책명으로 사용한 일이 있으나 이는 조선시대

홍만종의 《명엽지해》를 인용한 것이다. 그 어원을 살펴보면 '명'은 중국 요임금 때, 조정의 뜰에 핀 명협(蓂莢)으로서 이 서초(瑞草)는 초하룻날부터 매일 한 잎씩 나서 자라고, 열엿새째부터는 매일 한 잎씩 져서 그믐에 이른 고로, 이것에서 달력을 만들었다는 고사에서 유래된 이름이다. 이를테면 명협 잎사귀처럼 이야기 하나씩을 엮어나간다는 뜻이다.

임석재 선생은 '육담'이란 말을 사용했는데《한국민속대관》에서 특별한 이유는 밝히지 않았다. 흔히 일반 촌로들이 즐겨 쓰는 용어이기 때문에 현장용어로서 사용한 듯하다. 임석재 선생의 글에 의하면 "육담을 구술할 때 해서로 할까, 반행으로 할까, 행서 또는 초서로 할까 하는 말을 쓴다. 해서니 반행이니 행서, 또는 초서라는 것은 한자 서체를 말하는 것으로 이것을 육담 구술방식에 비유한 것이다. 해서로 한다는 것은 점잖게 한다는 뜻이고, 반행으로 한다는 것은 좀 난잡하게 한다는 것이며, 행서 또는 초서로 한다는 것은 아주 음란스럽게 하여 포복절도케 한다는 것이다."[1] 이 인용구에서 우리는 민간에서 외설을 구술할 때 기존의 난잡함에 대한 관념을 파계하려는 의도가 있음을 엿볼 수 있고, 외설이야말로 고상하다는 인식을 가지려고 한자 서체에 비견해서 구술하려는 의식이 있는 것도 느낄 수 있다.

학술용어가 정착되지 않은 것은 이 분야의 연구가 아직은 학문으로 수용하기에 사회규범상 껄끄러움이 있었기 때문이다. 특히 한국처럼 '남녀유별·남녀칠세부동석'과 같은 성윤리가 도덕의 기반이 되고 있는 사회에서는 더 말할 나위가 없다. 그렇다고 해서 인간의 근원적인 욕구와 호기심을 물리적인 사회규범으로 완전

---

1) 임석재, 《한국민속대관》 6(서울 : 高麗大學校 民族文化硏究所, 1982), 753쪽.

제거한다는 것은 불가능한 일이다. 그토록 엄격했던 조선시대에도 상류계층의 선비들은 음담패설로 소일했음을 문헌설화가 입증한다. 《고금소총》은 이러한 선비들의 음담패설 문헌을 집대성한 것이다.

이에 필자는 여러 용어 가운데 '남녀간의 색정에 관한 이야기'라는 어의를 살려 '외설'을 사용하되, 한자로 표기하면 '외설(猥褻)'이 아니라 '외설(猥說)'로 쓴다. 물론 외담도 같은 의미이지만 굳이 전자를 택하는 이유는 외설(猥說)이 무릇 학술용어에 더욱 가까운 듯하고, 다른 하나는 일본에서 와이당(猥談)을 널리 쓰고 있기 때문이다.

외설이 가지는 의미는 여러 견해가 있겠으나 두 가지 개념으로 고려할 수 있다. 하나는 신앙적인 측면이고, 또 하나는 오락적인 측면이다. 전자는 민속학상 매우 중요한 분야로서 '성과 생산'이라는 시각에서 오늘의 외설과는 전연 다른 개념으로 수용되어야 한다. 예컨대 기자암(祈子岩)이나 풍수에서의 성, 곡물의 수확 등이 성을 바탕으로 하고 있다. 남녀의 성교는 비록 인간에게뿐 아니라 모든 생산의례에 적용되는 공식이다. 이를테면 농풍의례로서 행하는 줄다리기에서 남녀의 성교가 적용되듯이, 논에 모를 심는 주체가 여인이라는 점, 상원날 나무 시집보내기 등 이루 헤아릴 수 없을 만큼 '성과 민속'은 민간신앙으로서 기층문화를 이루고 있다.

한편 오락적인 측면에서는 남녀의 성교와 성기를 소재로 하여 극도로 터부시하는 부분을 외설로 노출시킴으로써 성의 사회적 문화적 제재를 파괴하려는 이성간의 욕망의 표출이라는 것을 들 수 있다. 그러므로 외설은 사회적 문화적으로 성의 제재가 심하면 심할수록 성행하는 것이 상식이다. 예컨대 성을 자유롭게 방치하는 사회에서는 성을 억제하는 사회집단보다 외설이 성행하지 않는다. 이를테면 아프리카의 소수 종족이나 태평양의 마이크로네시아 종족들에게는 성을 외설의 수단으로 삼지는 않는다. 일반적으로 문화수준이 높다는 민족일수록 외설은 성행한다.

현실에서 외설이 문학의 수단이나 학문의 대상으로 취급되지 못하는 것은 역시 성을 터부시하는 사회적 문화적 메커니즘 때문이다. 인간의 내면적 욕구는 용출하지만 표출할 수 있는 외면적 상황이 막히다 보니 자연 음성적으로 성행될 수밖에 없다. 외설의 현장은 동성집단의 성격이 인정된다. 즉 남성집단에서는 여성을 대상으로 하는 외설이 발전하고, 여성집단에서는 남성을 대상으로 하는 외설이 발전한다는 점이다. 하나 더 지적한다면 외설은 예로부터의 산물로 구전전승력이 강하다는 점이다. 현대의 외설도 존재하지만 대개는 예로부터의 전승물이다. 이 점은 이미 문헌외설에서 입증되고 있다.

외설은 사회적 문화적 성의 제재로부터 탈출의 수단으로 발전한 구전문학이다. 따라서 외설을 외설로 보는 시각은 잘못이며 외설을 사회적 문화적 현상으로 보려는 과학적 사고가 필요하다. 외설을 통해서 사회를 진단하고 성에 대한 올바른 인식에 도달할 수 있다. 일찍이 중국의 사상가인 호적(胡適)은 중국에 욕이 성행하는 것은 중국 민족이 그만치 문학적 예술적 감성이 풍부하기 때문이라는 언질을 한 적이 있다. 심한 욕일수록 외설의 축약어이다. 미운 상대에게 모욕을 주려면 터부시하는 외설(욕)을 퍼붓는 극단적인 수단을 쓴다. 그리고 욕은 긍정·부정의 양면성을 가지고 있다. 싸울 때는 부정적인 효과가 표출되고, 아주 가까운 사이는 긍정적인 효과가 표출된다. 오랜만에 죽마지우를 만났을 때 욕으로 대하는 것은 긍정적인 기능이다. 다소 역설적인 시각이 되겠지만 말끝마다 욕이 나오는 요즘 젊은이들의 언어를 보고, 양식 있는 사람들은 언어순화라는 시각에서 염려를 하지만 이는 사회변화라는 시각에서 우선 검토되어야 할 문제이다.

2. 구전외설의 학문화 시도들

1) 손진태 일화

최근의 구전외설을 활자화하는 작업은 1920·1930년대부터 시작한다.

임석재 선생의 회고담[2]에 의하면 1930년대에 손 모가 《명엽지해》라는 책을 도쿄에서 출간했다. 이 책은 조선시대 홍만종의 《명엽지해》와 손 모가 경북 의성군에서 채집한 육담을 합해서 출간한 것이다. 그는 일본 도쿄경시청에 호출되어 검열관으로부터 엄중한 훈계를 받고 벌금 10엔을 물었다(필자는, 손진태가 당시 10엔이 없어 후불하기로 약조하고 풀려났다고 들었다). 그가 경시청을 나오자 심문했던 검열관이 뒤쫓아나와 손 모를 은밀히 불러 취조할 때와는 달리 부드러운 말로 《명엽지해》를 구할 수 없느냐고 했다. 손 모는 당신은 그 책이 불량도서라고 엄중 훈계했는데 그런 책을 구해달라고 하는 것은 무슨 이유냐고 물었다. 검열관은 국법에 그리 되어서 그랬을 뿐이지, 나의 본심은 그렇지 않다고 하더란다.

이 대목에서 필자는 《손진태전집》 제 3 권을 참고하여 약간 첨가하고자 한다. 제 3 권에는 《조선민담집》 외에 《명엽지해》와 《속지해》가 함께 수록되어 있다. 손진태의 서문에 의하면 자신도 농민외담약간편(農民猥談若干篇)을 제공하여 《명엽지해》와 합책하여 손진태 편으로 간행하였다고 되어 있다. 《속지해》는 정대일이 수

____
2) 위의 책, 753쪽.

집한 외설집으로 원본은 정대일 저작 겸 발행자로서 도쿄 산겐샤(三元社, 비매품)에서 1932년 4월에 발간한 것으로 되어 있다. 정대일이 손진태인지, 이 점은 다음 항에서 다시 언급하기로 한다.

일본에서 손진태가 명성을 떨치기 시작한 것은 일본 민속학의 창시자라 할 수 있는 야나기타 쿠니오(柳田國男)가 깊이 관계하던 도쿄의 교토겐큐샤(鄕土硏究士)에서 1930년에 출판한 《조선민담집》과 《조선신가유편(朝鮮神歌遺篇)》에 기인한다. 조선민담집은 전집에도 수록되어 있어서 널리 알려진 자료집이긴 하지만 내용이 일본문으로 되어 있어서 독자는 한정되었으리라 믿는다. 그러므로 여기 손진태가 1920년대에 수집한 외설 7편을 선정하여 독자의 편의를 돕고자 한다.

(1) 생식기의 유래

최초 인간의 생식기는 남녀 모두 이마에 붙어 있었다. 서로 그것을 볼 수 있었기 때문에 도덕이 문란해졌다. 사람들은 욕정이 생기면 장소에 구분 없이 음행을 일삼았다. 친구 부인에게도 악행을 저질렀다. 그래서 두 동자신(瞳子神)―지금은 눈 안에 있지만 당시는 양어깨 위에 있었다.―이 의논한 결과 조금 위치를 내려 지금의 입가로 옮겼다.

그런데 고약한 냄새에 견딜 수가 없다고 코가 불평을 늘어놓았다. 그래서 배꼽으로 옮겼다. 그러자 가랭이 쪽에서 불평이 일어났다. 그토록 귀한 것을 상체에만 두는 것은 몸의 하체를 학대하는 것이 아니냐는 것이었다. 그래서 공평하게 몸의 중앙부에 두기로 합의가 되어 현재 위치로 옮긴 것이다.

배꼽은 그때의 흔적이며 입 주변에 털이 나는 것은 옛날에 생식기가 그곳에 있었기 때문이다. 그리고 여자의 음부가 세로로 길죽하게 나 있는 것은 상체와 하체가 서로 이것을 끌어당기고 있기 때문이다. 또 두 동자신은 이것을 움직이지 못하게 음부 안에 쇠모양을 박아놓았다. 두 동자신은 또 남근도 움직이지 못하도록 이것을 빼놓았다는 것이다. 그리고 동자신은 밤에 승천하여 세상일을 하늘님에게 고했다는 것이다. 그러므로 사람은 꿈을 꾸게 되었다는 것이다(김호영 담, 함흥, 1923).

(2) 달래나보지 고개

마산에서 그다지 멀지 않은 부산을 향한 곳에 높은 고개가 있다. 이것이 '달래나보지 고개'이다. 그 유래에 대해서 마산에서는 다음과 같이 전하고 있다.

옛날, 한 사나이가 누이를 데리고 고개를 넘었다. 꼭대기에 이르렀을 때 갑자기 소나기가 쏟아졌다. 비를 피할 장소도 없고 둘은 흠뻑 젖었다. 마침 여름이었기에 누이는 얇은 옷을 입고 있었다. 옷은 비에 젖어 살결에 바싹 붙어 알몸이 보였다. 뒤에서 이것을 본 동생은 심한 충동을 받았다. 순간 그는 죄의식을 가졌다. 그러자 그는 돌을 들어 자기의 남근을 찍어눌러 박살을 내고 자살을 했다.

전연 눈치 채지 못한 누이는 한참 올라가다 발자국 소리가 나지 않아 뒤돌아보니 동생은 길에 쓰러져 있었다. 가까이 가서 자세히 살펴보니 충분히 짐작이 갔다. 누이는 슬피 울면서 "달래나보지, 달래나보지도 않고 이런 짓을 저지르다니" 하고 울었다. 지금도 이 고개를 '달래나보지 고개'라 한다(명주영 담, 마산, 1927).

손진태는 이 설화 끝에 주를 달았다. 그 주에 의하면 경주의 형산강 서쪽에도 '달래나보지 고개'가 있고, 충청도에는 '내몰랐구나 고개'가 있음을 지적하고 있다.

(3) 세 바보 자매

어느 곳에 세 자매가 있었는데 첫째 언니는 혼인 첫날밤 신랑이 그녀의 옷을 벗기려 하자 끝내 거절했기 때문에 신랑은 '이 신부는 나를 싫어하는구나'고 생각하여 날이 새자 돌아간 뒤 영영 돌아오지 않았다. 둘째 딸은 언니의 실수를 참작해서 신혼 첫날밤, 훌훌 옷을 벗어 뭉쳐가지고 머리에 이고 완전 알몸이 되어 신방으로 들어가자, 이것을 본 신랑이 기겁을 하고 도망쳐 버렸다. 셋째 딸은

212

언니들의 실수를 참작해서 신혼 첫날밤, 신방 앞에 서서는 "옷을 벗고 들어갈까요, 그렇지 않으면 옷을 입은 채 들어갈까요?" 하고 방안의 신랑에게 물었다. 이 신랑도 기겁을 하고 달아나 버렸다(명주영 담, 마산, 1927).

⑷ 음부에 돼지를 그렸더니

어느 질투 많은 남자가 수일간 나들이를 하게 되어서 아내의 그곳(秘所) 가까이에 돼지를 그려놓았는데 일을 끝내고 돌아와 살펴보니 그것이 개로 바뀌어 있었다(간부가 돼지를 개로 착각을 해서 불의를 저지른 뒤 개를 그려놓았던 것이다). 남편은 크게 노하여 "나는 돼지를 그려놓았는데 이것은 개잖아. 넌 틀림없이 서방질을 한 게야"라고 말하자, 아내는 태연한 얼굴로 "그렇다면 돼지가 개로 둔갑을 했는지도 모르잖아요" 하고 대꾸했다. 그러자 남편은 "으음, 그렇게도 되는건가" 하고 생각하면서 아내를 용서했다(이은상 담, 마산, 1928).

⑸ 음부에 앉은 소를 그렸더니

정숙하지 못한 아내를 가진 사나이가 외출을 하게 되어 아내의 그곳에 앉은 소를 그려두었다. 외출에서 돌아와 조사해보니 웬 서 있는 소가 되었다(간부는 착각을 해서 선 소를 그린 것이다). "난 앉은 소를 그려놨는데, 이 소는 서 있잖아. 너 서방질을 했지?" 하고 다그치자, 아내가 대꾸하기를 "그 부근에 풀이 무성해서 그것을 먹으려고 섰는지도 모르지요" 하고 말했다. 그러자 남편은 "으음, 그렇겠군" 하며 넘어갔다(이은상 담, 마산, 1928).

⑹ 아내를 징계하다

한 방탕한 사나이가 거의 매일 밤을 외박하기에 참다 못한 아내도 끝내 간부를 불러들였다. 이것을 눈치 챈 사나이는 어느 날 깊은 밤에 살짝 집에 와보니 아니나다를까 간부가 취해서 자빠져 자고 있길래 그는 아내에게 시켜 기름을 뜨겁게 덥혀 간부의 귀에 붓게 했다. 아내는 발발 떨면서 그를 죽였다.

  그는 또 아내를 시켜 간부의 시신을 산에 지고 가서 묻게 했다. 그리고는 자신은 그 장소에 질러 가서 숨어 있었다. 아내가 시신을 업고 당도하자 갑자기 숲속에서 튀어나오며 "누구냐?" 하고 소리 질렀다. 아내는 간 떨어지게 놀랐다. 이번에는 "넌 사람을 죽였으니 이 시신을 관가에 가지고 가서 자수하라!"고 시켰다. 아내는 깊이 잘못을 용서해달라고 빌었다. 그러자 그는 다시 시신을 업게 하고 그놈 집으로 갔다.

  집에 당도하자 문전에서 마치 죽은 자의 목소리로 "문 열어라!" 하고 소리 질렀다. 그놈의 아내는 "흥 그럴 순 없어요. 좋아하는 기집년에게나 가서 자구려" 하고 질투 어린 목소리로 응답했다. 재삼 문을 열도록 호소했으나 같은 대꾸를 하므로 "그렇담 난 목 매달아 죽을 테야!" 하고 말하자 "맘대로 하구려" 한다. 그래서 그는 줄로 시신의 목을 조르고 문전에 매달아놓고 집으로 돌아갔다.

  한참 남편의 목소리가 들리지 않자 죽은 자의 아내는 살짝 밖으로 나와 문을 열어보았다. 그러자 아니나다를까 남편이 목 매달아 죽어 있기에 목을 놓아 통곡을 했지만 만시지탄이다. 죽은 자도 또한 방탕한 놈이었다.

(7) 금일야래(今日夜來)

  어느 젊은이가 서당에 다니는 중에 우물에 물을 길어 오는 처녀와 마주쳐 눈과 눈이 맞아 정이 통했다. 어느 날 처녀는 글이 씌어진 쪽지를 넌지시 젊은이에게 넘겼다. 받아서 펴보니 종이엔 단지 "岑上豈有山, 昊下更無天, 腋中半月橫, 木邊兩人開"라는 글귀가 씌어져 있을 뿐이었다.

  젊은이는 여러 번 고심 끝에 겨우 그 의미를 풀 수 있었다. 즉, 봉우리 위에 어찌 산이 있으랴, 그러므로 岑에서 山을 떼니 今자가 되고, 하늘 아래 하늘이 없으니 昊에서 天을 떼니 日이 되고, 腋에서 月을 떼니 夜가 되고, 木에 두 사람을 넣으니 來가 되었다. 결국 합쳐보면 '今日夜來'의 넉 자임을 안 것이다(김동빈 담, 여수, 1930).

  이상 7편의 민담 가운데에서 (3)과 (7)은 외설다운 것으로 엄격하게 구분 지으면 외설이라고는 할 수 없는 것이다. (1)은 신화의 성격을 띠었고, (2)는 전설이며 (3)~(7)은 모두 소화류에 해당한다. 원래 음담패설은 단순 모티프가 주종을 형성하기 때문에 외형상 소화류에 속하는 것이 많다. 손진태의 채집자료 154편 가운데에서 외설다운 것은 이 7편뿐이다.

2) 임석재 일화

임석재 선생은 1927년부터 설화를 채집하기 시작했다. 자신이 직접 채집도 했지만 선천 신성학교 교사로 재직시, 방학 때면 학생들에게 과제로 채집시킨 것이 방대한 양이 되었다. 신성학교는 지금의 중고교에 해당하지만 당시 학생들은 나이가 들었다. 그래서 선생의 과제를 충분히 감당할 수 있었다. 해방이 된 후에도 이 자료들을 보물처럼 움켜쥐고 있다가 6·25동란 때도 숨겨두었기 때문에 잘 보존되었다. 이 자료들이 빛을 보지 못하다가 드디어 평민사가 1987년부터 1993년에 걸쳐 12권으로 출판한《임석재전집 한국구전설화》의 밑거름이 되었다. 물론 이 12권 가운데 처음 4권은 북한구전설화집이라 할 수 있는데 선생과 제자들이 채집한 자료들이다.

해방 2년 후 외설집《조선상말전집》이 등사본으로 출판되었다. 판권에는 편자 정대일, 발행자 향토문화연구회, 제1회 배본, 비매품으로 되었다. 당시 허가 없는 출판물은 판매불허였는지 알 수 없으나 비매품으로 되어 있고, 제1회 배본이라는 것은 계속 발행할 것을 염두에 두었기 때문이다. 판형은 국판이고, 내용은 2편으로 1편에는 100화, 2편에는 50화, 모두 총 150화가 수록되었다. 물론 모두 외설이다. 그렇기 때문에 비매품으로 했는지도 알 수 없다. 이 책의 서문은 공삼달로 되어 있는데, 참고로 여기 인용한다.

정공대일 선생은 일찍이 우리나라의 후진성을 양기(揚棄)하고 선진국에 비견하려면 서양문화를 섭취하여 과학적 지식을 획득함이 긴급사이나 그것보다도 우선 민족의 바탕을 이루고 있는 전통적인 무엇을 찾아내는 것이 기본적인 것이라 깨닫고 민족성의 연구에 전념하였던 것이다. 선생은 그 연구대상의 기초가 될 자료수집을 위하여 다소의 사재를 기울이고 귀중한 시간을 써가면서 몸소 경향각지로 돌아다니며 남녀노소 할 것 없이 지위문벌의 귀천, 지식의 유무, 빈부의 차이 등을 가리지 않고 만나는 사람에게 그의 독특한 화술과 친근법으로 접근하여 전설·신화·동화·동요·민담·재담·이언·욕설·외설·민요·복술·민간속신·연중행사 등 정신문화는 물론 정신 물리적 문화에 이르기까지 광범위한 자료수집에 여념이 없었던 것이다.

그런데 그 후 우리나라가 일본에 병탐되어 치욕의 40년, 그들의 압정에서도 선생은 꾸준한 노력을 계속하여 그 수집된 자료는 범위가 넓을 뿐 아니라 수량이 방대함에도 불구하고 선생 자신도 과학적 체계를 이룰 만큼 대략 정리가 되었다.

해방 후에는 그 까다로운 관헌의 감시도 없어 마음 놓고 그 자료를 정리 발표하는 동시에 이를 간행하여 진지한 학도의 연구 자료에 기여할 기회가 왔지만 그 간행에는 막대한 비용이 들어 금일까지 천연되어 왔던 것이다.

민족의식이 극도로 앙양된 오늘날, 이런 기본적 연구 자료가 마땅히 널리 반포되어 민족성의 과학적 구명(究明)이 있어 이 혼란 상태를 바로잡아야 할 것을 절실히 느끼는 동공자(同攻者)들은 간편한 방법으로나마 이를 나누어 갖고자 약간의 자금을 염출하여 이의 간행을 꾀한 것이다. 선생의 이 간행이 앞으로 몇 권이 될지 정리되는 데 따라 정해질 것이요, 그 비용이 우리의 성의로 얼마나 계속될지 알 수 없으나 이러한 구차한 방법으로라도 선생의 진지한 의도의 결정(結晶)을 빛내볼까 한다. 이것이 숨은 학구에게는 도리어 알맞는 장식이 되는 것이 아닐까? 이 첫권은 무사려(無思慮)한 감을 줄 것이나 이것 역시 희귀한 자료임에는 틀림없다(단기 4280년 9월 후학 공삼달 識).

서문을 인용하는 것이 다소 장황한 느낌이 들지만 당시의 상황 판단과 이 외설집의 출간 주변을 이해하는 데 도움이 되리라 믿어 인용했다. 내용에 대해서는 그것이 외설이기 때문에 일부러 언급을 피한 듯하다. 전체적으로 볼 때 처음 부분은 자료제공자(정대일)의 연구에 대한 예찬이며 후반은 당시 열악한 출판 사정을 언급하고, 끝으로 약간의 기금을 모아 이 책을 간행하게 된 경위를 설명하고 있다. 그러나 서문과는 걸맞지 않는 점이 있다. 당시의 분위기로 봐서 외설집이 선급을 요하는 것도 아닐 텐데 '향토문화연구회'가 서둘러 등사본으로 외설집을 내야 했던 것인가 하는 의문이 가지 않을 수 없다. 이 점에 대해서 임석재 선생의 배경 설명이 있었다.

상말은 쌍말로 평안 일대에서 외설을 가리킨다. 해방이 되고 얼마 있다가 어느 날 선천의 신성중학교 임석재 선생의 제자가 찾아왔다. "선생님이 재직시 제자들을 시켜 모은 설화 자료 가운데에서 음담만을 추려 주시면 좀 벌어 먹겠습니다" 하고 간청했다. 당시 경제 사정이 일반적으로 불황이었기에 직장도 없는 젊은 사람이 오죽하면 선생에게 찾아와서 이러한 요청을 할까 생각하여 임석재 선생은 응해주기로 하고 수집된 자료 가운데에서 외설만을 정리해주었다. 그는 자료를 가지고 가서 등사본으로 밀어 손수 제본을 해서 기생들을 상대로 찾아다니며 팔았다고 하는데 크게 돈을 벌지는 못했다고 한다.

그 청년은 고인이 된 유모 교수의 막내 아우로서, 후에 임석재 선생이 정비석 씨를 만나 이 사실을 말했더니 "그 사람이 내게도 와서 같은 말을 하길래, 나도 자료를 제공해주었네" 하더란다. 어떻든 230쪽이 되는 이 외설집이 이러한 과정을 밟아 출간되긴 했으나 오늘날 외설 연구에 크게 기여할 것임은 틀림없다.

서문과 임석재 선생의 증언을 종합해볼 때, 이 책에서 편자 정대일은 손진태가 아니고 임석재 선생임을 알 수 있다. 그리고 《속지해》의 편집 및 발행자가 정대일인 것은 손진태가 틀림없는데 그렇다면 '정대일'이란 이름은 본명을 밝히고 싶지 않을 때 누구나 사용할 수 있는 대표적인 가명일 것이다.

이제 이 책에서 지면 관계로 외설 2편만 소개하고 이어서 목차를 게재하니 참고 바란다.

⑻ 과부와 머슴

어떤 과부가 머슴을 데리고 사는데 하루는 어쩌다 우연히 머슴의 그것을 봤겠다. 그런데 그것이 어찌나 컸던지 그 뒤부터는 이 과부가 가만히 있을 수가 있어야지. 그래서 하루는 "여보게 김서방, 내 팥죽 좀 쑬랑께 불 좀 때 주소" 하면서 먹고 싶지도 않은 팥죽을 쑤기 시작했다. 때는 마침 여름철이라 이 과부는 속옷만 입고 속옷 가랑이를 걷어붙이고, 허벅살이 흠뿍 ×히진 넙적다리를 일부러 내놓고 머슴 앞에서 죽을 쑤는데, 이놈의 머슴놈 주인 마나님일랑 보지도 않고 불만 때고 있었다. 이 과부는 애가 타서 좀 저를 보라는 듯이 "보소, 팥죽 좋아하지?" 하며 물어도 머슴놈은 쳐다보지도 않고 "나는 그 들큰한 팥죽 그리 좋아하지 않는데요" 할 뿐이다. 이러고 보니 과부의 첫 계획은 그만 실패하고 말았다.

하루는 이놈을 밭에 끌고 가서 앞 뒤에 서서 김을 매기로 했다. 과부는 한참 매다가 "아이구 더워라" 하며 옷을 죄다 벗고 속옷 가랑이를 걷어붙이고 머슴 앞에서 김을 매는 체하나 그래도 이놈의 머슴 못 본 체하고 땅만 들여다보며 김을 매고 있다. '이놈의 머슴 어떻게 할 수가 없다. 그놈이 해주기를 바라는 것보다 내가 먼저 붙여 보는 것이 도리어 낫겠다'고 생각하고 이번에는 물이 먹고 싶다고 하여 머슴을 데리고 샘터로 갔다.

과부는 허리를 굽히고 엉덩이를 머슴 있는 데로 내밀고 엎드렸다. "보소 머슴, 내 샘에 빠지면 안 되겠으니 자네는 뒤에서 내 몸을 매

주소” 했다. 머슴은 이 말을 듣고 “매다니 무얼로 매능기요?” 하니까 과부는 “아따 자네 꼬리로 매지 무얼로 매나?” 해서 “내 꼬리라니 어디 꼬리가 있는기요?” 과부는 “이게 꼬리가 아니고 뭣인가?” 하며 머슴의 그것을 잡아다가 이렇게 이렇게 하는 것이라고 가르쳐서 머슴은 주인이 하라는 대로 과부의 허리를 껴안고 그 꼬리란 걸로 과부의 그 곳에 매가지고 물을 먹게 하는데 과부는 물을 먹는 체하며 몸을 어정거려 머슴놈은 그만 마음이 이상스럽게 되고 말았다. 그만 더 견딜 수가 없어 “아이구 쥔님 내사 머슴을 못 살면 못 살았지 이 노릇은 못 하겠소. 온몸이 맥이 풀려서 찌리찌리 하구먼” 하더란다.

(9) 편지 쓰기

어떤 내외가 한낮에 일을 시작했다. 한참 재미가 있으려 할 때 밖에 나갔던 어린 것이 들어오며 손님이 와서 찾는다 한다. 아버지는 여편내 배 위에서 어린 것을 보고 “지금 편지를 쓰고 있으니까 조금 기대리라고 그래” 하고 일러 내보냈다. 일을 다 마치고 나서 손님 하고 이야기를 하는데 공교롭게도 그 앞에서 개들이 헐레를 하고 있는 것을 아들이 보고 “아버지! 개도 편지 쓰네” 하더라고.

《조선상말전집》 차례

34. 상감님놀이   35. 과부와 병아리   36. 숫(雄)벼락
37. 불행중 다행   38. 먼저 실례   39. 산채나물   40. 보× 맛
41. 기면서 코를 골아   42. 적을 건 안 적어   43. 꽁지 맛 ①
44. 꽁지 맛 ②   45. 제 어미×에   46. 감투거리   47. 삼부모녀와 생선
48. 뱃가죽 뚫기   49. 김선달의 행상   50. 그 집에서도?
51. 반찬 단지   52. 오줌 먹는 사람   53. 병(瓶)과 만년필
54. 무상쭐레비   55. 엄두리 총각   56. 약을 발라야지   57. 신세타령
58. 나무 못했소   59. 보× 모양   60. 사돈 족제비
61. 아내가 털이 많아   62. ×털이 긴 여자   63. 자배기 판 돈
64. 총각과 쥐   65. 충발(充拔)   66. 십년이 돼도 애가 나오지 않아
67. 농악소리   68. 진범인은 누구   69. 깨좆   70. 내 서방
71. 봉사의 본(變)   72. 사투리   73. 쑥떡장사   74. 힘이 드는 일
75. 빼랍니까?   76. 열두 바퀴째   77. 가죽침   78. 동남풍만 불어라
79. 활과 칼을 바꾸는 게 탈   80. 게도 구럭도 다 놓쳐
81. 중과 상좌   82. 눈도 밝다   83. 콩 먹으러 간 말
84. 노처녀의 양심   85. 할 말이 없어   86. 물만 빨아 먹어
87. 공자님께 버선을   88. 어미말 안 듣는 자식   89. 쥐좆도 모른다
90. 어사와 그 아해   91. 데릴사위 ①   92. 데릴사위 ②
93. 어린 신랑 ①   94. 어린 신랑 ②   95. 어린 신랑 ③
96. 어린 신랑 ④   97. 어린 신랑 ⑤   98. 어린 신랑 ⑥
99. 주먹밥   100. 임금과 재상 부인   101. 삼동서   102. 사대부인
103. 사돈 어미   104. 네 어미 일이 걱정   105. 도끼 팔아 개 사다
106. 젖 빨기는 피차 일반   107. 선종속 후종직(先種粟後種稷)
108. 가련지심 역가련(可憐之心亦可憐)이라더라
109. 그건 그렇다 하고   110. 좌월궁 우월궁(左月宮右月宮)
111. 물노(勿怒)   112. 암중모색   113. 깊은 곳에서 들려오는 소리
114. 무아경   115. 삼형제의 초야담(初夜談)   116. 적당 조절
117. 정녀(貞女)의 진가(眞假) 검사   118. 너야 무슨 죄가 있으랴
119. 진통과 신발   120. 악취의 원인   121. 남이 보면 숭없게
122. 그럼 제법이게   123. 여인의 암시   124. 시루값은 누가 무나
125. 누구를 믿고 사나   126. 누어서 구경 할 일

127. 깔리기는 깔렸으나   128. 범죄자 조사   129. 약속 엄수
130. 부처님도   131. 우산만은 내 것   132. 틀림없는 네 것
133. 김치 깍두기   134. 요기도 못하고   135. 영감의 경고
136. 성황님전 애걸   137. 술탁내기   138. 얼럭 황소
139. 보지만조보(報知萬朝報)   140. 명판결   141. 환각
142. 양귀비의 돈지(頓智)   143. 맹아부처(盲啞夫妻)의 대화
144. 허생원(許生員)   145. 천자문 ①   146. 천자문 ②
147. 몽학훈장(蒙學訓長)   148. 궁계탈의(弓鷄脫衣)
149. 문장군(門將軍)   150. 양장군(陽將軍)

3) 일제시대의 일본인 문헌에 수록된 외설

일제시대 때 일본인들에 의해 씌워진 한국의 각종 풍물기행 속에 외설이 더러 보이지만 본격적인 것은 아니다. 혹은 손진태의 자료에서 인용된 것도 있고, 이마무라 도오루(今村鞆)의 책에서 재인용하여 발표된 것들도 있다. 그러므로 여기서는 이마무라 자료에서 외설 2편만을 선정하여 소개한다.

⑽ 숯가마를 지고

젊은 부부가 숲속에서 밭을 갈고 있었다. 그곳에 숯장수가 지나가다 그녀를 보니 갑자기 욕정이 북받쳤다. 그래서 궁리하다 한 꾀를 냈다. 일부러 큰 소리를 내며 "여보게들 어디 할 짓이 없어서 새빨간 대낮에 그것을 하고 앉았나?" 하고 꾸짖었다. 그러자 젊은 부부는 "우리가 어쨌다고 그러느냐"며 대들었다. 숯장수는 더 큰소리로 "그렇게 날 못 믿겠거든 여기 와서 숯가마를 져보면 될 게 아냐. 틀림없이 그렇게 보일 테니까" 젊은이는 일하다 말고 올라와서 숯가마를 졌다. 그 새에 숯장수는 내려가 여자를 덮쳤다. 젊은이가 숯가마를 지고 보니 과연 처가 그놈의 숯장수와 진짜 하고 있는 게 보인다. "어어 진짜 하는 게 보이네" 하며 고개를 설래설래 흔들었다(今村鞆,《朝鮮漫談·歷史民俗》, 南山吟社, 1928).

⑾ 쇠고기냐 보리밥이냐

점쟁이 봉사가 어느 친구에게 미인을 소개해달라고 부탁했다. 친구는 봉사의 처와 짜고 미인이라고 속여 침실에 들게 했다. 봉사는 기분 좋게 하고 나서 하는 말이 "내 여편내는 보리밥 같은데 자네는 쇠고기 같구만" 했다. 봉사의 처는 재빨리 먼저 집에 와 있었다. 봉사가 집에 와서는 아내에게 한다는 말이 "어젯밤은 독경을 하는 도중에 복통이 일어나 자고 왔네" 했다. 그래서 처가 받아 말하기를 "아마도 쇠고기를 지나치게 먹었나보죠. 보리밥이 오히려 건강에 좋았을 텐데" 했다(위의 책).

4) 구전외설의 학문적 단서

임석재 선생의 〈육담(肉談)〉이 비록 단문이기는 하나 《한국민속대관》에 수록된 것은 외설이 최초로 학문으로 수용된 단서가 될 것이다. 이 글에는 외설에 대한 의미가 약간 언급되어 있을 뿐 외설 자료 15편이 수록되어 있다. 지면의 여유가 없어 이론의 전개는 여의치 않았으리라 생각한다. 15편 가운데에서 짧은 외설 2편을 소개한다.

⑿ 족제비 가죽

어떤 사람이 족제비를 잡아서 가죽을 벗겨 헛간 기둥에 걸어 놓았다. 한번은 사돈이 왔다 간 뒤에 보니 족제비 가죽이 없어졌다. 이 사람은 이상해서 사돈네 집에 가봤다. 그랬더니 그 족제비 가죽이 거기 있었다. 이 사람은 화가 나서 왜 내 족제비 가죽을 가져갔느냐고 했다. 그랬더니 사돈이 말했다. 사돈은 혀 짧은 소리를 하는 사람이었다. "사돈 뭘 그렇게 화낼 것 있소. 사돈 좆지비 내 좆지비고 내 좆지비 사돈 좆지비 아니요."

⒀ 선교사 설교 일절

여러분 시비하지 마시요. 시비 자꾸 하면 작은 시비 큰 시비 됩니다.

5) 기타 구전외설의 자료

신창순 교수는 영남일대에서 채집한 외설을 아직도 노트로 보존하고 있다. 이 노트는 1957년 6월부터 1961년 사이에 이루어진 성과인데 90편이 기록되어 있다. 1950년대말 의욕을 가지고 구술자를 찾아다니며 채집했으나 출판할 여건이 되지 않아 보관하고 있다가 요긴하게 쓰이면 좋겠다면서 필자에게 노트를 넘겨주었다. 그러나 필자도 신교수의 노고를 생각해서 복사만 하고 원본은 소유주에게 돌려주었다. 이 90편 가운데에서 외설 2편을 소개한다.

⑴4) 요강 안의 메뚜기

어쩌다가 집 안으로 들어온 메뚜기 한 마리가 마루와 대청으로 팔딱팔딱 뛰놀다가 그만 요강 안에 빠졌다. 이 집 마나님이 오줌을 누려고 요강에 앉았다. 요강 안이 갑자기 깜깜해졌다. "어허 소나기가 올 테냐, 웬 하늘이 깜깜해지냐" 하며 메뚜기는 위를 쳐다보며 중얼거렸다. 마나님이 방구를 뀌었다. 그러자 메뚜기는 천둥치는 소리로 알고 눈살을 찌푸렸다. 이윽고 위에서 오줌을 좍 누니까, 메뚜기는 놀라서 이리 튀고 저리 튀면서 "이크, 뜨거워 웬 뜨거운 소나기가 있다냐?" 하더란다.

⑴5) 좆 크기 재기 대회

미국에서는 별의 별 콘테스트가 다 열리겠다. 이를테면 미인 콘테스트, 키다리 콘테스트, 그와 반대로 난쟁이 콘테스트가 있는가 하면 맥주 빨리 마시기 재기 대회, 담배 오래 피우기 재기 대회, 그밖에 대머리 대회, 뚱뚱보 대회 등등, 과연 세계 제일을 찾는 나라의 모습이로다. 그러니 한번은 미국에서 세계 좆 크기 콘테스트 대회가 있었던들 결코 놀랄 일이 못 된다. 세계 오만 나라에서는 이것큰 데에 자신있는 대표들이 수두룩히 모여들었다. 한국도 부름을 받아 대표 한 사람이 나갔거니와, 이 면에서는 아무래도 서양 사람이

월등한 모양이다. 대회장에 여러 나라 대표들이 입장해 들어오는 모습인데 어떤 치는 그 보암직한 것을 모가지에 한 바퀴 휘감고도 남음이 있어 목 앞에 넥타이로 질끈 매고 들어오고, 또 한 치는 그놈을 지팡이처럼 손에 쥐고 휘휘 휘두르며 들어오는가 하면, 또 어떤 친구는 그 굵직한 것을 입에다 물고 나팔 불고 들어오는 것도 있는 등, 보고 있던 한국 대표는 자기 것으론 부끄러워 도저히 명함도 못 낼 것 같아, 기가 푹 죽어 그대로 돌아와버렸다는 얘기다.

인하대학교 김 모 교수는 인하인들이 모두 손꼽는 외설의 구술자이다. 그는 명석한 기억력으로 약 300편 이상을 구술할 수 있다는 평판이다. 어느 날 그에게 학문으로 활용할 테니 우선 일차적으로 제목만이라도 적어달라고 부탁을 하자 흔쾌히 승낙했다. 얼마 있다가 본인에게 재촉을 했더니 난감한 태도를 지으며 "190여 편의 제목을 나열해두었는데 전산소 사람이 이것을 빌려가더니 분실했다"는 것이었다. 기회가 되면 다시 적어주겠다고 했지만 오늘까지 받지 못했다. 어떻든 그는 이 분야에서는 외설의 명인이다.

메모광인 최 모 교수도 외설을 구술하는 편이다. 그는 강연을 많이 한 탓인지 그의 두뇌에는 청취하는 대상에 따라 화제가 달라지고 시작은 교육적인 데서부터 점차 짙은 데로 발전하는 형식이다.

⒃ 옛날의 성교육

어릴적 아버지로부터 "넌 다리 밑에서 주워왔다"는 말을 듣고 슬펐다. 다리 밑엘 가보니 거지들이 가마니를 둘러치고 사는데 어린 나도 '저곳에서 날 데려왔구나' 생각했다. 형들도 싱글벙글 웃으며 "넌 다리 밑에서 주워왔다"고 하니까 완전히 기분이 상했다. 그러다가 얼 만큼 세월이 지났을 때, 아버지께 물었다. "아버지 진짜 다리 밑에서 주워왔어요?” 하자 아버지는 내 머리에 꿀밤을 한대 치면서 말했다. “이 녀석아, 이 세상에 다리 밑에서 주워오지 않은 사람이 어디 있겠냐.” 이렇게 하여 성교육을 시켰다는 것이다(최래옥 담)

동음이의어를 가지고 만든 신선한 외설이다. 동음이의어 외설을 모아도 하나의 화군(話群)을 이룰 만큼 수가 많다. 이훈종 선생의 《한국의 전래소화》에도 동음이의어 외설이 있다.

  ⒄ 건넌 게 내 아들
  어떤 나루터에서의 일이다. 남자가 다른 볼 일이 있어서 부인이 배를 부리고 있는데 중국 사람이 하나 탔다. 그러더니 이 검측한 게 “아주머니 우리 마누라야! 내가 아주머니 배 탔으니 나 아주머니 영감이지? 안 그래?” 이 따위 소리를 한다. 속이 상해 죽겠으나 대꾸도 않고 노만 젓는다. 강을 건너 물가에 내려서 가는 것을 여사공이 그제사 불렀다. “내 아들아, 내 아들아” 중국 사람이 돌아다본다. “너 내 뱃속에서 나왔으니까 내 아들 아니냐?”“?!”

3. 맺음말

구전외설의 특징은 기록으로 남기기 껄끄러움이 있다는 조건 때문에 아직도 구전에 의존하고 있는 실정이다. 민담은 구전전승의 기능이 영락해가기 때문에 구술자의 수가 감소 추세에 있지만 외설은 지금도 그 기능이 살아 있어 구전전승이 활성화되고 있다. 따라서 외설의 300화급의 구술자는 흔히 목격할 수 있다. 그리고 민담의 구술자는 촌로층에 많지만, 외설의 구술자는 촌로를 비롯해서 지식인·부녀층 등 각계각층에 분포되어 있다. 또 하나는 모든 설화 구술자가 그렇겠지만 특히 외설은 화술을 요구한다. 외설을 많이 안다는 것만으로 구술자가 될 수는 없다. 같은 내용이라도 청취자가 흥미있어 하는 사람이 따로 있다. 이것을 화술이라고 한다.

내용에서도 지역 차이를 느낄 수 없을 만큼 전국적으로 유사 외설이 많고 양도 많으므로 분류도 가능하다. 예를 들면 ① 신의 생식기 창조 ② 과부의 욕정 ③ 쇠고기냐 보리밥이냐 ④ 미웠다 고왔다 ⑤ 선교사 시리즈 ⑥ 어린 신랑 시리즈 ⑦ 생식기 형태 등 분류하려면 최소한 20~30항목의 화군으로 정리 가능하다. 그렇지만 이 글은 독립된 논고가 아니므로 학문적 분석 연구는 다음 기회에 미루기로 한다.

힌두민속과 성

·

이 광 수

1. 머 리 말

민속은 다른 어느 것보다도 사회 내부의 사람들이 갖고 있는
믿음과 이상을 실제 생활의 방법으로 나타낸다. 민속은 의례나
민담에서부터 종교나 예술에 이르기까지 그 영역은 실로 광대하
고 표현양식도 갖가지로 나타나는데 주로 상징과의 깊은 관련이
있다. 때로는 그것이 민담과 같은 이야기일 수도 있고 춤이나 그
림 혹은 연극과 같은 예술일 수도 있다. 혹은 제사나 결혼과 같
은 의례일 수도 있다. 뿐만 아니라 일상생활의 하찮은 것같이 보
이는 여러 가지 행동일 수도 있다. 그 표현된 모습이 무엇이든
민속에서 상징은 사회 속의 인간이 추구하는 심층적 근본구조가
실생활로 드러나는 것이다.

민속에 나타난 상징은 사회구조 내에 있는 사람들이 그들의
추상적 세계관을 구체적으로 표현한 것이다. 다시 말하면 그들은
자신들이 추구하는 절대 에네르기를 철학적 혹은 관념적 구도

대신 민속이라는 실생활 테두리 내의 양태로 변환시킨 것이다. 민속의 세계에 나타나는 상징에 대한 연구의 필요성이 여기에 있다. 기본적으로 상징을 통해 민속을 이해한다는 것은 그 사람들이 추구하는 인생의 목표나 절대 에네르기를 이해하는 것이다. 뿐만 아니라 동시에 그 사람들이 서로 나누는 가치관의 커뮤니케이션 양태들도 이해하는 것이다.

상징이라는 것은 반드시 해석되어야 그 의미가 있다는 것도 바로 이런 맥락에서이다. 상징의 해석은 몇 가지 방법에 의해서 시도될 수 있다. 프로이트처럼 상징을 욕망이라는 하나의 원리 속에서 정형화하고 그것을 해체하거나 단순화하여 마치 자연과학자들이 실험실에서 해부하듯 할 수 있다. 또 비환원적 입장에서 엘리아데(Mircea Eliade)처럼 상징을 사회적 구조나 역사적 배경과는 관계없는, 자치성의 원리 안에서 성장하는 것으로 해석할 수도 있다. 그러나 필자는 상징이 역사적 맥락 속에서 나타나는 사회적 산물이라는 대명제 아래에서 그 의미를 찾고자 한다. 이는 상징은 그 사회적 배경과 어떤 관련이 있는가로 환원되어 해석될 때만 의미를 갖는다고 믿기 때문이다. 이는 상징에 대한 연구가 단지 그 내용의 분류나 유형의 비교 혹은 그것과 지리적 역사적 분포의 관계 등으로만 국한되어서는 안 된다는 의미이다. 좀더 바람직한 연구는 어떤 상징을 특징지우는 특정 모티프가 역사적으로 처음 형성된 당시의 사회적 환경을 분석하여 그 상징이 갖는 원초적 의미의 전통을 찾고 그것이 역사적 맥락 속에서 어떻게 표현되는가를 우선적으로 분석하는 것이다.

민속의 세계에서 성(性)이 상징으로 나타나는 경우 그것이 사회와 역사에 대해 갖는 환원성은 더욱 두드러진다고 본다. 그것은 특정 사회의 생산원리 속에서 인간들이 추구하는 다산 추구와 다산숭배의 표현인 것이다. 원시시대로부터 이어지는 식량 생산관계의 변화는 새로운 사회의 등장과 함께 자신들이 전통적으로 가져온 관념 표현을 변화시킨다. 그렇다고 원래 형성된 표현의 키(key)가 소멸되는 것은 아니다. 그 키는 다음 사회에서 형성되는 표현의 구조 안으로 교묘하게 용해되어 가고 거기에 새로운 모습들이 추가되어 새로운 패턴으로 정착된다. 그러면서 사람들은 그 키가 갖는 원래의 구조적 의미보다는 역사의 흐름에 따라 추가되어 나타난 패턴의 외형적이자 기계적 의미에 의존하게 된다. 힌두민속에서, 물론 다른 민속에서도 크게 다를 바 없겠지만, 그 키는 성이라고 말할 수 있을 것이다. 성은 생산성의 중심 요소이고 성에 관한 대부분의 상징은 이 생산성 즉 식량 생산관계와 구조적 관련을 맺고 있다.

2. 성과 생산

선사시대의 수렵·목축사회에서 인간에게는 자연의 주기가 그 어느 것보다도 중요한 삶의 요인이었다. 그것은 그들의 주식량원인 동물들의 생활주기와 깊은 관련이 있었다. 동물들은 주로 봄과 여름이 번식기이다. 이에 따라 사람들도 본격적으로 사냥 즉 생산의 일을 시작하니, 더욱 풍성한 생산을 위해 이 시기에 주술을 하였다. 이러한 현상은 여러 곳에서 발견된 동굴벽화를 통해서도 잘 알 수 있다. 수렵·목축생활을 하던 사람들은 주로 자연현상을 인격화한 신격체들을 숭배하였다. 이는 그들의 생계가 자연현상에 크게 의존적이었기 때문이다. 그들은 정착생활을 하지 않는 사람들로서 땅에 대한 중요성을 전혀 인식하지 못했다. 그들에게는 땅보다는 축우(畜牛)가 훨씬 중요하였고 축우는 사냥이나 목축을 통해 확보하였으니 그들이 가장 경외하는 것은 생산활동 (사냥, 목축)에 결정적 영향을 주는 자연환경이었다. 그들이 주로 폭풍우·비·바람·물 등을 인격화한 신들을, 그 가운데에서도 폭풍우의 신을 가장 높이 섬기는 이유가 바로 여기에 있다. 따라서 당시의 사회에서는 생산의 근본으로서 여성성의 존재는 전혀 인식되지 않았다.

생산양식의 변화, 즉 농경의 도래는 인간의 관념과 행위에 큰 변화를 일으켰다. 당시 사회에서는 자손과 식량의 적절한 공급이 무엇보다도 필수적인 조건이었다. 자손의 계승은 인류의 존재, 문명의 진보와 직결되는 것이었다. 이와 관련되는 여성의 역할이 사회적으로 크게 부각되었고 여성의 출산과 자녀양육은 식량공급과 동일하게 인식되었다. 이 시기의 씨족이 여성을 중심으로 형성된 것도 이러한 이유에서였다. 모든 관습이나 규범 혹은 전통 등이 여성 중심으로 형성되었고 그들에 의해 유산으로 계승되었다. 이런 점에서 여성은 단순한 생산의 상징이 아니고 생명을 실질적으로 보존 계승하는 존재로 인식되었다. 이러한 인식하에 여성의 생식기와 그에 따른 속성들은 당시의 문화 속에서 생명을 가져다주고 그것을 보존하는 상징이 되었다. 이런 사실은 구석기시대에 만들어진 동물의 뼈나 상아 혹은 돌 등에 여성의 생식기가 지나치게 강조된 것으로 보아 쉽게 알 수 있다.

여성성의 부각은 곧 남성성의 부각으로 연결되었다. 그것은 원시인들이 인간의 생산원리와 자연의 생산원리를 동일하게 인식하였기 때문이다. 그래서 여성의 생식기가 강조되고 그것이 숭배되는 문화에서는 항상 남성의 성기가 강조되고 숭배되는 현상이 두드러지고 이는 곧 두 상징의 결합으로 연결된다.

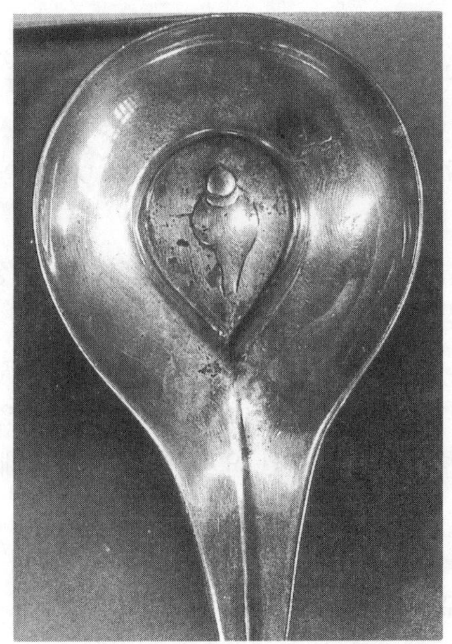

그림 1

　다른 나라 민속과 마찬가지로 힌두민속에서도 남성성의 대표
적 상징은 남근 즉 링가(linga)이고 여성성의 대표적 상징은 어머
니(母)이다. 남근이 다산숭배의 중요한 요체가 되는 것은 그 기
능적 상징으로부터 발달하여 후대의 문화 요체의 중요한 역할을
한 것을 보아도 알 수 있다. 그것은 괭이의 원시형태가 남근과
같이 생겼고, 쟁기(랑갈라, langala)라는 어휘 자체가 남근(링가,
linga)과 관련이 있는 것으로 볼 때 매우 큰 의미를 찾을 수 있다.
　인도에서 남근과 여근이 숭배대상이 되었음은 여러 기록과 유
물들을 통해서 쉽게 알 수 있다. 인도에서 가장 오래된 문명인
인더스강 유역에서 발생한 하라파문명의 유물들 가운데 링가와

요니(yoni, 女根)를 상당수 발굴하였다. 링가와 요니가 다산을 가져다 주는 일종의 부적 역할을 하였을 것은 틀림없다. 요니 숭배는 하라파문명 이래로 근년에 이르기까지 종교의례에서 널리 행해질 뿐만 아니라 그림 1에서 볼 수 있는 바와 같이 일상 생활용품을 통해서도 많이 행해지고 있다.

링가는 창조주인 시바(Shiva)를 상징한다. 이 상징은 단순한 육체적 힘의 상징 차원을 넘어 생명 탄생과 우주 창조를 의미한다. 또한 금욕적인 고행이나 관능적인 성교, 요가에 의한 영적 활력을 상징하기도 한다. 시바 링가는 그것의 단독적 형태로도 나타나지만 그것보다는 그림 2처럼 여근인 요니 위에 앉힌 형태로 더 많이 나타난다.

따라서 그림 2에서 볼 수 있는 바와 같이 요니 위에 앉혀 있는 링가를 물로 씻는 의례는 링가-요니의 결합에 우주수(宇宙水)의 상징성이 결합되면서 그 자체가 성스러운 성교를 상징하는 것이다. 링가는 그 형태가 보통 원기둥·원뿔 등으로 표현되는데, 자체로서 하나의 옴팔로스(omphalos)이다. 링가 안에 시바의 모습을 새겨놓음으로써 링가의 우주 에너지를 강조하기도 하고 혹은 브라흐마(Brahma)-비슈누(Vishnu)-시바(Shiva)의 삼면이 조각된 형태로 나타난다.

남성성의 상징으로서의 링가 숭배는 힌두민속에서 그 역사가 매우 오래되었다. 링가 숭배는 하라파문명의 유적지에서 발굴된 한 인장(印章)에서 확실히 찾아볼 수 있는데, 흔히 부르는 파슈파티(Pashupati) 인장에 나타난 이 신은 요가의 모습을 하고 있다. 그런데 자세히 보면 그의 남근이 발기된 채로 크게 강조되어 있음을 알 수 있다. 우리는 그 주위에 호랑이·코뿔소·소·코끼리— 그 신의 수레 역할을 하면서 동시에 수호신일 것으로 추정된다—

그림 2

가 있는 것으로 보아 그 신이 동물의 신(파슈파티)임을 알 수 있
다. 결국 이 인장에 새겨져 있는 모습에서 우리는 요가행위와 생
산행위가 서로 다른 것이 아닌 하나의 신이 주재하는 동일한 근
원을 갖는 것임을 알 수 있다. 결국 이러한 것으로 미루어보아
이 신은 시바의 원형이 되는 신으로 생각된다. 힌두교에서 시바
는 일차적으로 파괴의 신이다. 그러면서 시바는 생산-요가-동물
의 신이다. 시바의 파괴는 곧 생산이며 그것은 링가로 상징된다.
　남근 외에 남성성을 상징하는 것으로 멧돼지·황소·숫말 등을

234

들 수 있다. 비슈누의 세 번째 화신 바라하바타라(Varahavatara)
는 멧돼지의 모습을 하고 있는 신이다. 멧돼지는 그 특유의 잡식
성과 높은 번식성으로 인해 다산을 상징하는 동물이 되었거나
그가 식량을 모을 때 땅을 파는 모습이 쟁기질하는 모습과 흡사
하여 남성성의 상징이 되었을 것이다. 황소머리를 한 난디(Nandi)
는 시바의 수레이자 수호신이다. 신화에서 난디는 시바가 부인
파르바티와 사랑을 나눌 때 그 침실을 지키는 역할을 한다. 즉
그는 다산을 위해 억제된 남성의 성적 능력이 상징화된 것이다.

숫말의 남성성으로의 상징은 아슈바메다(Ashvamedha) 제사에
서 가장 잘 나타난다. 아슈바메다 제사는 후기 베다시대에 왕이
왕권의 강화와 국가의 번영을 위해 행한 제사이다. 제사는 왕이 자신
의 말을 영토 바깥으로 순행시키는 전반부와 되돌아온 말을 희생시
켜 봉헌하고 그 말과 왕비를 성적으로 결합시키는 후반부로 이루어
져 있는데 그림 3은 이를 그린 것이다.

물론 여기에서 숫말의 상징성은 그의 남근에 있고 그 남근은 생
산의 근원 역할을 한다. 결국 숫말의 정액은 암소의 우유에, 숫말
의 남근은 암소의 젖에 대비되면서 힌두교에서 숫말은 우주 생
산의 능동적 근원의 상징으로 자리잡는다. 왕비가 국모로서 생산
의 터를 상징하는 것은 두말할 나위가 없다.

《마누법전(Manusmriti)》에서는 여자는 밭(kshetra)이고 남자는
씨(vija)라고 하였다. "크셰트라부타 스므리타 나리 비자부타흐 스
므리타흐 푸만(Kshetrabhuta smrita nari vijabhutah smritah puman)"
이라는 구절은 그 후 대부분의 《푸라나(Purana : 古談)》와 법전에
자주 인용되었다. 남성이 씨고 여성이 밭이라는 표현은 남성 중
심적 창조 개념이 발전된 것이다. 이는 생산행위에서 여성은 능
동적인 상대가 아닌 단지 씨가 뿌려지는 밭으로 간주된 것이다.

그림 3

따라서 힌두신화에서 남성의 일방적 행위에 의해 생명체가 창조되는 경우를 어렵지 않게 찾아볼 수 있다. 즉 남성의 씨는 그것을 어디에 뿌렸는가에 관계없이 생명체를 창조할 수 있으니 강력한 힘을 가진 남성에 의해 뿌려진 씨는 자궁의 대체물인 강·땅·물·사람의 입 등에 떨어져 생명체를 탄생시킬 수 있다. 이에 대한 가장 좋은 예가 시바의 아들이면서 지혜와 부를 상징하는 코끼리머리의 신 가네샤(Ganesha)이다. 그는 시바의 정액이 갠지스강에 떨어진 후 갠지스강에 의해 탄생되었다. 갠지스는 물론 강이면서 동시에 인격화된 여신이다.

씨로서의 정액이 남성 생명의 원리라면 여성 생명의 원리로서 우유를 생각해볼 수 있다. 따라서 힌두신화에서 만물의 근원으로 나타나는 우유의 바다는 암소의 젖에서 흘러나오고, 우유를 생산하는 암소는 만물을 생산하는 바다와 어머니로서 동일시된다. 또 우유는 정액과 같은 역할을 하는 것으로 믿음으로써 오늘날 인도 민속에는 요가 수행자가 그의 정액을 억제하면 그것이 우유로 전환되어 유방까지 만들고 나아가 그 수행자가 정액의 흐름을 거꾸로 한다면 출산력을 소유한 여성과 같아지는 것으로 나타난다. 한편, 힌두교에서 우유로 상징되는 암소가 생산의 근본으로 정착된 것은 베다시대가 끝난 후대에 이루어진 정착농경문화에서였다. 그 전 시대, 즉 베다시대에는 남근으로 상징되는 황소가 신성시되었다. 유목문화는 그 후 이어지는 정착농경문화와 달리 변화무쌍한 자연환경과 싸우기 위해서 강력하고 정복적인 남성성을 크게 요구하였고 따라서 그 시대에 의인화된 자연신들은 대부분이 남신이었다.

생산의 원천으로서 여자가 밭으로 인식되는 것은 곧 땅이 여성으로 취급되는 민속현상을 낳았다. 벵갈인들은 암부바치(ambu-vachi)라는 다산숭배의례를 행하는데, 그들은 땅이 생산을 준비하기 위해 마치 여자처럼 월경을 한다고 믿었다. 따라서 그들은 이 기간 동안은 쟁기질이나 파종은 물론이고 그 외의 어떤 경작에 관한 일도 하지 않고 땅을 쉬게 하였다. 초타나그푸르의 호(Ho)인, 닐기리산맥에 거주하는 코타(Kota)인, 오릿사의 부이야(Bhuiya)인 등은 추수의례 때 처녀들에게 자유롭게 성관계를 갖도록 허용 내지 권장하고 있다. 또 앗삼에서도 봄 축제 때 여자들에게 자유로운 성관계를 허용하고 있다. 빌(Bhil)인들은 파종을 하기 전에 밭 한가운데 돌을 세우고 그 돌 위에 붉은 색칠을 함으로써 다산을 추구하였다. 붉은 색이 월경을 뜻하고 붉은 색을 칠하는 행위는 생산력을 땅에 주입시킴을 상징하는 것이다.

세계 여러 곳에서 원시인들이 죽은 사람의 몸에 붉은 칠을 한 것은 그들이 붉은 색은 피의 색이요 피는 곧 생명의 소생을 가져다준다는 것을 믿었기 때문이었다. 힌두 여인들이 결혼을 하면 이마에 붉은 색을 칠하는 것도 이러한 연유에서이다. 그들은 생산을 하기 위한 준비단계라는 의미이다. 따라서 과부나 처녀는 생명과 생산의 색인 붉은 색을 칠하고 다닐 수가 없다. 월경중인 여자나 임신한 여자가 몸에 검붉은 칠을 하고 다니는 현상은 세계 도처의 민속에서 발견된다. 이는 붉은 칠이 한 편으로는 남자를 가까이 못하게 하는 동시에 그들의 생산력을 높이는 주술적 의미를 가지고 있다.

힌두민속에서 붉은 색의 의미를 가장 잘 볼 수 있는 것으로 홀리(Holi)축제를 들 수 있다. 홀리는 겨울이 끝나고 봄이 시작되는, 힌두력에 의한 2~3월의 보름날 낮에 행해지는 힌두 최고의 축제 가운데 하나다. 이 날은 남녀노소·카스트·부귀비천에 개의치 않고 온갖 색의 색가루와 그것을 물에 탄 물감 등을 서로에게 뿌리면서 논다. 사람들은 이 축제의 기원을 크리슈나(Krishna)신이 그의 연인들과 물감을 서로 뿌리고 놀았다는 신화에 두고 있지만, 그것은 원래 원시인들의 장례였다. 그것이 고대사회에서 사회적 축제로 변하면서 신화를 통해 부회된 것이다. 그러다보니 지금은 비록 여러 색으로 모든 사람들을 대상으로 하는 축제가 되었지만, 원래는 붉은 색을 죽은 사람에게 칠함으로써 그의 소생을 기원하는 일종의 장례였다. 그들이 붉은 색을 통해 죽음으로부터 소생하려는 기원이 자연현상에 그대로 반영되어 홀리축제는 죽음의 겨울이 끝나고 소생의 봄을 기다리는 세시풍속으로 자리잡으면서 다산숭배의 전형이 되었다.

빌인들의 파종 민속에서 보이는 밭 한가운데 돌을 세우는 행위는 밭으로 상징되는 여성에 돌로 상징되는 남성을 교합함을 의미함을 쉽게 알 수 있다. 이는 곧 생산을 추구하기 위한 민속의 전형적인 모습인데 각 요소의 남녀 성기와 상징적 관계의 형성은 곧 성교라는 행동상징으로 연결된다. 세계의 많은 고대 종교의 초기형태에서 남녀간의 성적 결합을 도덕적으로 음란하게 보지 않은 것도 성교와 다산숭배를 동일시하기 때문이다.

같은 연유에서 매춘의 기원을 보통 다산숭배행위에서 찾는다. 인도에서는 매춘부들이 여신 사라스와티(Sarasvati)를 그들의 신으로 숭배하고 또 힌두교 최고의 여신인 두르가(Durga) 숭배 가운데 매춘부의 거주지에서 '성토(聖土)'를 가져와 의례를 치르는 행위가 오늘날까지 이어져 내려온 사실은 다산의 상징으로서 성교의 의미를 잘 알 수 있게 한다. 성교가 모신과 관련하여 다산을 상징하는 것은 비단 원시사회만의 현상은 아니다. 문명화된 사회에서도 이는 충분히 나타나는 일이다. 《샤타파타 브라흐마나(Shatapatha Brahmana)》에서는 성교를 곧 제사로 인식하여 제사를 생산을 가져다주는 결합이나 정액으로 표현하는 구절들이 꽤 자주 등장한다. 《브리하다라니야카 우파니샤드(Brihadaranyaka Upanishad)》에서는 제사와 여자의 일치를 그 외형에서 찾았다. 여자의 하복부를 제단(祭壇)으로, 여자의 음모를 제사에 사용되는 식물로, 여자의 피부를 약초 소마를 짜는 바닥으로, 여자 성기의 두 음순을 제화(祭火)로 비유하였다. 이에 관하여 《찬도기야 우파니샤드(Chandogya Upanishad)》에서는 그 비유가 약간 다르지만 의미는 마찬가지다. 여자를 제화로, 여자의 하복부를 제목(祭木)으로, 여자 성기의 외음부를 제화의 불꽃으로, 남근 삽입을 제화의 석탄연료로, 그리고 남녀의 결합을 스파크로 비유하였다.

밀교(Tantricism) 의례를 행할 때 사용되는 것들 가운데 가장 중요한 요소의 하나인 신비한 도형 얀트라(yantra)가 있다. 얀트라는 다름 아닌 여자 성기를 표현한 것이다. 얀트라는 많은 삼각형(특히 역삼각형), 원, 연화문 등으로 구성되어 있다. 그것들은 모두 여자의 성기를 상징하는 것들인데 이 가운데 어떤 것은 가운뎃점으로 형상화되는 남근이 함께 표현되면서 성교를 상징하기도 한다.

여자 성기의 기능을 하는 얀트라를 잘 알 수 있는 한 예로 두르가 푸자(Durga puja)를 살펴보자. 두르가 푸자는 그 의례 가운데 사르바토바드라 만달라(sarvatobhadra mandala)라는 얀트라가 가장 중요한 위치에 그려진다. 이는 여자 성기를 도형으로 표현한 것으로 이 그림 위에 푸르나 가타(purna ghata)라는 흙으로 빚은 물 항아리—이는 여자의 자궁을 상징한다—가 놓인다. 항아리 표면에는 그림에서 볼 수 있듯이 신두라 풋탈리(sindura puttali)라는 갓 태어난 아이가 그려지고 항아리 입에는 다섯 종류의 나뭇잎들과 붉은 칠을 한 코코넛으로 덮인다. 이는 곧 식물들로 하여금 생산의 모체로 상징되는 여자 생식기와 접촉하여 생산력을 더욱 증가시키기를 바라는 단순한 형태의 다산숭배의례이다. 따라서 힌두민속에서 남녀간의 성교를 크게 중요시한 것은 민중들의 다산숭배의 종교적 표현이다. 그것에 대한 음란성 여부는 현교와 브라만 문화에 집착하는 사람들에게 해당될 뿐이다.

신화에서 춤은 곧 성교의 상징적 표현으로 나타난다. 시바는 징벌을 하는 파괴의 신으로 우주춤을 추는 제왕 나타라자(Nataraja)이다. 그가 홀로 추는 춤동작 하나하나에 우주의 파괴가 진행된다. 그러나 그의 춤은 배우자에 의해 조절이 되는데 그때 같이

춤을 추는 배우자가 온화한 성품의 파르바티가 되면 그 둘의 춤은 파괴의 긴장을 완화시키는 역할을 하지만 그 배우자가 난폭한 성품의 칼리가 될 때는 우주를 파괴하는 고통의 결과를 가져온다. 결국 춤도 남녀간의 성행위와 마찬가지로 조절이 잘 될 때는 상서로운 행위가 되지만 그 행위가 홀로 이루어지거나 조절이 잘못 될 때는 생산이 아닌 파괴의 행위가 되는 것이다. 전자의 춤은 여성이 남성의 씨를 받아 상서로운 생명을 창조하는 성결합과 동일시되고, 후자의 춤은 시바의 시체 위에서 성교를 하는 칼리의 경우에서 보듯 여성이 남성에게 씨를 받아들이는 부정한 결합으로 인식된다. 후자의 행위는 곧 죽음이 시작되는 결합이다.

남과 여의 성적 결합이 갖는 또 다른 의미로 자웅동일체의 남녀 추니(androgyne)를 들 수 있다. 남녀 추니는 태초의 완전성과 남녀의 원초적 생산력의 결합을 상징하는 것이다. 힌두교에서는 우주의 창조적 원리를 이 남녀 추니에서 찾는다. 우파니샤드에 의하면 태초에 이 세계에는 아트만(atman, 自我)만이 홀로 존재하였으나 그에게는 즐거움이 없어 그를 둘로 나누어 각기 남과 여를 만들었다. 그 둘은 짝을 맺어 인간을 만들었고 그런 식으로 차례차례 모든 생물들을 만들었다.

샥타(sakta, 陽力)와 샥티(sakti, 陰力)의 결합된 모습으로서의 남녀 추니는 여러 신 가운데 창조주 시바와 관련이 있다. 그 시바는 몸의 반쪽은 남신 시바, 또 다른 반쪽은 여신 파르바티의 형상을 띠고 있다. 원리적으로는 양성합일의 형태로서 그것은 남성도 아니고 여성도 아닌 것이지만 실제로는 항상 남신 시바만의 형태로 간주된다. 이 형태를 아르다나리슈와라(Ardhanarishvara)라 부르는데 그것의 의미는 반쪽(ardha)이 여성(nari)인 신(ishvara)이다. 인도인들은 이를 두고 시바가 파르바티와 결합할 때 파르바티는 자신의 몸 반쪽을 잃음으로써 시바 몸의 반쪽이 되고, 시바는 비록 반쪽을 파르바티에게 주었음에도 불구하고 반쪽을 받음으로써 풍부하게 된다고 생각한다. 이런 맥락에서 힌두 결혼풍속에서도 여자는 자기 남편의 반쪽이 되지만 남자는 자기 아내의 반쪽이 되지 않는다.

3. 지모신 숭배

원시시대부터 시작된 생산과 그와 관련된 여러 가지의 상징들, 그리고 그것들을 통한 다양한 형태의 신앙은 힌두교가 체계화되면서 모(母)로 그 상징성이 대표되는 여신(모신)을 중심으로 집성되었다. 그것은 신석기시대부터 본격화된 식량생산과 함께 시작되었다. 식량의 본격적 생산은 그 이전의 시기부터 내려온 중요한 종교적 관념과 행위에 매우 큰 변화를 가져다주었으니 땅과 여성, 죽음과 탄생, 그리고 그들 상호간의 관계 설정이 바로 그것이다.

구석기인들은 사람이 죽은 후에도 몸이 계속해서 쓸모가 있을 것이라고 믿었다. 그래서 그들은 사체에 붉은 칠을 하였다. 그것은 곧 미이라 풍습과 같은 것으로 볼 수 있다. 반면에 신석기인들의 매장 풍습은 이전 시대와 달라서 죽음의 사회적 의미에 대해 깊게 생각하였다. 그들은 죽은 자를 땅 속에 묻고 그 행위를 경건하게 하였으니 그들은 땅 속에 묻혀 있는 죽은 자가 땅으로부터 나오는 식량에 무언가 영향을 미칠 것이라고 생각하였다. 그래서 그들은 땅과 모신이 근본적으로 어떤 관계를 가지고 있다고 생각하였다. 그들의 생각 속에서 죽은 자는 생산의 수호신이 되었고, 모신은 죽은 자의 수호를 받고 있다고 생각하였다. 결국 모신은 땅과 동일시되어 지모신(earth mother goddess)이 되었다. 이렇듯 자연물인 땅이 여자와 같은 생산 메커니즘을 가지고 있다고 생각하여, 지모숭배의례를 하는 현상은 데칸·펀잡·케랄라·말라바르 등 인도의 거의 전 지역의 민속에서 공통적으로 나타난다.

인도에서 지모신의 부각은 하라파 종교에서 잘 찾아볼 수 있다. 하라파문명은 기원전 2500년경부터 1500년경까지 인더스강 유역과 인도 서북부에서 크게 발달한 청동기문명이다. 이 시기에는 모헨조다로와 하라파를 비롯한 많은 도시가 발달하고 메소포타미아문명과 교역을 하는 등 상당한 수준의 도시문명과 그 배경이 되는 농경문화가 발달하였다. 이 시대의 발달된 농경문화는 지모신 숭배를 낳기에 충분하였다. 이곳에서는 테라코타로 만들어진 많은 수의 여자 소상(小像)이 발굴되었는데 그 대부분이 나체이거나 여자의 성적 특징이 과도하게 강조된 모습이다. 몇몇 소상들은 특이한 머리장식을 하고 있는데, 이를 통해 우리는 그것들이 일종의 여신상으로서 숭배의 대상이 되었으리라 추정한다.

하라파에서 발굴된 어느 직사각형의 인장은 머리를 밑으로 하고 두 다리를 거꾸로 들어 벌리고 있는 누드 여인의 다리 사이 음부에서, 어떤 종류인지는 확실하지 않지만, 식물이 자라나는 모습을 보여주고 있다. 이것은 전형적인 지모신 숭배의 모습이다. 이 여인은 아마 후대의 푸라나에 나오는 여신 샤캄바리(Shakambhari)의 원형이라 할 수 있을 것이다. 샤캄바리는 '자기 몸에서 자라나는 식물들을 기르는 일을 함으로써 세상을 지키는 일'을 하는 여신으로 힌두교의 전형적인 지모신이다.

이 '샤캄바리 인장' 외에도 하라파문명에서 발굴된 인장들에는 상당수의 지모신과 관련된 신화가 많이 새겨져 있다. 그것은 이 시대에 이미 정착 농경생활이 광범위하게 퍼졌고, 나아가 도시문명이 크게 발달한 당시의 물질문화와 깊은 관련이 있다. 하라파 문명에 나타나는 지모신은 베다시대의 전기, 즉 리그베다시대인 기원전 100년경부터 약 500년간의 목축 및 반유목생활의 시기를 제외하고 오늘날의 힌두교까지 끊임없이 내려오고 있다. 지모신은 시대와 사회의 변화에 따라 형태를 달리하며 사람들의 숭배 대상이 되었다.

힌두교의 체계화된 신화 안으로 흡수되어 겉으로 잘 나타나지는 않지만 그 신화에서의 역할이나 행간의 의미로 볼 때 다산을 주재하는 지모신의 전형은 《라마야나(*Ramayana*)》의 여주인공 시타(Sita)에서 찾을 수 있다.

시타는 그의 부신(夫神) 라마(Rama)와 함께 인도 전역에서 숭배되는 가장 대중적인 신 가운데 하나이다. 신화 《라마야나》에 나타난 시타는 성도(聖都) 아요디야(Ayodhya)의 이상(理想) 군주인 라마의 왕비이다. 그녀는 왕자 라마와 함께 유배생활을 하던 중에 악마 라바나(Ravana)에 의해 납치되었다가 구출되어 마침내 아요디야로 돌아와 왕비가 된다.

하지만 베다에서의 시타를 보면 그 기원은 확실해진다. 시타는 그 어의가 밭이랑이다. 밭이랑은 여근의 상징이다. 이는 그녀의 짝인 라마(Rama)의 어근 람(ram)이 쟁기질—남성의 성교를 상징한다—을 뜻하므로 더욱 그 의미가 분명해진다. 따라서 시타와 라마는 원래 다산을 주재하는 농경신이고 그 가운데 시타는 지모신이다. 그래서 《라마야나》에서 시타는 지모로부터 태어나서 지모의 자궁으로 돌아간다고 나온다. 결국 시타와 라마의 신화는 원시인들이 행하던 농경의례로부터 발달하여 힌두교 최고의 대서사시 안으로 흡수된 것이다.

모신은 근본적으로 다산의 신이다. 이 원리는 물질생산뿐만 아니라 자손생산에서도 마찬가지로 적용된다. 모신이 자손을 수호하는 여신의 기능을 갖는 것도 바로 이런 개념에서이다. 모신은 여자들에게 아기를 점지해주고, 아기를 산모의 자궁 속으로부터 안전하게 낳을 수 있도록 하며, 갓 태어난 아기를 모든 위험과 악으로부터 수호하는 역할을 한다. 《마하바라타(*Mahabharata*)》에 나오는 락샤시 자라(Raksasi Jara)가 이러한 아기 수호여신의 전형이다.

마하바라타 신화에 보면, 아기를 낳지 못하는 마가다(Magadha) 국의 왕 브리하드라타(Brihadratha)의 두 왕비가 각각 반쪽 아기들을 낳아서 버리자 락샤시 자라가 그 두 반쪽 아기들을 하나로 결합하여 완전한 아기로 탄생시킨다. 또 힌두교에서 숭배하는 가장 보편적인 아기 수호여신으로 샤스티(Shasthi)를 들 수 있다. 벵갈지방에서는 해산 후 엿새째 되는 날에 샤스티에게 의례를 행하고, 어린이들은 조개로 상징되는 샤스티를 항상 몸에 지니고 악령으로부터 보호를 빈다.

보통 아기 수호여신은 사람들에게 은혜를 가져다주는 친근한 신으로 숭배되기도 하지만 정반대의 모습으로 숭배되기도 한다. 그 논리는 매우 단순하다. 그것은 사회에서 영아 사망률이 매우 높을 때 그 무서운 일이 신의 저주 때문이라고 생각하기 때문일 것이다. 다산의 풍요로움을 얻지 못함은 곧 황폐함을 얻는 것이요, 다산을 주재하는 신의 자애로움은 곧 파괴를 주재하는 잔인함으로도 나타날 수 있는 것이다. 따라서 아기 보호신은 동시에 악령으로도 인식되어 사람들의 두려움과 공포의 대상이 된다. 결국 모신은 지모신이나 아기 수호신같이 긍정적인 방향에서 다산

추구의 신으로 숭배되나, 반대로 질병이나 피에 굶주린 부정적인 신으로 숭배되기도 한다. 이런 논리로 인하여 종교에서 생산의 추구는 그와 반대되는 개념인 파괴와 일치하는 것이다. 힌두교 최고의 신 시바가 피를 부르는 징벌의 신이고 질병을 주재하는 신이자 링가로 상징되는 다산의 신인 것도 이와 같은 논리에서이다. 모신이나 시바 모두 동물의 신이자 삼림의 신인 것도 이러한 모든 특질들이 긍정-부정 양면에서 다산과 밀접한 관계를 가지고 있기 때문이다.

질병을 주재하는 신이 모신인 것은 이러한 논리 때문이다. 인도에서 가장 광범위하게 숭배되는 질병의 신은 천연두의 신 시탈라(Shitala)이다. 시탈라는 힌두뿐만 아니라 무슬림들까지 숭배할 정도로 대중적이다. 그녀는 미개부족부터 교육받은 인텔리층까지 거의 모든 사람들에게 공포의 대상이다. 그래서 그는 시탈라 데비(Shitala Devi)라고 불린다. 그녀는 그 기능상 특히 약사들에게 숭배의 대상이고 전염병이 유행하는 시기와 같은 특수한 경우를 제외하고는 주로 여자들과 어린 아이들의 신이다.

《스칸다푸라나(*Skanda Purana*)》에 의하면 시탈라는 눈이 셋이고 몸이 하얀, 한 손엔 빗자루를 또 다른 손엔 물이 가득 찬 물항아리를 든 나체로 몸에는 금과 진주로 장식하고 나귀에 올라타고 있다. 그 괴상한 모습이 보통 약의 처방전에 그려져 부적의 역할을 한다. 시탈라 우상의 모습은 매끈한 돌에 못 같은 것으로 파서 만든 것이다. 사당은 주로 마을 바깥에 있는데 주로 큰 나무 밑이나 숲속에 있다. 마하라슈트라에서는 님(nim)이라는 잎을 띄운 물로 이 우상을 세욕(洗浴)시키고 그 잎을 환자들에게 뿌리는 세례의식을 한다. 이는 의학이 아직 발달하지 못한 인도에서 천연두가 민중들에게 가장 공포의 대상이고 이를 퇴치하고자 하는 것이 민중들의 가장 우선적인 종교심이었음을 의미한다.

다산을 주재하는 모신이 산 사람이나 짐승의 희생제를 받는 형태로 숭배되기도 한다. 라자스탄 지방의 한 전설에는 메와르 지방의 랑가(Langa) 왕이 여신 잔디카(Chandika)의 진노를 피하고자 아홉 왕자들을 산 채로 바쳤으나 신이 피의 굶주림을 채우지 못해 왕 자신까지도 제물로 바쳐졌다는 이야기가 나온다. 칼리(Kali)·파르바티(Parvati)·바가바티(Bhagavati)·카티야야니(Katyayani)·차문다(Chamunda) 등으로 불리는 이 '피에 목마른' 여신들도 앞의 경우와 마찬가지로 대부분이 슈드라나 토착 부족민들이 숭배하던, 브라만문화 바깥에 존재하던 신격체들이었다. 그러던 것이 사회가 중세로 접어들면서 브라만문화의 확장으로 인해 힌두교 안에 자리잡게 되었다. 피의 제사를 요구하는 '피에 목마른' 여신의 모습은 원시시대에 성행하던 산 사람이나 짐승 희생제의 유산으로, 현재 다른 종교에서는 그 모습을 찾아볼 수 없는, 힌두교에서만 찾아볼 수 있는 유일한 예이다.

힌두교로 흡수된 다산숭배의 여러 모신들 가운데 남근 숭배, 징벌 등의 성격과 관련이 있는 요소들은 시바 계통에 흡수되었고 부·구세(救世) 등의 성격을 주로 가지고 있는 요소들은 비슈누 계열에 흡수되었다. 여신 칼리는 전자의 경우에 속하고 여신 락슈미(Lakshmi)·슈리(Shri)·사라스와티(Sarasvati) 등은 후자에 속한다.

칼리는 악마를 죽이는 신, 곧 피의 여신이다. 이것이 바로 시바의 비신(妃神)으로서, 시바와 마찬가지로 생산의 신으로 자리잡게 되는 이유이다. 한편 후자의 세 여신들은 물이라는 상징을 통해 다산의 여신으로 나타나는 공통점을 가지고 있다. 물은 다산숭배에서 빠질 수 없는 상징으로 모든 생명체 가운데 물에서 나지 않는 것은 없다. 물은 힌두교에서 영원한 생명을 가져다주는 원천으로 인식된다. 이들은 생산이나 징벌이 아닌 부·재화·행운이라는 특질을 통해 다산을 주재하는 여신이다. 그 가운데 슈리와 락슈미는 모두 아리야인이 들어오기 전에 원주민들이 숭배하는 서로 다른 모신이었으나 특질이 서로 다름으로 인해 기원전 8세기경의 《브라흐마나(Brahmana)》와 초기 《우파니샤드(Upanishad)》에서부터 동일시되어 지금은 슈리 락슈미(Shri Lakshmi)로 불리며 하나의 여신이 되었다. 락슈미는 슈리를 흡수하면서 그 특질상 비슈누 계열의 신으로 편입되면서 굽타시대부터 힌두교 최고의 신 비슈누의 비신이 된다. 이후 락슈미는 연꽃과 함께 풍요의 상징이 된다.

　힌두교 안에서 차지하는 여신들의 위치는 중세의 밀교에서 크게 상승하였다. 그들은 중세의 농경지 확장과 농경문화의 발달로 인해 슈드라나 부족민들의 사회적 경제적 위치가 전 시대에 비해 상대적으로 상승함으로써 더불어 힌두교의 민중신앙 체계에서 대단히 중요한 위치로 상승하였다. 밀교에서는 기존 우주의 근본 에너지로서 샥타(陽力)를 부정하고 그 대신에 샥티(陰力)을 최고 에너지로 인식하였다. 이것은 곧 종교에서 음의 원리 상승을 의미한다. 밀교는 해탈에 이르는 데 영원한 역동적 힘의 원천인 샥티가 절대적으로 작용한다고 보았고 열반(nirvana)은 음과 양의 결합으로 인식하였다. 샥티는 모든 생명의 원천이고 그것은 곧 여자의 자궁을 의미하였다. 따라서 밀교에서는 우주의 궁극적 창조원리를 기존의 부(父)에서 찾지 않고 모(母)에서 찾았다. 결국 샥타의 남신이 샥티의 여신에 종속되는데 두르가·칼리·락슈미 등 지금까지 시바나 비슈누의 비신의 위치에 있던 여신들이 이 시기에 들어오면서 최고의 위치를 차지하게 된다. 이제 힌두교 지고(至高)의 신인 시바나 비슈누는 단순한 성모신의 창조물에 불과하였고 그들의 비신이었던 두르가·칼리·락슈미 등이 지고신의 위치에 오르게 되었다. 지고의 여신 가운데 두르가와 칼리는 생산의 원천일 뿐만 아니라 악을 응징하는 여신으로서 모든 힘을 소유하게 되었다. 다른 모신들과 마찬가지로 두르가도 원래는 다산과 생장(生長)의 신이었으나 힌두교가 고대를 거쳐 중세사회에서 많은 복합적인 요소들을 흡수 공존하면서 여러 신격체들의 여러 특질을 흡수하면서 더 거대한 신으로 성장하였다. 그림 4에서 볼 수 있듯이 성화에 그려진 칼리의 모습은 시바를 발로 짓누르고 서 있다. 이는 음의 원리가 양의 원리를 극복함을 형상화한 것이다.

칼리는 잘라낸 악마의 머리를 한 손에 들고 또 다른 한 손으로는 피를 받아먹는, 목에는 해골로 만든 목걸이가 있고 허리에는 잘려진 손으로 만든 치마를 두르고 있는 잔인한 모습이다. 이 피에 굶주린 여신의 잔인함은 당시 카스트제도 속에서 사회·경제적으로 핍박받던 민중들에게 카타르시스의 역할을 하였을 것이다.

신화에 의하면 두르가는 모든 악마를 물리칠 수 있는 힘을 비슈누와 시바로부터 부여받아 모든 싸움에서 승리하여 모든 악을 물리치는 마하 데비(Maha Devi)가 되었다. 여성이나 슈드라와 같이 생산을 담당하는 자들은 마하데비의 보호 아래에 있고, 그들을 괴롭히는 모든 문명과 문화에 대해 마하데비는 처절하게 응징을 해준다. 지모신들은 이제 시바로부터 완전히 벗어나 실질적으로 독립된 신이 되었다. 이러한 그의 위치는 일찍이 어떤 여신도 이루지 못한 것이다.

그러나 두르가는 칼리의 잔인함과 달리 온화하고 자애로운 특

그림 4

질을 가진 응징의 신이다. 따라서 두르가는 여신 파르바티나 우
마(Uma)의 자애로움과 칼리의 파괴성이 복합적으로 결합하여
형성된 신이다. 이러한 복합적이면서 변화할 수 있는 특성을 가
지고 있는 두르가는 하찮은 일개 다산의 여신에서 힌두교 지고
의 신이 되었다. 그녀에게는 민중들이 추구하는 풍요로운 물질세
계의 원천이라는 변하지 않는 근본 성격이 있었고 그것이 힌두
교 최고의 위치로 만들었다.
    샥티가 힌두교에서 중요한 위치를 차지하면서 종교 전체에 큰

그림 5

변화를 일으키게 된 것과 같은 현상이 불교에서도 일어났다. 밀교 불교에서는 슌야타(shunyata, 空)를 양의 원리로 카루나(karuna, 悲)를 음의 원리로 동일시한다. 불교에서도 힌두교의 시바교나 비슈누교와 같이 양의 원리는 공(空)이 되고 음의 원리는 무한대로 생산하는 대자대비(大慈大悲)가 된 것이다. 나아가 사하자야나(Sahajayana) 불교에서는 그림 5와 같은 사하자 마하수카(sahaja mahasukha, 共生大法悅) 즉 마이투나(maithuna, 性交)를 통한 대법열(大法悅)의 상징과 실천을 가장 절대적인 요소로 인식하였다. 여

기에서 음력과 여신이 가장 중요한 위치를 차지하는 것은 당연
한 사실이다.

4. 맺음말

성은 세계의 모든 민속에서 그렇듯이 힌두민속에서도 가장 중
요한 민속의 모티프이다. 그것은 근본적으로 다산을 숭배하는 사
람들이 그들의 세계관을 표현하는 중요한 양식이다. 성이 다산
추구에서 빠질 수 없는 중요한 상징이 된 것은 신석기시대의 농
업을 중심으로 한 식량생산문화가 정착되면서였다. 두 가지의 성
가운데 처음에는 자연과 인간의 생산 메커니즘이 주는 유사성에
서 여성성의 상징이 두드러졌으나 이내 여성성의 대비되는 개념
으로 남성성도 부각되기 시작하였다. 생산을 이루는 두 개의 축
가운데 남성성은 거의 남근으로 상징되었고 여성성은 모신이라
는 총체적인 개념으로 인격화되었다.

남근은 링가로 대표된다. 그리고 링가는 창조주인 동시에 파괴
주인 시바를 상징한다. 시바 링가는 작게는 생명창조와 악의 징
벌에서 크게는 우주창조와 우주파괴를 의미한다. 링가는 힌두민
속에서 성교·요가·동물과 함께 나타나는 복합체계에서 그 생산
의 의미를 갖는다. 이는 곧 농사－제사－예술 행위의 근본으로
인식되었다. 제사는 곧 예술이고, 예술은 곧 농사를 위한 것이며,
농사는 곧 제사의 바탕인 것이 민속의 상징 속에서 성교가 갖는
생산의 의미 때문이다.

고대인들은 생산에서 여성의 기능—월경·임신·출산—은 눈으
로 직접 볼 수 있는 반면에 남성은 그 기능이 확실히 이해되지

않았기 때문에 남성성은 여성성에 종속될 수밖에 없다고 생각하였을 것이다. 결국 모와 그에 관련된 생식기관이 성과 다산숭배의 복합체에서 최고의 생산상징으로 자리잡게 되었고, 그것은 자연물인 땅과 관련되었다. 그 다양한 형태의 민속은 인도의 고대사회에서 힌두교가 체계화되면서 모성으로 대표되는 지모신을 중심으로 자리잡았다.

힌두민속의 모신은 기본적으로 생명을 가져다주는 은혜와 자비의 성격을 갖는 신이다. 그래서 그는 자연물로는 풍성한 곡식의 어머니(corn mother)이고 인간으로는 아기를 가져다주는 '삼신할매'이다. 원래의 자애로운 모신이 잔인한 여신 칼리나 정복자 두르가로 변하는 것도 고대와 중세의 불평등 사회·경제 속에서 이루어진 힌두인들의 독특한 생산관에 입각한 결과이다. 그들은 생명과 죽음을 일원론적 인식의 틀에서 바라본다. 그들에게 생명을 관장하는 것은 곧 질병으로부터의 보호를 의미하고, 그것에 대한 경외는 곧 공포를 의미하는 것이다. 그것은 곧 파괴를 의미하는 동시에 새로운 창조를 의미한다. 그들은 이 단일 메커니즘을 자연의 순환에서 읽고 그것을 바로 자연의 여러 현상으로 상징하여 표현한다.